神戸と映画

映画館と観客の記憶

板倉 史明◉編著

神戸新聞総合出版センター

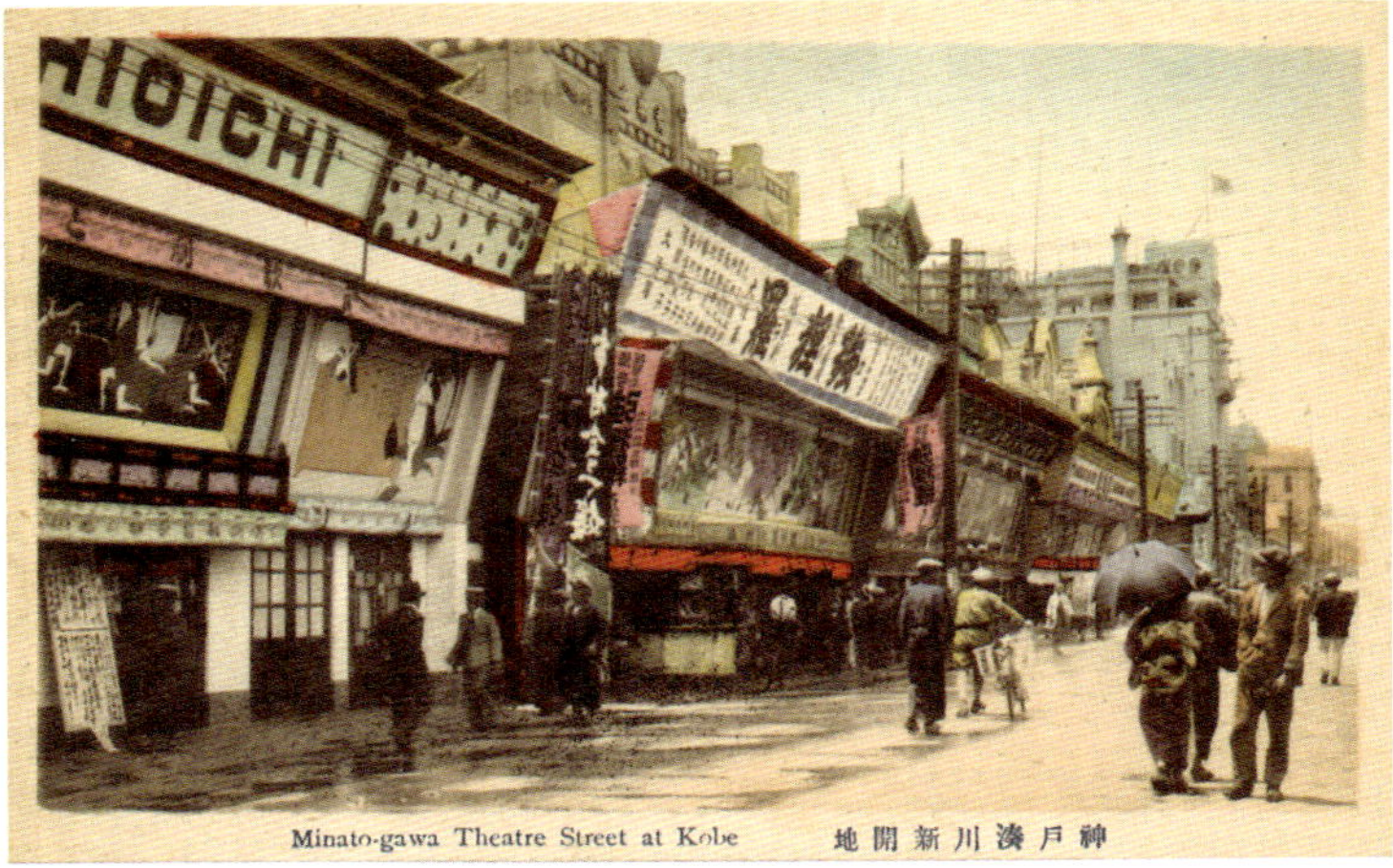

①「神戸湊川新開地」湊座、朝日館、有楽館、菊水館、松本座などが建ち並ぶ。松本座を過ぎると名物「びっくりぜんざい」（手彩色絵葉書：石戸コレクション）

②「神戸湊川新開地」左手に松竹座。右手奥は聚楽館で、屋上の看板に「アイススケート場」の文字が見える。中央はキリスト教の湊川伝道館（大正4年、赤レンガ造）（手彩色絵葉書：石戸コレクション）

③「聚楽館前の市電と賑わい」神戸市電気局発行の市営記念絵葉書。写真の下は市章が連続するデザイン。神戸光村印刷株式会社印行（石戸コレクション）

④池長孟が16ミリ撮影機で記録したカラー映像より。
1937年頃。大丸の北側から東方向を撮影（提供：神戸市立博物館）

⑤「湊川新開地　朝日館」
引き札　「キネマカラー
義経千本桜」
1914（大正3）年6月21日
（提供：本地陽彦）

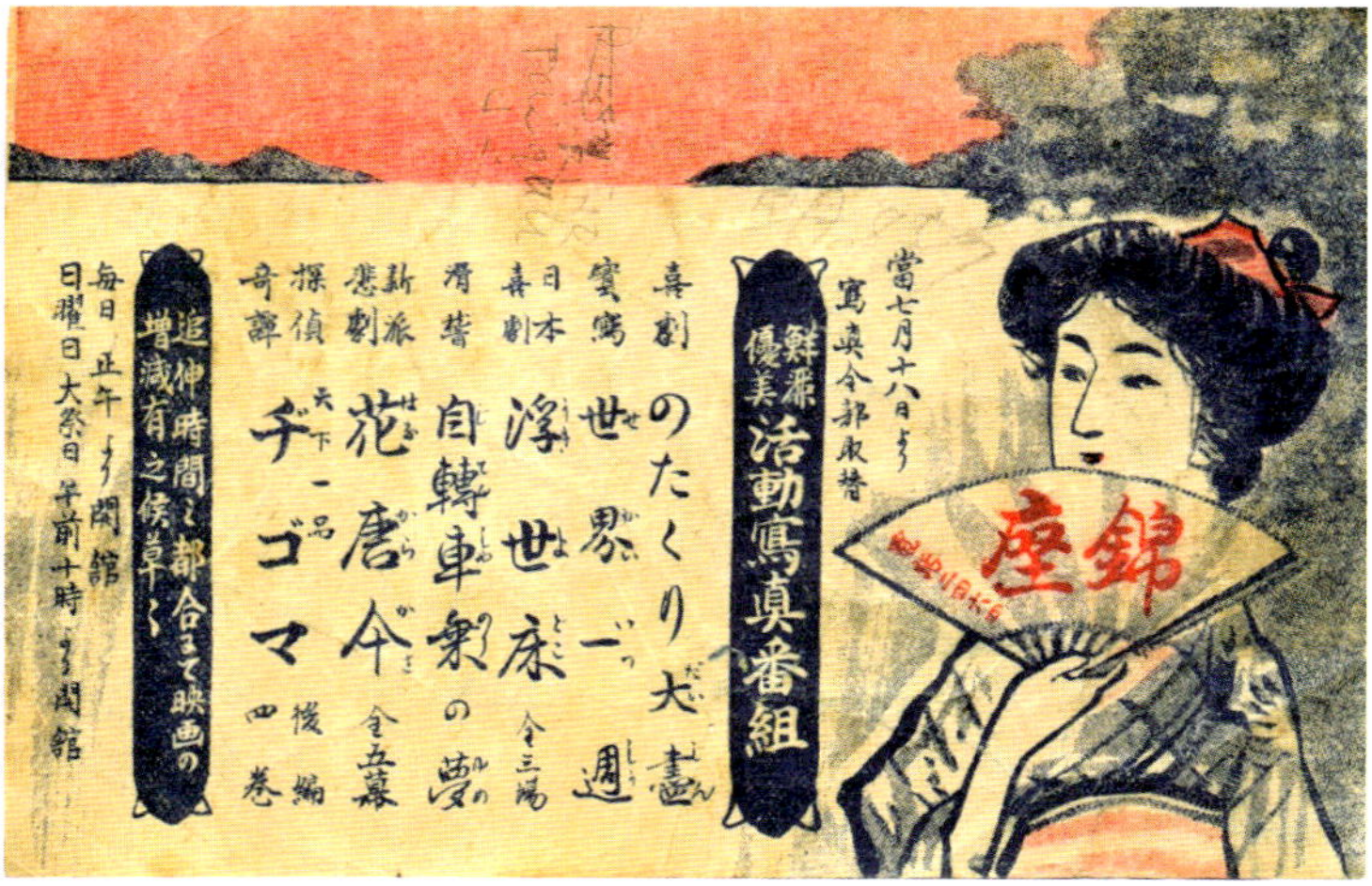

⑥「湊川新開地　錦座」引き札　『探偵奇譚　チゴマ　後編』
1912（明治45）年7月18日（提供：本地陽彦）

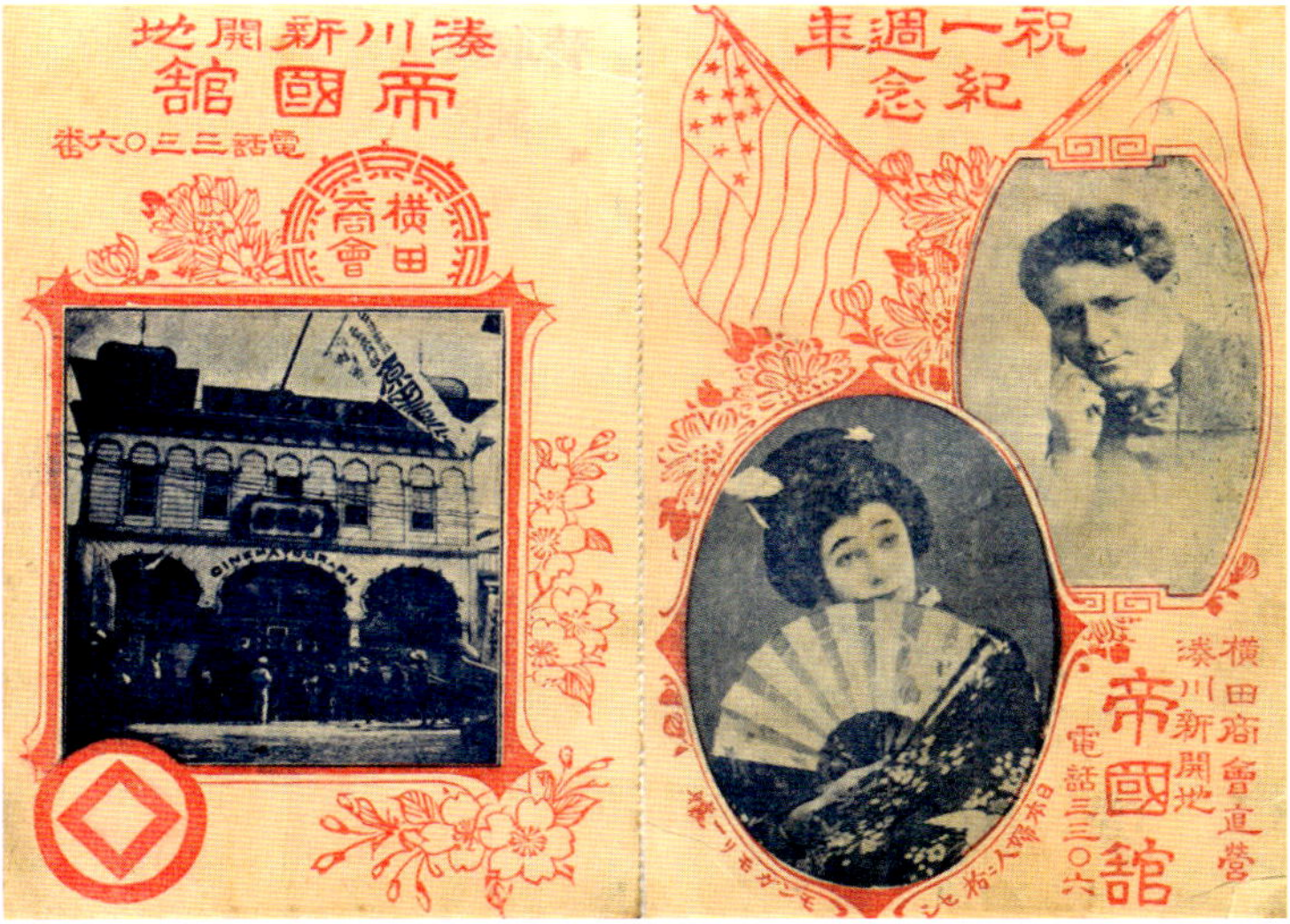

⑦「湊川新開地　帝国館」引き札、絵葉書　横田商会直営「祝一周年紀年」
1911（明治44）年6月21日（提供：本地陽彦）

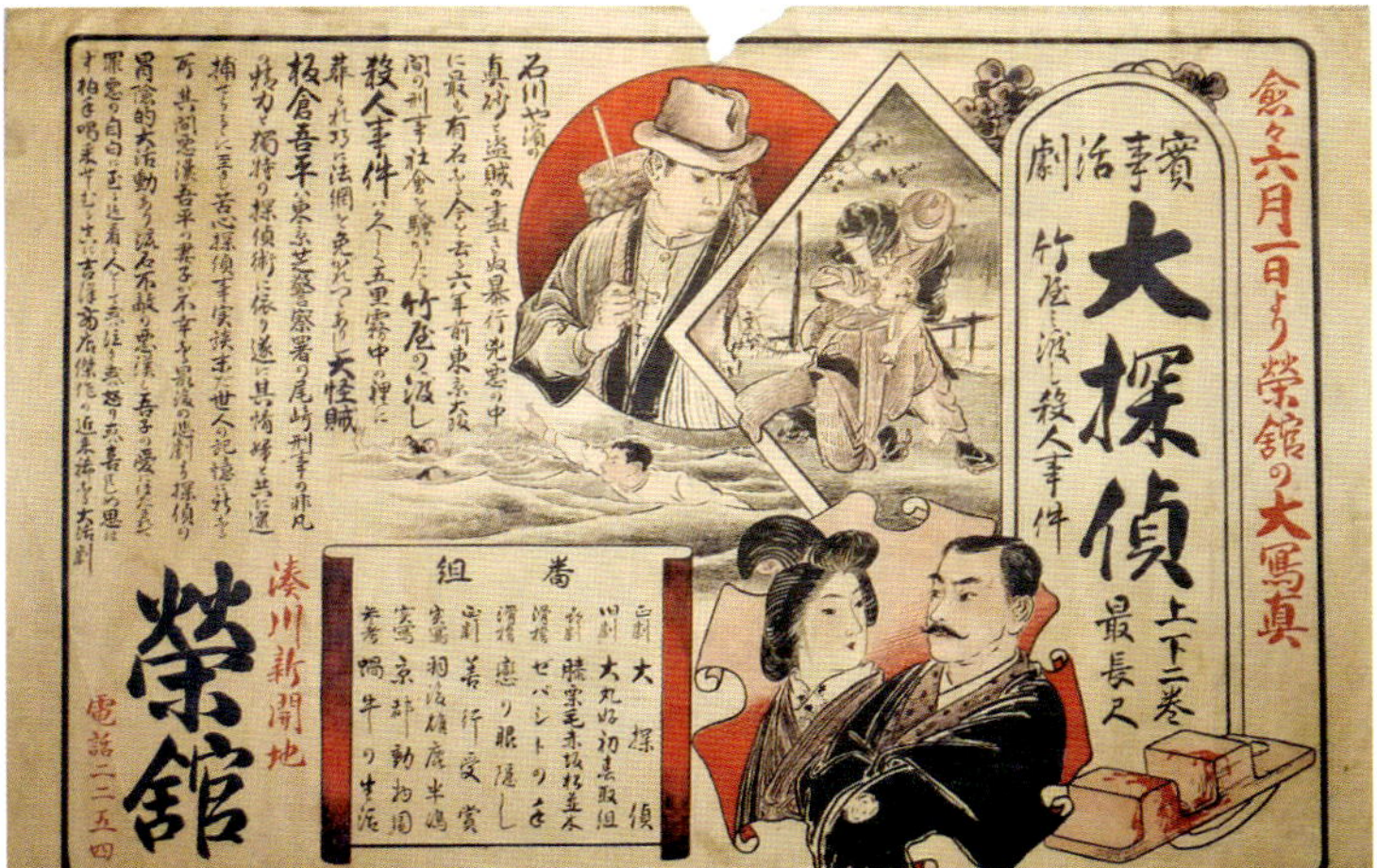

⑧「湊川新開地 栄館」ポスター　明治期、吉澤商店作品『実事活劇　大探偵』、
39.5×55センチ（提供：本地陽彦）

⑨福原国際東映（1984年4月7日、提供：神戸映画資料館）

⑩新劇会館（現在のCinema KOBE、1985年8月7日、
提供：神戸映画資料館）

⑪ビック映劇（1984年4月7日、提供：神戸映画資料館）

⑫神戸新聞会館（1984年4月7日、提供：神戸映画資料館）

⑬阪神・淡路大震災直後の阪急会館（1995年1月17日、提供：神戸新聞社）

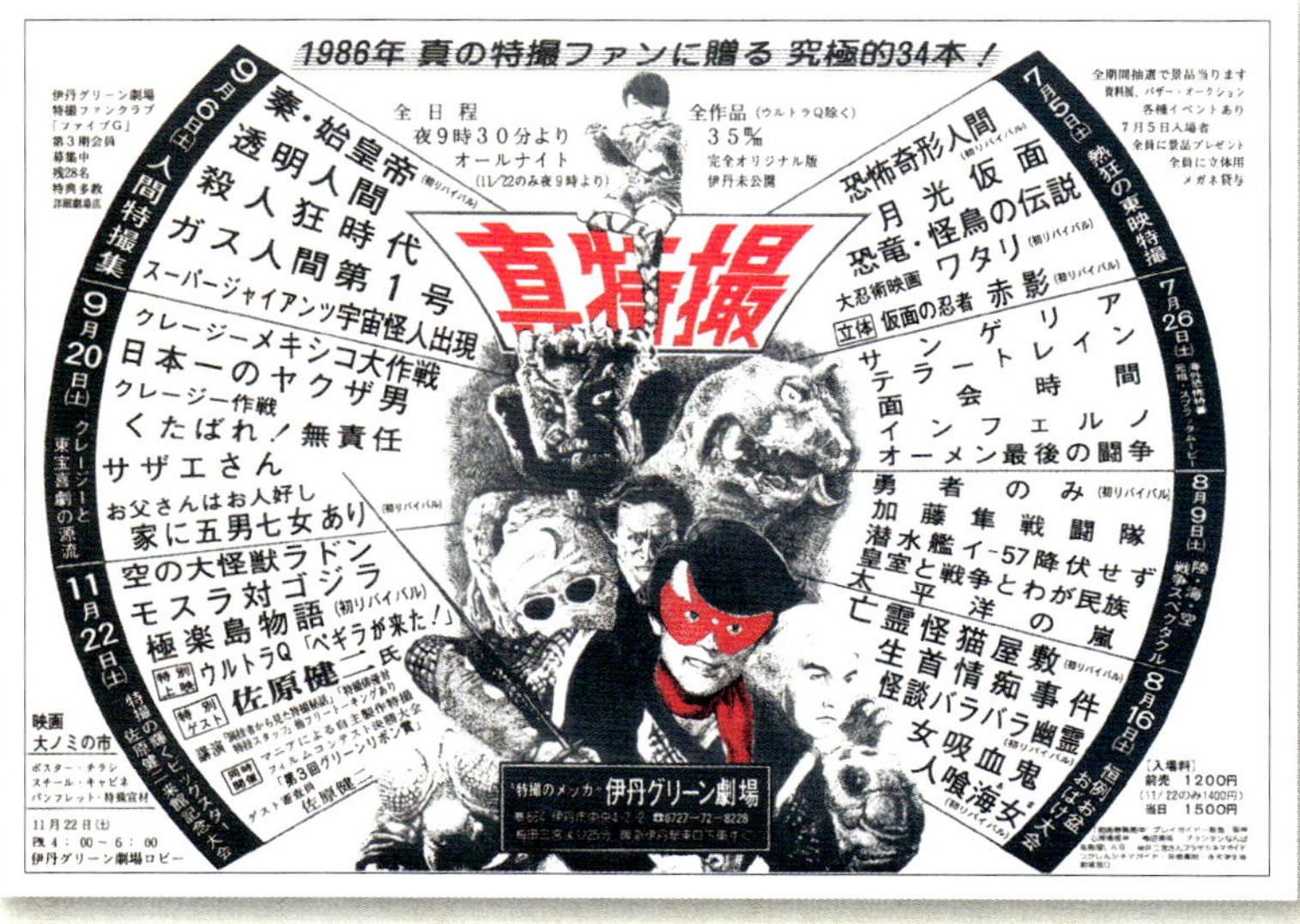

⑭伊丹グリーン劇場における特撮オールナイト上映「真特撮」のチラシ（1986年）

⑮伊丹グリーン劇場における特撮オールナイト上映「特撮伝」のチラシ（1987年）

◎目次

第二部　神戸の映画史［一九七〇年代以降］～映画文化とアマチュア映画の歴史～

コラム

【凡例】

・原則として、著者の了解を得た上で、表記の統一をし、本文と引用文の数字表記は漢数字に統一した。
・編著者による注記は［　］で記した。
・各章の文献情報は巻末の「主要文献一覧」にまとめて記し、本文中では原則として、著者の名字、文献の発行年を（　）で略記した（必要に応じて頁数も付した）。
・映画作品名を『　』で記し、（　）のなかの年は特別な記載がないかぎり公開年を示す。

はじめに

神戸という日本有数の国際港湾都市に住み、働いていた人びとは、二〇世紀最大の映像メディアであった映画とどのようにかかわったのだろうか。また、新開地や三宮といった神戸の歓楽街に数多く建てられた映画館という場所は、人びとにとってどのような役割をになっていたのだろうか。本書は、一八九五（明治二八）年に誕生して現在もその影響力を保持する映画の歴史と、神戸という都市の歴史をつなぎあわせる試みである。

「神戸と映画」といえば、トーマス・エジソンが発明した覗き見式の映画であるキネトスコープが日本ではじめて公開された都市であるとともに、新開地というかつて日本有数の興行街だったエリアが存在する都市でもあり、さらには映画評論家・淀川長治を生み出した都市としても知られている。本書では、これらの「概説的」な神戸映画史をより深く掘り下げてゆき、「神戸と映画」の多様な関係を紹介してゆきたい。

本書において重視したいのは、神戸の街に建っていた映画館と、映画館につどった映画観客の具体的な歴史である。現在私たちが映画を見る時、かならずしも映画館まで足を運ぶ必要はなく、家にいながらテレビで、あるいはインターネットを通じて見ることができる。ただし一九九〇年代にＶＨＳが多くの家庭に普及し、二〇〇〇年代にＤＶＤが普及する以前の私たちの映画体験は、家から映画館へ行って、映画を見て、家に戻ってくるまでのそのプロセス全体がひとつの「出来事」として記憶に残っているのではないだろうか。つまり私たちの映画の記憶は、映画館が立地していた街並みや、映画館内の雰囲気・匂い・音と一緒になったものであり、つねに街の歴史や記憶と切り離して考えることはできない。本書ではそのような具体的な私たちの都市における映画経験の特徴を多様な歴史資料の調査を通じて解明してゆきたいと思っている。

本書のもうひとつの特徴は、神戸というひとつの都市の映画史を深く掘り下げることを通じて、これまでの〝日本〟映画史では明らかにされてこなかった新しい映画史的な知見を提供することにある。近年の急速なグローバル化のなかで、国家的（ナショナル）な枠組みや考え方が再検討され、さまざまな変化や軋轢《あつれき》を引きおこしているが、本書では逆に、徹底的に神戸という地域的（リージョナル）な場にこだわり、神戸や関西エリアの地域共同体やネットワークを詳細にみてゆくことを通じてはじめて浮かび上がってくる新たな歴史を解明してみたい。この作業を通じて、これまでのナショナルな枠組みで記述されてきた映画の歴史がかならずしも十分なものでなかったことが明らかになるだろうし、また、ナショナルな視点からは見えづらい微細な権力関係やネットワークを明らかにすることは、現在のグローバル化によって均質化・単純化されがちな各地域共同体の特徴と役割を再評価することにもつながるだろう。これまでの映画の歴史は、『キネマ旬報』や『映画評論』などの全国レベルで均質に発行されてきた映画雑誌や、『朝日新聞』や『読売新聞』をはじめとする大手紙（全国紙）の映画関連の記事や批評文などが参照され、記述されてきた。しかしそれらの記事の多くは東京や首都圏に勤務するライターや記者が執筆したものがほとんどであり、日本の各地域の多様な映画受容がそこから見えてくるわけではない。本書では、神戸で発行された地域紙である『神戸又新《ゆうしん》日報』や『神戸新聞』などの新聞をはじめとして、さまざまな神戸に関する資料を各執筆者が丹念に調査することによって、これまでの映画史では見えなかった具体的で立体的な私たちの映画経験の歴史が見えてくるはずである。

本書は全二部・計一一章と一八のコラムからなりたっている。最後のふたつの章（一〇章と一一章）を除いて、ゆるやかに時系列に沿って構成されているが、各章の内容はそれぞれテーマ的に独立しているので、どの章から読み始めてもかまわない。第一部では、神戸に映画が輸入されてから、一九五〇年代までの映画上映・興行の歴史を考察する。第二部では、一九七〇年代以降の神戸における映画上映と観客の歴史を解説するほか、絵葉書やアマチュア映画という独自のテーマで神戸映画史の読み直しを行う。以下、各章の概要を紹介してみたい。

第1章では、本書全体のテーマのひとつ――神戸における映画興行と観客の歴史――を俯瞰的に理解することができる見取り図を提供する論考である。神戸の興行街は新開地からはじまったが、その後一九三〇年代から戦後にかけて少しずつ三宮に移っていった。このような盛り場の移動にはさまざまな要因が組み合わされており、たとえば神戸における交通網の発展や鉄道会社の戦略が、密接に繁華街の移行と結びついていた。兵庫区で生まれ育った社会学者の西村大志氏による本章を読めば、新開地と三宮の街の息づかいの違いが目に見えてくるようである。

第2章では、一九二三（大正一二）年に発生した関東大震災後に多くの関東の映画人たちが関西に避難して仕事を続けたが、そのときに神戸が日本映画界にとって極めて重要な都市になった要因を考察する。映画雑誌の編集支局や、外国の映画会社の日本支社などが神戸に設立されたことの意義や、新開地における不良少年たちの実態などについて、歴史資料のデータを駆使して映画史研究者の上田学氏が説得的に論証してくれる。

第3章では、日本映画史の原点をめぐる調査の歴史がひも解かれる。「映画」が日本ではじめて「公開」されたのはどこだろうか。これまで京都、大阪、神戸と三つの都市が、それぞれの立場からみずからが一番であると主張してきた。それは「映画」をどのように定義するか、さらには「公開」や「上映」という行為をどのように定義するかによって、いずれの都市も一番だと主張することができる。神戸はエジソンの覗き見式の映像装置（投影式ではない）であるキネトスコープがはじめて興行（試写ではなく）された都市である。なお、京都はフランスのリュミエール兄弟が発明した投影式のシネマトグラフがはじめて試写された場所として一番を主張し、大阪はシネマトグラフをはじめて興行した場所として一番を主張している。右記の神戸の映画初公開という歴史的事実は、実はひとりの映画史家の長年の努力によって人々に知られるところとなった。本章では、同じ映画史家の本地陽彦氏が、その探求解明までのスリリングな過程を解説する。

第4章は、神戸の人々の映画経験に、新聞というメディアがどのようにかかわっていたのかを考察するものである。現在の私たちは、おもにインターネットを使って映画館の上映作品情報を入手しているが、昔は、映画館で映画を見るまえに、新聞における映画広告や新作映画紹介欄などに目を通しつつ作品を選んでいた。大正期から昭和初期の新聞は、映画のどのような点に注目し、読者にどのような情報を伝えようとしていたのだろうか、そして港町神戸に居住していた多くの外国人は、神戸でいかに映画と接していただろうか。映画学者の近藤和都が、『神戸又新日報』や英字新聞『ジャパン・クロニクル』の調査にもとづきその謎を解明してゆく。

第5章では、日本で映画作品がサイレント映画からトーキー映画に変わりつつあった一九三〇年代前半に、弁士（サイレント映画の内容をライブで解説する職業）や伴奏楽士（サイレント映画の上映に合わせて各場面に合う音楽をライブで奏でる職業）たちの解雇問題が発生した。このとき、神戸の映画館で働いていた映画館従業員たちは、映画館同士で連帯し、ストライキを行った。歴史学が専門の吉原大志氏が、これまでほとんど詳細がわからなかったトーキー化に対する労働争議の実態と、映画館における労働環境を明らかにしてくれる。

第6章では、終戦後、GHQが神戸に駐留していたとき、兵士たちはどこで、どのような映画を見たのだろうか。そしてそのことによって神戸の映画街はどのように変化したのだろうか。歴史学者の村上しほり氏が、『神戸新聞』やさまざまな郷土資料を渉猟《しょうりょう》し、さらにアメリカ側の公文書資料を丹念に発掘しながら、戦後復興期の神戸における映画体験と変容をはじめて明らかにしてくれる。

第二部では一九七〇年代以降の神戸の映画史を、アマチュア、ミニシアター、震災、絵葉書といったいくつかのテーマに焦点を絞って考察してゆく。

第7章で論じる一九七〇年代は、映画界の斜陽化とともに街の映画館が次々と閉館してゆくいっぽうで、映画ファンたちが自分たちの見たい映画作品を、みずから映画会社や配給会社に交渉して上映する「自主上映」がさかんになった時代である。神戸では「グループ無国籍」という集団が独自の活動を行っており、映画監督の大森一樹や漫画評論家の村上知彦らがメンバーとして参加していた。本章では、映画学者の田中晋平氏が、「グループ無国籍」の活動を当時の資料からあとづけ、神戸における「自主上映」の独自性を考察する。

第8章では、神戸から少しはなれるが、兵庫県伊丹市にあった伊丹グリーン・ローズ劇場という映画館の観客の特徴を分析する。この映画館は、一九八〇年代の関西における〝特撮のメッカ〟として重要な役割を果たしていた。特に、ここで定期的に行われていた週末の特撮映画オールナイト上映に集った若い特撮ファンたちは、上映中に大きな声で笑ったり、手をたたいたり、ヤジを飛ばしたりと、現在の映画館における映画の楽しみ方（マナー）とは異なる独自の映画経験を生み出していた。本章ではそのファン行動の特徴を、当時の観客の歓声が録音されたカセットテープの音声分析によって明らかにする（執筆は本書編集者の板倉史明）。

第9章では、ミニシアターとシネコンの関係、そして一九九五（平成七）年に発生して神戸の街並みを破壊した阪神・淡路大震災のあと、どのように神戸の映画街が復興していったのかがあとづけられる。一九八〇年代初頭の首都圏において、映画館主による独自のセレクションで映画上映を行う「ミニシアター」と呼ばれる映画館が次々と生まれ、若い観客層を取り込んだ。ただしミニシアターのブームが他の地方都市に移ってゆくのは、神戸も含めてようやく一九九〇年代になってからであった。さらに一九九〇年代になると、複数のスクリーンがひとつの場所に集まるシネマコンプレックス（シネコン）が全国に建てられ始める。神戸におけるミニシアターとシネコンとの関係には、どのような特徴やすみ分けがあったのだろうか。本章ではさらに、一九九五年の阪神・淡路大震災によって壊滅的な被害を受けた新開地や三宮などの映画館が、どのようにして復興していったのかが解説される（執筆は田中晋平氏）。なお、九章の補遺として、新開地の映画館「パルシネマしんこうえん」で長く支配人を務められた小山康之氏へのインタビューも採録した（聞き手は田中晋平氏）。

第10章では、視点を変えて、神戸の映画館と絵葉書の関係について、絵葉書研究者の石戸信也氏に執筆してもらった。一九〇〇（明治三三）年に郵便法が改正され、私製葉書が使用できるようになり、ここに私たちがイメージする絵葉書が量産されはじめる。ちょうど映画が日本に輸入され、映画上映が徐々に広まっていった時期である。二〇世紀前半に作成・販売・流通が活発になった絵葉書には、神戸の映画館や興行街の写真が掲載されたものが多い。絵葉書の多様なジャンルのなかで、なぜ映画館のモチーフが多いのだろうか。その意味と特徴を、絵葉書学の観点から考察する興味深い論考である。

第11章では、戦前の神戸におけるアマチュア映画（あるいは家族の生活の様子を撮影するホーム・ムービー）の制作と上映活動について、当時のアマチュア映画雑誌の調査を踏まえて解明してゆく。近年、アマチュア映画の研究が活発に行われているが、ある地域に特化して調査・考察したものはまだほとんどない。執筆はこの分野の研究調査を長年継続している映像文化史家の森下明彦氏である。

さらに、各章の間に、一八個の短いコラムを設けた。これらのコラムのほとんどは、神戸新聞記者の田中真治氏が『神戸新聞（夕刊）』（二〇一五年一〇月―二〇一六年一二月）に連載した「キネマコウベ」（計一五回）を改稿したものである。神戸の撮影所、神戸出身スター、神戸の文献史家、神戸の映画雑誌といった、神戸にまつわる多様な話題について、綿密な文献調査と関係者への積極的なインタビューに基づき、神戸のあらたな映画史をあざやかに切り取っている。新聞連載のあと、この連載をもう一度読みたいという希望を多く聞いていた。今回本書に改訂版を収録できたことは大きな喜びである。

本書のもうひとつの魅力は、神戸の映画館マップを作成し、掲載したことである（調査・作成制作は田中晋平氏）。今回、戦後の日本映画の黄金時代だった一九五八（昭和三三）年における神戸市の各区の映画館マップをはじめて作成した（新開地エリア、兵庫区、東灘区、灘区、葺合区、生田区、長田区、兵庫区、須磨区、垂水区）。なお、新開地エリアのマップについては、時代のながれによる映画館立地の変化を視覚的に示すために、一九五八年のマップだけでなく、一九三五（昭和一〇）年と、二〇一八（平成三〇）年の同エリアの映画館マップもあわせて掲載している。

さいごに、本書冒頭に掲載したカラーの図版一五点にも注目していただきたい。本地陽彦氏のコレクションからの四点は、一九一〇年代に各映画館が独自に印刷・発行していたチラシ（引札）である。手彩色のカラフルなもので、映画館が誕生してすぐにこのような手の込んだ美しいチラシが印刷され、映画ファンを魅了していたことが推測できる貴重な歴史資料である。また、絵葉書コレクターでもある石戸信也氏からは、神戸の映画館が映し出された絵葉書三点である。そして神戸の著名な美術コレクターで、戦前には一六ミリのアマチュア映画をみずから撮影していた池長孟《はじめ》のカラーフィルム作品の一コマも掲載している。

これまで「のじぎく文庫」のシリーズにおいて、三冊の神戸映画史・兵庫映画史の本が刊行されてきた。一九七三（昭和四八）年の『神戸新開地物語』、一九九八（昭和六三）年の『神戸とシネマの一世紀』、そして二〇〇一（平成一三）年の『宝塚映画製作所 よみがえる〝映画のまち〟宝塚』である。そして二〇一九（平成三一）年の本書は、それら三冊の貴重な先行研究に敬意を払いつつ、現在の最良の執筆者とともに、新たな視点からこれまで知られてこなかった神戸映画史を開拓できたと自負している。ぜひ興味を持った章から読み進めていってほしい。きっとみなさんの映画経験の記憶が、具体的な場所の雰囲気・匂い・音とともに、よみがえってくるはずである。

板倉史明

第一部

神戸の映画史［神戸上陸―1950年代］

～映画興行と観客の歴史～

◉第1章

「盛り場」新開地から「都市」三宮へ——神戸の文化と都市機能の変遷

西村大志

神戸の盛り場に関して、新開地から三宮へという東への地域移動がよく語られる。はたしてそれだけの捉え方でいいのだろうか。ただの盛り場の移動としてではなく、新開地と三宮の都市的機能や文化の違い、そしてそこで展開される娯楽のなかでの映画の位置づけ方の違いを、より細かく考えてみたい。人が集まるところが盛り場であるという定義であれば、神戸において新開地はかつての中心的盛り場であり、三宮は今の中心的盛り場と言えるが、盛り場の機能や形態、文化という点では大きな違いがある。

新開地は飲食と興行を中心とした娯楽に特化した盛り場であって、さまざまな都市機能がそこに集積していたわけではない。これに対し三宮は、一九三〇年代なかばから交通結節点としての位置が明瞭になりはじめ、第二次世界大戦後の混乱期を中心として急速に人の集まる場所となり、一九五〇年代なかばにあらゆる都市機能が集められていった。

神戸の外国人居留地の東側を流れ、よく氾濫していた旧生田川は、明治初期に東へ付け替えられ、もとの川の場所は道路となった（現在のフラワーロード）。現在では道路となっている旧生田川に現在の神戸市役所やそごう神戸店、ＪＲ三ノ宮駅、阪急神戸三宮駅、阪神神戸三宮駅等が面しているから、旧生田川は現在の三宮の真ん中を流れていたことになる。明治末には古くからある兵庫と幕末から急速に発展した神戸の交通のさまたげになっていた湊川を西に付け替えて、川の跡には娯楽を中心とした盛り場が発達した。新開地は、昔は湊川新開地と記述されることも多く、旧湊川の付け替えから発生した盛り場であることは分かりやすかった。つまり、新開地と三宮という二つの盛り場の生成は、川の付け替えにおおいに関係するという点では、同じである。

◎――娯楽の殿堂　新開地

歴史的に先に発展したのは旧湊川の地域である。新開地は第二次世界大戦以前、とくに戦時体制が近づき飲食業に規制が入る以前は、現在のさびれた商店街的イメージから想像できないほど発展し客を集めた。西の浅草という表現はよく見られるが、その様子をなつかしむ新聞記事や書籍は多い。たとえば、林喜芳の『わいらの新開地』（一九八一）『香具師風景走馬灯』（一九八四）などの一連の作品がその雰囲気を伝える。

映画が娯楽の中心となる以前は、新開地は劇場、演芸で栄えた場所であったから、言いかえれば興行を中心とした娯楽機能を集積した街と言える。一九一三（大正二）年に新開地にできた聚楽館は、東京の帝国劇場を建物から経営まで模倣した。当初は高価なため庶民が容易に出入りできる施設とは言い難かった。松竹が、神戸への映画進出をはかるための第一歩として、一九二七（昭和二）年一月松竹劇場を松竹座と改称し映画の常設館とし、さらに同九月聚楽館を買収し、これも映画上映館に切り替えた（落合、有井一九六七、一二六―一三〇頁）。ここから庶民にも手の届く施設となる。当時の神戸第一の娯楽の中心地・新開地を進出先に選んだ松竹の戦略は自然なものだった。

新開地の魅力は、よく飲食、映画、（映画の寅さんでイメージできるような）香具師《やし》の三つで語られることが多い。聚楽館の豪華な建物の西の路地でも植木市、骨とう品屋、金魚すくいがあったりした。さらに一杯飲み屋が軒をつらね、のちの三宮のジャンジャン市場のような雰囲気もあったという（「神戸と映画・芸能　新開地・三宮の回想⑥」『神戸新聞』一九七一年一一月八日夕刊）。もちろん新開地で買い物をすることも可能であったが、高価な買い物の中心は元町であり、そこは静かでありつつ舶来の雰囲気を醸し出す地域であった。前述の林喜芳は思い出をつぎのように語る。

さかり場とは何度でもグルグル回って楽しむところであるらしい。だから、幼かった私たちは、「もう一ペン、看板見よか！」と、逆コースを辿って、いま見たばかりの絵看板を繰り返し飽かず眺めて歩いた。少年期を過ぎた頃には、「もう一ペン香具師を……。」と見残した香具師の口上に聞き入ったり、十銭均一の古本を根気よく探しまわった。この、人を引き止めるコツがさかり場にはあって、常に雑踏混雑、日頃の不愉快な思いもいつのまにか忘れさせた（林　一九八一、一四二頁）

大人も子どもも、金があっても、金がなくても楽しめる。映画を見る金がなくても、映画の絵看板をみて回るだけでも満足できる。

昔の新開地なら、軒を並べた映画館の絵看板を見て歩くだけで楽しかったものである。食べるもんも安かったし、露天商をひやかして歩くだけでもけっこう時間がつぶせた。市電筋をはさんで上と下でふん囲気がちがうのもおもしろかった。上の方はやや上品で新宿風、下の方はまったくの庶民の町で浅草風、新開地を愛する人たちは自分の好みで、上へ行ったり、下へ行ったりしたものである（「神戸と映画・芸能　新開地・三宮の回想①」『神戸新聞』一九七一年一一月一日夕刊）

食べ物もおおきな楽しみだったし、香具師などの露天商も見ていて楽しい。ただそこでうろうろするだけで気分が晴れる。そんな盛り場独特の文化が新開地にあった。映画館は平面的に通りに面して軒を連ねているため、絵看板も一度に見て歩ける。そのあたりは、ビルの何階かや、地下など上下に配置されていったのちの三宮の映画館とはちがう。新開地は、神戸の映画興行の中心地であるが、映画中心の歴史観でなければ、あらゆる興行と食べ物、露天商をあわせた庶民的な祝祭の場、娯楽の殿堂ととらえる方が妥当であろう。

一九二四（大正一三）年には当時東洋一の高さの神戸タワーが開業、一九二八（昭和三）年には映画館だけでなく風呂、ホテル、ゲーム場もある総合レジャー施設である湊川温泉が一号館から六号館まで完成する。一九三四（昭和九）年に映画の専門館となった聚楽館に一四〇〇平方メートルのアイススケート場を併設、一九三五（昭和一〇）年には遊具から釣堀まである子どもの遊園地八〇〇〇平方メートルのスポーツランドといった具合に、映画にとどまらずいずれもひろく、多様な娯楽施設が建設されていった（藤岡　一九八三、一五九頁、のじぎく文庫　一九七三、三五六―三六二頁。［本書巻末に掲載した「神戸映画館マップ」を参照］）。

斉藤力之助は、『わたしの湊川・新開地』（一九八九）のなかで、食べ物の街でもある新開地をつぎのように描写している。

新開地には色々と店が立ち並び食べ物では他の追従を許さず、又値段も格別に安かった。ドテ坊主（看板の絵）の鯨肉、名物「奴」の天丼、ビックリうどん、ビックリぜんざい、粕うどん、ポンポン飴、屋台店の天ぷら、にぎりすし、そして腹一杯のすき焼き等、又湊川公園には神戸の象徴神戸タワー、その周辺にはテント張りの洋食屋、コーヒ店は何時も満員、正に新開地は食べ物天国でもあった。これらは近く川崎造船所から勤めを終へて帰路につく工員さん達（現代と違って歩いて行列を組んで新開地本通りを通っていた）、そして映画（活動写真）や芝居を見終って家路につく人々の楽しみの一つでもあった（斉藤　一九八九、二頁）

新開地の客層はブルーカラーが多かった。ここに映画を含むあらゆる興行が集積した。新開地を略してカイチという言葉は一九六〇年代ごろまでの文献などではよく見られる。安いし、お金がなくてもぶらぶらするだけで楽しめる「カイチ」文化が醸成されていた。かつての「カイチ」という話し言葉は、そこに固有の文化があったことを感じさせる。

「カイチマン（新開地族）が花の元ブラに出ると、まるで田舎者である。空気が違う、陽の光が違う」（林　一九八七、一四八頁）と林は書く。新開地をうろつく庶民にとっては、元町はすこし敷居が高かった。より高級な商品や舶来品を売ることを主体とした元町商店街を中心とした地域と「カイチ」では空気から違っていた。「花の元ブラ」という言い方からも、元町には固有の文化があったことがよくわかる。

◎――交通の結節点としての三宮　東の新開地をめざす

このような新開地の娯楽文化に対抗しようとしたのが、阪急東宝グループをつくりあげた小林一三（一八七三―一九五七）であった。小林は、盛り場を自然発生的でなく人工的に作り出し、利益に結び付けることを得意とした。阪神間では梅田や宝塚がその代表例であろう。また東京では日比谷有楽町あたりをあげてもよい。小林一三の都市娯楽戦略については津金澤聰廣の『宝塚戦略』（講談社、一九九一）に詳しい。また都市論と鉄道を連関させる場合は原武史『「民都」大阪対「帝都」東京』（一九九八、講談社）が優れた視点を提供してくれる。

交通結節点を作り、ターミナルには百貨店、興行等を集積させる。郊外を開発し、沿線では不動産事業を展開し、土地や住宅を販売する。郊外に居住する勤労者や学生は、平日は電車で通勤通学する。休日は都心の客も沿線で娯楽を楽しみ、郊外の客もターミナルで買い物をする。宝塚に遊び、梅田で消費活動を行うというように。阪急グループの提供する娯楽は、家族むけの健全娯楽が中心である。大阪神戸間（いわゆる阪神間）の大阪側でそのような阪急文化が展開されたのが梅田のターミナル周辺だとすれば、神戸においてその開発拠点として位置づけられたのは三宮であった。小林一三が三宮で阪急神戸駅という名称を用い、阪急三宮駅という名称をなかなか用いなかったのは、阪急梅田駅といいつづけてＪＲ（かつての省線、国鉄）大阪駅に対抗したことを思い起こさせる。阪急電鉄のターミナルを都市の中心にしていくのが、阪急グループの得意な都市開発の手法であり、のちのさまざまな鉄道会社が真似をした手法である。

一九三六（昭和一一）年、ライバルであった阪神電鉄（阪神電気鉄道）が地下から神戸の商業の中心地元町まで乗り入れると、阪急電鉄（当時の阪神急行電鉄）は高架で三宮まで乗り入れた。阪神と阪急は、阪神間では列車のスピード競争、神戸での西への延伸競争などで知られている（落合、有井　一九六七、一三五―一三八頁）。阪神は社史でつぎのように述べている。

元町は、戦前は名実共に神戸の中心地であった。本線は、この時点（一九三六年）で高速電車として神戸の都心に直接達したのである。三宮、元町の地下線建設は、当社にとって輝かしい歴史の一頁を飾った。このとき、阪神急行鉄道（現在の阪急電鉄）は、神戸側の終点を上筒井からようやく高架によって三宮にまで移した段階であり、当社線に一日の長があった（日本経営史研究所　一九八五、三三四頁）。

阪神の元町延伸は、さらに西に位置する湊川延伸計画の途上であるとされていた。湊川は新開地にほど近い。阪神の計画通りにすすむと、神戸の小売業の中心は元町に残り続けた可能性もあるし、新開地が娯楽の殿堂であり続けた可能性もある。また、阪神の湊川延伸計画は、西からの山陽電気鉄道、北からの神戸有馬電気鉄道（現在の神戸電鉄）とつながり、「東の三宮」に対し、新開地の北にあたる「西の湊川」にあらたな交通結節点を阪神側が作り出す可能性もあった。

ここで、藤岡ひろ子『神戸の中心市街地』(一九八三)によって地理学の知見を導入してさらに説明しておこう。第二次世界大戦以前には神戸の都心は機能分化し、東西に広がっておおくの中心地をもっていた。西から「飲食・慰楽地区(新開地)」、「行政・公務地区(省線神戸駅前、今のJR神戸駅前)」、「小売業地区(元町通 今の阪神西元町駅と阪神元町駅もしくはJR元町駅間)」、元町駅の南である「金融街(栄町通一—三)」、現在のJR元町駅とJR三ノ宮駅の間を南に下ったあたりの「貿易・金融業地区(旧居留地)」といった状態である(藤岡、六六頁)。

三宮はそのような多数の都心機能の分担からすこし東へ外れていた。当時の神戸の都市構造にもとづいて延伸を考えていた阪神に対し、阪急は未来の都市構造を新たに作り上げつつ利益をあげる発想であった。阪急百貨店の社史を見てみよう。

商店街といえば東に大丸神戸店、西に三越神戸店、そしてこれらをつないでいる元町通りがあり、歓楽街は新開地に集められ三宮には生田神社が祭事季に人を寄せる程度で歓楽施設はほとんどなかった。小林一三会長は、かねてより三宮の開発に意を注ぎ、ここに歓楽街と商店街を築きアミューズメントセンターにする夢をもっていた(株式会社阪急百貨店社史編集委員会 一九七六、一六八頁)

阪急神戸駅（現在の阪急神戸三宮駅）を中心として、阪急神戸会館・食堂は一九三六（昭和一一）年四月に営業を開始した。「［昭和］一二年も後半になると、神戸会館西館1・2階に名店街が現れはじめた。このあたりは、つまり西館、阪急・省線（国鉄）高架下一帯は通称「三宮楽天地」と呼ばれ、西の新開地に対し小林一三構想による東の歓楽街を形成し発展して行くのである」（前掲、一六九頁）と社史は書く。

東洋一長いと称するエスカレーターを作ったり、さまざまな話題作りをしているが、戦前は人の流れは圧倒的に新開地に向かい、阪急のターミナルビルを中心とした開発手法は当時の人々を満足させられる多様な娯楽とぶらぶら歩きのできる面的広さを提供できていたとは言い難い。

また当時、百貨店と小売業は対立関係にあった。阪急は工場を直営していたので、製造小売り的な部分もあった（新修神戸市史編集委員会 二〇一四、一五八―一六〇頁）。さらに阪神の神戸駅（現在の阪神神戸三宮駅）の上には、一九三三（昭和八）年に百貨店そごう神戸店が移転し、阪神の所有するビルに入居していた。このような状況下で阪急は百貨店と名乗らずに、実質的には百貨店的経営をめざす作戦もあったようだ。だが、当時神戸で力がつよかった、三越、大丸、そごう（当時は十合）の各百貨店はいずれも呉服店系のため衣類に強い一方、阪急は当時衣類に強いとは言い難かった。

阪急は最終的には小売業者やそごう神戸店などとの関係から、興行中心の経営を志向する。三宮で、元町の小売り機能、新開地の娯楽機能を同時に獲得するのではなく、新開地の映画を中心とした興行および飲食の娯楽機能をうばおうとする計画に変更されたように見受けられる。

戦前の客の流れは小売りに関しては、西に立地する三越百貨店（現在のＪＲ神戸駅にほど近い西元町）から舶来品・高級品に強い元町商店街を経由して、東に立地する大丸百貨店（元町）という流れがあった。高級品志向・舶来品志向の買い物客は、元町地域に集中していた。

明治から三宮で酒店を営んで三代目となる小林正信による『あれこれと三宮』は、戦前、戦中、戦後すぐの三宮の生活を描く貴重な資料である。その中に神戸阪急会館周辺の様子が次のように語られている。


大劇場の封切映画の入場料を大人五十銭としたのは、大いに町の話題となった。神戸では、「ええとこ、ええとこ聚楽館」［西村注記—当時、新開地のもっとも高級とされた映画館］と子ども達にはやされた聚楽館の入場料が、大人三十五銭で定着していたのだから、五十銭の入場料は無謀だとうわさされた。当時（昭和十年ごろ）大学出の平社員の月給が、三十円前後、その数字を元にして娯楽費の中から五十銭の映画を月に二回は見られると割り出し、決めたということである。そんな経緯が新聞の記事をにぎわせたり、人々の話題にもなった（小林　一九八六、六二頁）

格安の五銭ライス（大盛りのライスと福神漬けのみ）というものを大阪と同様に神戸阪急会館

の食堂でも販売したが、阪急の大劇場の値段設定とはちぐはぐであった。聚楽館は当時は、松竹の傘下に入っており、また、新開地ではもっとも高級な映画館になっていた。阪急東宝グループはある程度の所得のある層がターゲットである。ホワイトカラーのサラリーマンが客のイメージにあったようだ。新開地に集まった重工業、軽工業の工員たちは、阪急が想定する人々とは好む価格帯が違う。さらには映画の楽しみ方や映画の内容の好みも異なる。三宮が東の新開地をめざすのは困難であった。サラリーマンとくにホワイトカラーが人口に占める割合が、戦後に急速に増えていくということも注意すべき点かもしれない。

しかし、阪急・東宝という巨大資本による三宮のおしゃれで高級な映画館は、新開地に不安を与えなかったわけではない。高いが近代的な映画館というスタイルを阪急東宝グループは提案したのである。このような手法に対し、新開地ではつぎのような対抗措置をとった。

湊川興行組合は「われらの生命線を守るため、対策をたて宣伝を強化する」と意気込み、六月一五日から八月末まで、夏期サービスとして、入場料の割引きを一斉に実施した。客を三宮に奪われることは新開地の浮沈に関する問題とばかり「安い面白い新開地の映画」を売り文句に、街頭宣伝を花々しく繰り広げた。この夏期サービスは、夜八時半以降の入場者に特別割引をするというもので、別に珍しくも新しくもない企画だが、菊水館、二葉館、有楽館は二十銭を十五銭に、栄館、マツモトザ、神戸劇場は十五銭を十銭にしてみせた（のじぎ

く文庫編　一九七三、一七一―一七二頁）

つまり、新開地の映画館の売りは安さである。おしゃれで都市的で高級なつくりの映画館を模索する阪急・東宝資本に対抗するには安さが軸となるという未来を暗示していた。当時、新開地が三宮を圧していたのは、映画という娯楽が低価格なだけでなく、周囲の飲食業の集積も大きかった。

戦前は、同会館［西村注記―阪急会館］の支配人が『新開地は食べ物屋が多いから客が寄る。三宮はそれがないので、分が悪い』と負け惜しみをいうほど、新開地が神戸一のにぎわいを誇っていた（「聚楽館物語」一二九『神戸新聞』一九七八年一一月三〇日）

表1をみれば、阪急もかなりの食べ物屋を用意している。しかし、この食べ物屋の数でも新開地に集積する多様な食べ物屋、さらには多くの露店や屋台の魅力にひかれる客を吸引することは難しかった。戦前、戦中の三宮は交通結節点にはなったが、新開地とならぶような東の新開地とでもいうべき一大歓楽街と化していたとまでは言えない。戦前にその端緒がつくられた程度が適切な表現だろう。このような戦前の微妙なバランスをすっかり変えたのは第二次世界大戦であった。

表1　神戸（三宮）阪急の配置　　昭和14年10月20日現在

		名　称		種　類
神戸阪急会館	5階	時雨茶屋		会席風流料理
	4階	阪急会館		東宝映画封切
	3階	阪急直営食堂		洋食堂
	2階	第一楼		広東料理
	1階	コンコース	阪急共栄薬房 阪急共栄売店 神戸銀行三宮駅前出張所	薬品類と化粧品・書籍 たばこ・雑誌・健康相談所
	地階	阪急マーケット		食料品・菓子・おやすみ所
阪急神戸駅西館	2階	阪急理髪室　レート美容院　北野歯科		
	1階	竹葉亭（うなぎ料理、にぎりずし）、三宮フルーツパーラー（喫茶、フルーツ） つきじ（東京風料理）、しのぶ（いもしるこ、ぞうに）、串焼串助（やきとり） 多幸三（おでん、にぎりずし） 三宮劇場（演劇並にセカンド上映館） 三宮映画館（東宝映画セカンド上映館） 時尚堂時計店（時計、めがね並にその修繕） 三宮カメラ店（写真機及びその材料・現像・引伸）		
三宮国鉄高架下	2階	楽天地撞球場（玉突台5台、ローテーション2台） 楽天地マージャンホール（28台設備）、楽天地碁席（碁盤20面） 三宮遊戯場（射的、飛行艇、その他色々） スエヒロすき焼部（牛すきやき、御宴会用広間） 三宮小劇場（ニュース、文化、短篇、漫画上映）		
	1階	一宝（すし、てんぷら、小鉢物）、銀串（洋食スタンド）、青葉（うなぎ）三宮ビヤホール（アサヒビールスタンド）、フロインドリーブ（ドイツ風菓子と喫茶）、明治屋（ふぐ料理）、喜多八（とんかつ料理）、トミヤバー（洋酒スタンド）、魚じま（海川魚、一品料理）、アルプスグリル（洋食堂）、古郷（温酒バー、灘銘酒）、森永キャンデーストア（お菓子と喫茶、食事）、スエヒロ（ビフテキとカレーライス）、万よし（いけす料理）、松竹梅の酒蔵（銘酒松竹梅、小鉢物）		

（『株式会社阪急百貨店25年史』より）

◎——戦後の混乱が三宮にもたらしたもの——小売、飲食、娯楽の同時集積へ

一九四五（昭和二〇）年三月一七日の空襲で新開地一帯が、六月五日の空襲で三宮界隈が壊滅した。そのなかで焼け残ったのはコンクリート建築であった。正確に言えば、内部は焼け、そこに逃げ込んで亡くなった人々も多かった。新開地で焼け残ったのは洋式建築の聚楽館、松竹座ぐらいであった。そして元町や三宮で焼け残ったのは、三越、大丸、そごうのような百貨店や高架下にあった映画館、駅周辺の施設、そのなかでも印象深かったのは省線（ＪＲ）の高架であった。木造建築を消失させるべく作られた焼夷弾の性質は、コンクリートの構造物を残したのである。この鉄道の高架がその後の神戸、そして、新開地、三宮の展開に大きな影響をおよぼす。

木造でない映画館は空襲の後でも営業を比較的はやく再開する。『映画だいすき少年の戦中戦後日記』という中村茂隆による貴重な記録がある。戦争末期に小学生、戦争直後に中学生であった中村が神戸で映画を観続けて書いた日記を中心に、さまざまな解説を加えた神戸の映画をめぐる一九三九（昭和一四）年から一九四八（昭和二三）年に至る作品である。中村による『神戸新聞』紙面の調査によると「三月十七日以降、たしかに新開地の映画の広告は消える。しかし阪急会館、三宮劇場、春日館など三宮以東の映画館では、実にコンスタントに新作の封切が続けられている。（中略）六月五日の空襲で、今度は三宮の映画館の広告が新聞から消える。しかし、逆に七月五

日、聚楽館が復活する」(中村　一九九二、一四五―一四九頁)というように戦前戦中戦後をこえてかなり厳しい状況下でも映画をみることは続けられており、映画館が焼け残りさえすれば映画の娯楽性は揺らぐものではなかった。

一九四五(昭和二〇)年一二月現在、聚楽館、松竹座、六甲松竹、西新開地の文化映画館、松竹館のほか、阪急ターミナル街の三宮映画劇場、三宮映画館が営業を行っていた。一九四六(昭和二一)年には阪急会館、元町映画館、キネマクラブ、相生座などが、つぎつぎ再開した。焼け残りの映画館ではなにをかけても客がはいった。戦後はアメリカ映画等の洋画が加わり、「アメリカ映画をやったりロシア映画をかけたり、日活映画が出るかと思うと、次は松竹作品だったり、なんでもかでも行き当たりバッタリ、それでも毎日割れるような入りで、こっちが面食らうほどでした」と『神戸市史第三集　社会文化編』(神戸市　一九六五、七七六―七七七頁)にも関係者の談が残されている。興行関係者は焼け残ったフィルム探しに奔走する。前述の中村の日記にも一九四五(昭和二〇)年一二月に阪急三宮高架下の三宮映画館に母と弟と一緒に映画を見に行ったものの、将棋倒しになりかけて、結局見られずに帰ったという記載がある(中村　一九九二、一六〇―一六一頁)。戦後すぐは娯楽の中心にあった映画は、混雑の為に座ってみられる状態でなかったどころか、映画館の椅子自体が整備できない様子も見うけられる。

戦後に都市の構造に大きな影響を与えたのは、統制経済の崩壊と、それにともなう闇市である。かつては神戸の東端にあった三宮は交通結節点としての利点を生かし始める。闇市と繁華街の形成については、村上しほりによる「神戸ヤミ市と繁華街の形成」（橋本・初田編著 二〇一六）に詳しい。また、宮本治編二〇一六『ＫＯＢＥ・三宮物語』なども戦後の三宮に特化した著作である。

「食糧不足を補う闇物資の販売に始まった『三宮の盛り場』は、人びとのエネルギーを吸収しながら新たな「まち」を形成し始めた。ただし、当時の神戸市民の頭に浮かぶ「盛り場」とは、映画館や娯楽場を備えた新開地であり、突如生まれた「三宮の盛り場」は一過性の現象と見られていた」（宮本 二〇一六、五九頁）

闇市は三宮だけに形成されたわけではなく、市内に一五箇所前後形成される。その中でも代表的なものは、東から省線高架下（三ノ宮駅、元町駅、神戸駅）、新開地、湊川、長田（長田神社付近）、大正筋（現在のＪＲ新長田駅南 西新開地ともいわれた）などである。闇市は輸送に便利なところに広がることが多い。一九四六（昭和二一）年一月一五日の調査によると、省線三ノ宮駅〜元町駅高架下一〇〇九人、省線元町駅〜神戸駅三六二人、新開地自由市場（湊川公園〜新開地筋）五七〇人、湊川復興市場三二三人、長田二二八人、大正筋四四五人（神戸市史一九六五 五四—五七頁から積算）などの業者が店を開いていた。なかでも日本一長い闇市といわれ、代表的存在と見られたのが、現在のＪＲ三ノ宮駅からＪＲ神戸駅にまで東西に伸びる約二キロメートルの高架下と南側の路上にあった闇市であった。市内最大規模の闇市は三宮自由市場と呼ばれ、一九四五（昭和二〇）年一一月には新楽街という飲食店街が高架下に開業した（宮本 二〇一六、五九―六〇頁）。

飲食と小売りの両方が同時に三宮を中心とした闇市に集まってきた。神戸の闇市の特徴としてよく語られるのは国際色のつよさである。中国人、台湾人、朝鮮人などが大きな力を持った。それは単に日本人に対する比率の問題だけでなく、占領下の日本の警察が取り締まれない治外法権状態を生み出し、日本人が持てない独自の仕入れルートを確保していることもあった。神戸の港町としての特徴もここには反映されている。一九四六（昭和二一）年八月全国で闇市が撤去されたが、神戸市では規模の大きさや、中国人、台湾人、朝鮮人などの勢力の強さなどさまざまな要素を勘案し、時間をかけて比較的ゆるやかに解体されていった。このような経緯もあって、各地から神戸へと転入する業者がでた（落合・有井 一九六七、一三九―一四三頁）。闇市は当時の行政が十分に供給できなかった多様な物資を提供し、小売業も三宮に集積する誘因となった。しかも、元町に十分になかった飲食業の集積を伴う形で。

飲食店の一部は、三ノ宮駅南のそごう神戸店西にあたる三宮一丁目北東部に集まり、ジャンジャン市場を形成した。また、三ノ宮駅の東には小売業が国際マーケットを形成した（宮本 二〇一六、六〇―六二頁）。

しかし、戦後すぐの三宮には元町のような高級イメージは全くない。エネルギッシュでごちゃついた、元町とは対照的な三宮であった。元町というよりはむしろ新開地に似ていた。三宮へは飲食、小売り、娯楽とさまざまな都市機能が一気にながれこんだ。映画館といった娯楽機能のみが三宮へ集積しはじめたのではなく、すべてが三宮に集積しはじめたのである。三宮が交通結節点というだけでなく、それに加え鉄道関連は鉄骨や鉄筋コンクリート施設がおおく、焼け残りがおおかったのも大きな要因だった。

◎——映画の見方の変化と映画館の商品価値——元町の高級映画館という転換

娯楽機能がつよく映画館の集積地であった新開地以外にも、より多くの場所で映画館が作られていく。そのなかで三宮にはとくに多くが立地したというとらえ方がよいかもしれない。映画に関しては三宮へ集積するというだけでなく、市内のあちこちの駅の周辺、商店街などに分散して立地していくという点にも注意が必要である。当時、風呂屋と映画館は日銭が稼げ、もうかる商売の代表であるが、水道というインフラ、燃料費や地価などを考えれば駅周辺には映画館のほうが立地しやすかった。

ここで時代と共に映画の見方がすこしずつ変化していく様子も意識しておきたい。かつての新開地での映画の見方を表現してみよう。絵看板をみながらうろうろしつつ楽しみ、気が向いたところで映画館に入る。人気のところは立ち見、人気のないところはがらがら。そうした、盛り場のにぎわいのなかで気が向いたときに気が向いたものを気軽にみる見方から、時間をきめて、座席に座り、真剣にみる見方に変えはじめたのは、後述するように、神戸では汽船業者が汽船業を行えなかったときに作ったいくつかの高級映画館の影響が大きかったと思われる。

現在では、映画がはじまる時間を気にして見に行き、はじまる時間から見て、終わる時間まで座っているというのは、なかば常識もしくはマナーとなってしまっている。しかし、一九五〇（昭和二五）年ごろの『神戸新聞』の映画の情報欄をみても毎回の映画の上映時間が書いてあるわけではない。せいぜい映画の題名と最終の上映開始時間、映画館名の三つが情報としてのっている程度である。そして一部は、題名と、上映時間のかわりに暖房完備と記載し、阪急会館のように映画館名としてあるようなケースもある（「今日の娯楽」『神戸新聞』一九五二年一月六日）。古くはさまざまな興行で寒い時は火鉢の貸し出しのサービスがあったりもしたが、すこしずつ映画館自体の設備が興味の対象となっていることがわかる。このような視点から京都市における映画興行を記述、研究したものが加藤幹郎『映画館と観客の文化史』（中央公論社、二〇〇六）に所収されている。

映画館の設備面からの整備は、戦前から三宮に拠点を築こうとした阪急東宝グループの得意な分野に見受けられるが、神戸ではその転換期を担った存在があった。汽船会社のビルを一時的に転用した高級映画館がそれである。汽船会社は戦後すぐには汽船業ができなかった。このため、日産汽船はニッサン館（定員八〇〇名）を、山下汽船は神戸ＡＢＣ（定員一〇〇〇名）（のちに三宮に移転し神戸朝日会館へ）を一九四六（昭和二一）年一二月に相次いで開館させる。元町の大丸の西の栄町通り付近つまり現在の阪神元町駅と阪神西元町駅の間の海岸側に立地していた（柴田勝　一九七五、三五─三六頁）。神戸ＡＢＣについては、「『春の序曲』などの外国映画をイヤホーンをつけて同時通訳するモダンな映画館として有名でした。大阪の放送劇団の人が毎回やってきて、通訳していました」（伊良子　二〇〇〇、二二頁）とその様子が述べられている。

このような経営スタイルは、必然として高価な入場料の映画館を生み出す。この映画館の立地は、前述の藤岡の人文地理学的分類では、金融や貿易機能を担った地区に属し、高級小売業であった元町商店街から南へと海にむかった地域にあたる。

前述の中村の日記のなかには一九四七（昭和二二）年ごろの映画館神戸ＡＢＣの様子がでてくる。併設されているカフェテリアＡＢＣにはテーブルごとに砂糖壺が置いてあり、砂糖を好きなだけ入れられるということに中学生の中村はおおいに驚いた。当時、食糧はまだ配給制がしかれていて、砂糖が入手しづらくサッカリン等で代用していた時代だったたからだ（中村一九九二、二〇八─二〇九頁）。中村は、神戸ＡＢＣでジョージ・ガーシュウィンの生涯を描いた音楽映画『アメリカ交響楽』（一九四五年）を一九四七（昭和二二）年五月三日に見る。一一時の上映のために、朝七時半に家を出、一〇時半に前売り券の残りとして当日売り出される二五円の切符を求めて列をつくる。当時の中村の記述をみてみよう。

僕の前の席のブローカー風の青年は、後半ガーシュウィンの苦悩の場面になると背伸びをし、靴を鳴らす。弱った。出口へ歩きながらはなしてゐる労働者風の二人、『長い映画やったな。わしゃ大半寝とった、こんな映画久し振りや』こんな人には二十五円は勿体ない。僕は二十五円を充分生かさうと一生懸命見たつもりである（中村　一九九二、二〇五頁）。

ブローカー風の青年や、労働者風の二人は、戦後の混乱期に金があるのでこの高級映画館に足を運んだのであろうが、この映画の内容だけでなく、時間の長さ、さらには椅子に静かに座りみる見方などが合わなかったようである。この映画は、多くの人が娯楽として楽しめるものにはなっていなかったようで、中村は娯楽というより「学習」として見たという。

神戸ＡＢＣは神戸で最初のロードショー劇場であった。「ある映画を他とは格段に高い料金で（普通十円なのが、ここでは二十五円）全館指定席の総入れ替え制という、えらく高飛車な興行方式をとっていた［中略］このお高くとまった商法が、あの食糧難と物価高で人々が青息吐息だった時代に結構馬鹿当たりして、一本の映画で平均一カ月のロングランをしていたのだから世の中本当に不思議だと思う」（中村　一九九二、二〇三―二〇四頁）と感想を述べている。また、中村は当時の三宮の様子についても次のように触れている。「センター街は国鉄三宮駅南西の一角に戦後新しくできた、大衆的でエネルギッシュな商店街で、戦前からあるハイカラで上品な元町通りとは対照的であった」（中村　一九九二、一八一頁）。

三宮センター街は大衆的でエネルギッシュ、元町商店街はハイカラで上品という対照的なイメージであったことがわかる。戦後すぐの三宮はたぶんに大衆的で新開地的要素を帯びていたことが確認できる。つづいて三宮と元町のこの対照的なイメージが次第に混淆していき、ついで三宮から新開地的イメージが払しょくされていく様子を見てみたい。

◎――三宮のオシャレ化とあらゆる都市機能の集積

作家陳舜臣は、海岸通り五丁目という神戸の中突堤、弁天埠頭にほど近いあたりで育った。このため陳舜臣による『神戸というまち』（至誠堂、一九六五）は実感と生活感にもとづいた神戸の解説となっており、他の書籍と一線を画す。三宮センター街については次のような記述がある。

東のほうにあって、元町の延長のような気のするセンター街が、戦後めざましく抬頭したのだ。

終戦直後の闇市は、阪急三宮周辺を中心として、エネルギッシュな盛況を呈した。高架下商店街は、その時期のおとし子である。社会がややおちつくと、人びとはほんもののショッピングがしたくなる。闇市はまもなく消えたが、高架下の商店街は業種が限られているうえ、闇市の後裔的な雰囲気が残っていた。そんなとき、歴史とプライドをもった元町商店街の復興がおくれているまに、センター街が猛然と進出して、まがいものでないショッピングの味を、人びとに提供したのである。（陳　一九六五、一六六頁）

昔の人は、三宮と元町のあたりのイメージの区別が明瞭にあった。しかし、今ではこのようなイメージの差はないかもしれない。三宮センター街は、名称は三宮であるが、地理的にはＪＲ三ノ宮駅とＪＲ元町駅間の少し南に展開する商店街である。このため、陳舜臣が「元町の延長のような気のするセンター街」というのは地理的には適切な表現である。三宮と元町というのは微妙な関係で、イメージが混淆した現在ではセットにして表現してもよいような気もするが、戦後になるまでは元町と三宮は大きく文化が違った。

三宮センター街連合会発行の『三宮センター街三十年史』をみると、三宮センター街は「昭和二一年秋に誕生した戦後の新興ショッピングセンター」（本地　一九七八、五七頁）と自ら述べている。戦前、三宮町一丁目は小売商店も六、七〇軒つながり賑やかだったが、二丁目になると豆腐屋、漬物屋、一杯飲み屋などが住居の間にある程度の裏通りだったという。この通りに愛称をつけるときに、「明治開港以来、エキゾチックなムードを持っている神戸の、戦後生まれの新しい町にふさわしい『バタ臭いもの』」ということで「三宮センター街」となった。初期の、闇市が盛んな頃は闇市に隣接して作った「センター街」への客足がのびず、統制経済の影響でセンター街が販売する正規ルートの商品は品薄で魅力に乏しく、さらになじみのない通りのため「いつも閑古鳥が鳴いていた」（本地　一九七八、六三頁）。

一九六三（昭和三八）年の『神戸新聞』の「どしょうぼね」という商店街に関する連載では、第一回は三宮センター街というように神戸第一の座をしめるようになっている。ちなみに第二回は元町、第三回は新開地であり、戦後に位置づけが変わったのがよくわかる。

「どしょうぼね」シリーズは、一九六三（昭和三八）年の神戸市各地の商店街の歴史と現況がよくわかる連載記事である。「センター街は、ほんまにようなりましたなあ」と、記者がおあいそをいったら「ようなったんやない。ようしたんや」と言いかえされたという（「どしょうぼね①三宮センター街」『神戸新聞』一九六三年一月一日）。記事によると、戦後すぐは「ガレキと焦土の三宮では、廃墟のような洋画封切り館と、高架下に開かれたヤミ市に人が集まっていた」。その当時、客足をセンター街に引くために、センター街の軒並みの商店が家族をあげて、一日中表通りをいったり来たりするという作戦をとった。商店街の役員いわく「人間の習性はアリのようなもんや。人の集まるところに集まってきよる」。それは一朝一夕に起きたことではなかった。街路灯を建てて夜間照明をし、道路の舗装をし、アーケードを作るなど時代を追ってつぎつぎに工夫をしていく。その結果、「センター街は阪急、そごうと大丸、元町の渡り廊下的道筋になった」という。これは、元町商店街が、西元町の三越と元町の大丸をつないでいたのと役割が似ている。

若い女性の通る町は繁栄するといわれる。その意味では十八歳から二十五歳までの女性の通行量の多いセンター街は、こんご繁栄を約束されているといえる。（前掲、「どしょうぼね①」）。

三宮は戦後すぐとはうってかわり、しだいに若い女性が多く歩く町となった。新開地とは対照的な町になっていく。それは一九五六（昭和三一）年新開地から移転し、たこ焼き店「たちばな」を開いた店主の印象的な語りがある。

やっぱり三宮は違うと感じました。歩いている女の人がみんなおしゃれできれいでしょ。最初は『ほんまにこんな人がたこ焼き食べるんかいな』と思っていました（宮本　二〇一六、一〇〇頁）

一九五六（昭和三一）年には、三宮にはすでにおしゃれイメージができはじめている。そして「たこ焼き食べるんかいな」という若い女性が歩いていた。

そんな三宮イメージへと変化したとき、おそらくそこにはかつての元町イメージが三宮に吸収され、混淆されていったようにも思われる。また、三宮と元町の間を三宮センター街がつなぎ繁栄するほど、元町の大丸百貨店と西元町の三越百貨店をつなぐ元町商店街には不利になる。新聞連載「どしょうぼね」②元町（『神戸新聞』一九六三年一月三日）に、「産業社会学者の調査によると、町をぶらつく人たちが歩く距離は年々短くなっている。十年むかしは四キロ、四、五年前は二キロといわれていたが、このごろは五百メートル歩いて五百メートルバックするという」という分析を載せている。そして、元町商店街の東西の長さ約一・二キロメートルとくらべると、三宮センター街は半分くらいの長さである。元町の商店街は西の方から寂れ気味となる。

一方戦前の娯楽の殿堂新開地を「どしょうぼね」はつぎのように描いている。

戦後の混乱時代からウナギのぼりにふえていた客足が二十八〔一九五三〕年ごろを境にストップ。その後はいくら客足誘致に力を入れても戦前の繁栄にはかえられなかった〔中略〕新開地の客足はいま、戦前最盛期の五、六割程度だという（「どしょうぼね③新開地」『神戸新聞』一九六三年一月四日）

三宮と新開地の丁度真ん中あたりで育ち、戦前は足が三宮よりは新開地にむかったという陳舜臣は一九六五（昭和四〇）年当時つぎのように述べている。

新開地は見栄え抜きの、庶民の遊び場である。あけっぴろげの気安さがあり、夏にはステテコ紳士が白昼徘徊する。この通りのファンである常連のことを、カイチ・マンと呼ぶ。三宮の虚栄をせせら笑うカイチ・マンは多い（陳　一九六五、一七四頁）

「おしゃれできれいな若い女性」と「あけっぴろげなステテコ紳士」の対照は、街のイメージをよくあらわしている。かつては、新開地と似た雰囲気をただよわせていた三宮に残っていた阪急三宮東口の南に残っていたジャンジャン市場も一九六六（昭和四一）年に完全に撤去され、三宮の猥雑さは脱色されていく。ジャンジャン市場に出入りしていた建設や港湾の日雇い労働者も三宮から移動し、三宮の食べ物は安いとか、路地などが小便くさいといったイメージは消えていく。

一方、三宮の新たな大規模施設の変化を追うと、一九五六（昭和三一）年五月に国鉄三ノ宮駅南に神戸新聞会館が出来る。地上七階地下三階一五〇〇名近く収容の大劇場（のち映画館へ）を備えたビルである。同年九月、そごう神戸店が増築される。さらに同年一〇月、そごう神戸店の南に神戸国際会館（地上一一階、地下一階）座席数一九〇〇近くの大ホールができる。三宮はひろさを面的に確保するよりも、高層化によってさまざまな都市機能を強化していき、巨大施設をつぎつきに引き寄せた。かつて湊川新開地を有利にした廃川地の広さを、三宮は空間的に建築技術により確保した。一九五七（昭和三二）年四月、神戸市役所の新庁舎が三宮に完成し、行政機能も集約した。さらに、クルマの増加等の問題も、地下に歩行者の通路兼ショッピングセンターとして「さんちかタウン」を一九六五（昭和四〇）年一〇月に完成させ、国鉄三ノ宮駅、阪急三宮駅、阪神三宮駅の行き来が容易になるように改良される（神戸市　二〇〇三、宮本　二〇一六、七八—九五頁）。

湊川新開地の南北の長さ、そして元町商店街の東西の長さも衰退の要因になった。かつて新開地を有利にした面的な広さや込み入った路地は不利に働き、三宮の多少の狭さと都市計画にもとづいた空間への一極集中は、さほど歩き回らなくなった人々に快適な空間を提供したのである。

◎——テレビ時代の幕開けと新開地・三宮のたどった道

三宮にさまざまな文化施設、娯楽施設が出来た一九五六（昭和三一）年、神戸市役所という行政施設が移動した一九五七（昭和三二）年という時期はちょうどメディア上も大きな転換の時期であった。

映画館を中心とした新開地の凋落と、映画

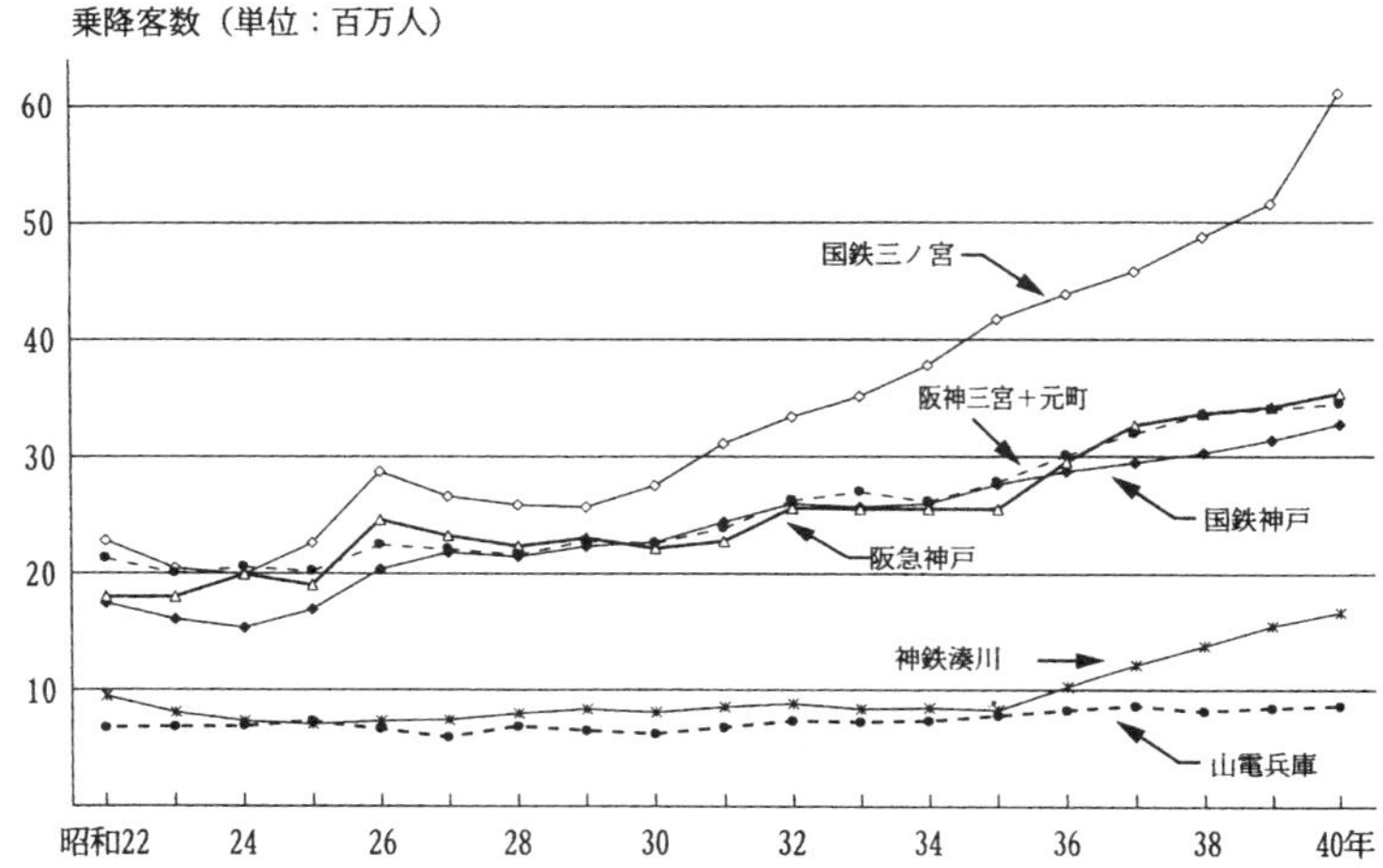

図1　神戸市内主要駅乗降客数の推移
（『新修神戸市史　産業経済編Ⅲ　第三次産業』より）

館もある三宮の繁栄の傾向は、すでに都市機能上も起きていた。観客動員数から考えるとそれはちょうど映画そのものの最盛期とそれをこえての斜陽化が始まる時期でもある。『神戸市史』はつぎのように書いている。

テレビの普及化とレジャーブームによる観光旅行やピクニックなどの影響で映画は急速度に観客数を減じ、映画企業体がひとつの試練に直面しているわけである。神戸においてもその傾向ははなはだしく、一時八〇以上もあった映画館も三三年度（一九五八）をピークとして年々下降線をたどり、三七年末（一九六二）には七〇余館に減ってきている。それでもなお飽和状態で経営難に喘えいでいるものが多く、スーパーマーケットやパチンコ屋に身売りしたものもある（神戸市　一九六五、七七九頁）

一九五八（昭和三三）年度に一一億余だった映画人口が

表2　神戸市におけるテレビの普及状況

年	受信契約数	100世帯当り普及率（%）
1953（昭和28）	463	0.2
1954（昭和29）	1,369	0.6
1955（昭和30）	4,013	1.7
1956（昭和31）	10,926	4.5
1957（昭和32）	25,140	10.0
1958（昭和33）	54,065	20.7
1959（昭和34）	102,018	37.7
1960（昭和35）	144,577	50.6
1961（昭和36）	183,115	60.6

（『神戸市史第三集　社会文化編』より作成）

毎年減少し、一九六一（昭和三六）年度には八億六千万になる。東宝の社史をみると、その地域の映画館の人出はテレビが見られるようになると二割や三割はすぐ落ちてしまったという（東宝三十年史編纂委員会　一九六三ａ、二二八頁）。東宝グループは一九五七（昭和三二）年から早速『僕は名探偵』『鶴田浩二アワー』といったテレビ番組制作を行い供給をはじめる（東宝三十年史編纂委員会ｂ　一九六三）。

阪急電鉄（当時の京阪神急行電鉄）は、現在の関西テレビ放送の前身の一つに出資する。テレビ受像機が普及の波にのった一九五九（昭和三四）年には阪急百貨店がテレビ番組の中で奉仕品を紹介し、金・土・日曜日に販売を行うようになる（株式会社阪急百貨店社史編集委員会　一九七六、四二三―四二四頁）。すぐにテレビを宣伝利用しはじめたのである。阪急東宝グループは、娯楽形態の変化に、そして利益をあげる産業の変更にこだわりがない。産業を巨視的にみれば、テレビが映画の代替をするというシンプルな構造ではとらえられない。人びとの映画に費やすお金のみならず時間も、テレビだけでなくショッピングに回ったりする。つまり、新開地は娯楽のなかでも映画などの興行に偏っているため、人出を減らしたかもしれないが、三宮では人出はいても映画よりもショッピングに重きを置くような動きになる。

『神戸市史』に一九六二（昭和三七）年現在の市内の映画館が記されている。

三宮、元町周辺

朝日会館、阪神劇場、神戸新聞会館大劇場、阪急会館、三宮東宝、阪急文化、三劇、三映、ビック映劇、大洋など二三館。

湊川新開地

聚楽館、松竹劇場、神戸スバル座（元相生座）、日活キネマ、神戸東宝、湊川温泉、ロマン座など一九館。

西神戸一三館が長田、垂水、板宿などに分布。

東神戸一三館が深江、六甲、春日野道などに分布。

（神戸市　一九六五、七八二―七八三頁）。

一九六三（昭和三八）年には、まだまだ湊川新開地地域も三宮や元町にならぶ映画の盛んな地域である。神戸の私鉄は、一九六八（昭和四三）年四月神戸高速鉄道の開通によって、東からの阪急神戸線、阪神本線、西からの山陽電鉄、北からの神戸電鉄と新開地を結節点として結ばれるようになった。新聞記事を見る限りでは、新開地の人々はこれで三宮一極集中から救われると考えていた節もある。一九六三（昭和三八）年当初に新開地商店街連合会の会長は、「阪急、阪神沿線の住民も、山陽や神戸電鉄の人たちも、もともと新開地になじみ深いお客さんたちです。神戸電鉄や山陽沿線では、最近とくに住宅開発が進んでおり、これから期待できるお客さんの数は戦前どころではありません。伝統もあることだし、立派な商店街さえつくれば新開地が再び阪神第一の繁華街になることも夢ではないでしょう」と述べている（「どしょうぼね③新開地」『神戸新聞』一九六三年一月四日）。

しかし、神戸高速鉄道で阪急、阪神、山陽、神戸電鉄のすべてが結ばれると、逆に西の人々も、北の人々も西の新開地を素通りして、東の三宮へ行くようになり、一方で東の人々で三宮を通り越して新開地まで来る目的をもつ者は減っていた。希望を託していた新開地の交通結節点化は、三宮の交通結節点の果たした意味とは違っていた。後発の交通結節点たる新開地は、さらに強い交通結節点である三宮への人の流れを促進し、新開地はさらに地域として弱まる速度を早めて行った。

映画を中心とする新開地の都市機能は映画と共に衰退していくのに対して、映画が衰退しても三宮はあらゆる都市機能を一極集中させつつ伸びていった。三宮は、「映画より買い物」と言った具合に、時代にあわせて娯楽と消費の在り様を変化させる。その力は、神戸においては、阪急東宝グループの街づくりが強く主導したものとは言えず、第二次世界大戦、闇市、三宮センター街の隆盛、そして神戸新聞社、神戸市役所の移転など、飲食、小売、メディア、行政、そして地域固有の文化の変化などさまざまな要素が作用して三宮一極集中の盛り場さらにいえば都市構造を生み出していった。

一方、新開地では映画産業が衰退し、街が衰退し、地価も下がるなかで、映画興行の損益分岐点も変化し、かえって味のある映画館が出て来たりもする。安さや珍しさ、三本立て、マイナー志向、映画と温泉の組み合わせなど、少数の濃厚な映画ファンほど独自の魅力を有する新開地に行きたくなるような傾向がでたりする時期もある。一九六〇年代半ば以降の一筋縄ではない新開地独特の衰退と抵抗の歴史は残念ながら紙面が尽きたのでここでは記さない。

◎コラム1

兵庫の映画撮影所

映画の都といえば東京、京都だが、西宮の甲陽園に撮影所があったことをご存じだろうか。

その名は「東亜キネマ甲陽撮影所」。一九二三（大正一二）年の会社創立から、わずか四年で消滅。「営業の不振と、愚作を乱発し」（筈見《はずみ》恒夫『映画五十年史』）と酷評される東亜キネマに社史はなく、甲陽撮影所で製作された現存作品は一本という。「従来の映画史の記述は東京や京都中心。東亜キネマのように短命な会社の研究は少ない」と板倉史明・神戸大准教授は話す。

なぜ、甲陽園に映画の撮影所が作られたのか。

一九一八（大正七）年、「甲陽土地株式会社」が設立され、山林計四二万二六〇坪（約一四〇万平方メートル）を買収。住宅地を分譲し、遊園地や温泉、少女歌舞劇の劇場などがある「甲陽公園」を開発した。公園には滝田南陽経営の「甲陽キネマ撮影所」が設立された（田中

1925年の東亜キネマ甲陽撮影所。三角屋根の建物がグラスステージ（西宮市情報公開課蔵）

純一郎『日本映画発達史Ⅱ』）というが、詳細は不明。そこに、一九二三年の関東大震災で大阪に機能を移した保険会社「八千代生命」が創立したのが、東亜キネマだ。

新興の八千代生命は「創業十一年で契約高一億円突破」といった派手な広告を打ち、宣伝映画に力を入れた。東亜キネマも初期の広告では、映画による事業宣伝の勧めをうたっている。

関東大震災後、映画関係者や洋画配給各社は神戸・阪神間などに移転。関西の映画界は活況を呈していた。東亜キネマは、甲陽公園にガラス張りのグラスステージを建設。劇映画に乗り出すものの、東亜キネマが日活、松竹、帝国キネマと共に四大会社に数えられるのは、「日本映画の父」といわれる大プロデューサー・牧野省三の「マキノ映画」と合併したことによる。

京都・等持院のマキノ映画はシナリオを重視したリアルな剣劇で当たりを取るが、資金難に悩まされた。一九二四（大正一三）年に東亜キネマと合併し、牧野が実質、甲陽・等持院両撮影所の製作トップに就く。「シナリオライター、監督を一室に集め、一言でいい放つ修正案は、興行価値のツボをとらえたものだった」とは甲陽撮影所で正式に監督デビューした山本嘉次郎の回想（『カツドウヤ水路』）だ。

甲陽撮影所は、ハリウッド帰りの徳永フランク監督の第一回作品『愛の秘密』、山本監督の『断雲』（ともに一九二四年）など神戸ロケを主にした現代劇やアクションを世に送り出す。現存する印南《いんなみ》弘監督の『黄金の弾丸』（一九二七［昭和二］年）も、旧居留地や洋館街でのカーチェイスが見どころだ。当時の最先端雑誌『新青年』にも紹介されたハーマン・ランドンの探偵小説が原作で、移動やカットバックなどスピード感のある撮影と編集が、モダンな神戸の風景と相まって活劇を盛り上げる。

『黄金の弾丸』（1927年、印南弘監督）
提供：神戸映画資料館

だが、牧野は一年足らずで東亜キネマと決裂。親会社の八千代生命は東亜キネマへの不良貸し付けや過大な宣伝費が表面化する。甲陽撮影所は一九二七年に閉鎖、東亜の名前も一九三二（昭和七）年に消えた。甲陽公園にはその後、「極東映画」が一九三五（昭和一〇）年に撮影所を構えるが、翌年、大阪の古《ふる》市《いち》白鳥園撮影所（現羽曳野市）に移転。残党の剣劇スター・羅門光三郎《らもんみつさぶろう》らが設立した「甲陽映画」も経営難で一九三七（昭和一二）年に解散する。

時代の波に消えた幻の撮影所。「地元の映画史として、全体像を掘り起こしていく必要がある」と板倉准教授。今は閑静な住宅街で、旧甲陽公園の案内板だけがキネマの夢をしのばせる。

（田中真治）

◎コラム2

神戸の活動弁士

「活動写真」と呼ばれた無声映画の上映には説明と伴奏が欠かせなかった。後には映画説明者、映画解説者と称された弁士の話芸が客の入りを左右し、俳優の人気をしのぐ時代があった。

『日本映画史の研究』の著書・塚田嘉信は、神戸の銃器商・高橋信治を弁士第一号とする。一八九六（明治二九）年一一月二五日、エジソン発明のキネトスコープが本邦初、神戸で公開される。この覗き箱式の機械の説明役は、輸入した彼のほかになかった。すぐにスクリーン式のシネマトグラフも上陸し、職業弁士が現れると、口上めいた前説や登場人物の声色はストーリーと台詞の説明に変わる。弁士を花形の地位に押し上げたのが、和洋合奏とあいまったリズミカルな名調子。〈東山三十六峰静かに眠る丑三つ時…突如起こる剣戟の響き〉—。これは、「バンツマ」こと阪東妻三郎主演『尊王』（一九二六［大正一五］年）から。但馬・浜坂出身で関西を代表する弁士・伍東宏郎《ごとうこうろう》の名文句だ。

その前年、バンツマは『江戸怪賊伝　影法師』（一九二五［大正一四］年）で時代劇スターの地位を確立した。当時神戸の小学四年生で、悪党を斬りまくる影法師の虜になった作家・足立巻一《あだちけんいち》は、バンツマ没後にこう書いた。「時代劇ではまさしく妻三郎たちと弁士とは根深く密着していた」「伍東宏郎の声を、観客は妻三郎自身の声として受けとっていた」（『大

『江戸海賊伝　影法師』（1925年、二川文太郎監督）
提供：神戸映画資料館

衆芸術の伏流』）。兵庫県では、明治末から神戸・新開地をはじめ、映画館が次々と開業する。日本映画年鑑（昭和二、三年版）によると、一九二七（昭和二）年度には三九館と、一〇年前の約三倍になった。弁士の数もそれに連れ、一九三一（昭和六）年の内務省警保局の統計によると兵庫県は二八〇人。これは、全国六位の人数だ。

弁士の人気は待遇からもうかがえる。大卒初任給が五〇円の時代、一九二九（昭和四）年開業の新開地の洋画封切館「神戸松竹座」の主任弁士堀口美朗は三〇〇円、小島昌一郎（本名・善平）は二五〇円だったとは、郷土史家の荒尾親成《ちかしげ》の弁だ。小島は一九〇三（明治三六）年生まれ。大阪育ちで二〇歳頃、弁士の花井三昌に弟子入りした。「堀口さんはロマンスで、父は西部劇や社会物の担当。滑舌よく、通る声でした」と、長女で元松竹家庭劇の女優・小島のぶ江さん＝宝塚市。「面倒見がよく、お茶をひいたお女郎さんたちを集めて遊び、『夜明けの父ちゃん』と呼ばれたそうです」

だが、弁士の時代にも終わりが近づく。トーキーの波が洋画から押し寄せ、一九三一年には初の本格的な国産トーキー『マダムと女房』がヒットする。神戸新聞などによると、翌年六月、京阪神で反トーキーの争議が起き、新開地では松竹座などが二七日にスト入り。劇場前に「本日無説明興行」の看板が立つ事態となった。争議は四日間で円満解決し、職場は死守したものの、時勢には逆らえなかった。新開地・錦座（日活系）の一九三四（昭和九）―一九三七（昭和一二）年のパンフレット（神戸映画資料館蔵）を調査した近藤和都さんによると、一九三六（昭和一一）年から解説者の記載がなくなる。日活や松竹などでは無声映画の製作はほぼ無くなっていた。

弁士は漫談や司会、映画館支配人など様々な職に転じた。小島は松竹座での交友から、職業野球の創立に関わり、関西の世話役を務めるが、五四歳で亡くなる。弁士時代の話をすることはなかったが、「昔の仲間と『中堅党』というグループを作り、付き合いは続いてました」と、のぶ江さん。もはや、思い出を聞く術はないことが惜しまれる。

（田中真治）

◉第2章

昭和初期の神戸市・兵庫県における映画の配給と興行

上田　学

◎――はじめに

神戸は一般的に、日本映画史のはじまりの地として知られている。すなわち、一八九六（明治二九）年にキネトスコープが、一八九七（明治三〇）年にシネマトグラフが相次いで神戸港から日本に輸入されたという事実である。しかしながら、日本映画史における神戸の重要性は、そうした始点としての意義にとどまるものではない。一九二〇年代後半から一九三〇年代にかけての昭和初期の神戸は「六大都市」（東京、京都、大阪、横浜、神戸、名古屋）の一つであり、映画館街としての湊川新開地は、東京の浅草、新宿、有楽町・日比谷や、大阪の道頓堀・千日前、新世界に匹敵する映画館街を形成していた。たとえば一九三二（昭和七）年の段階で、浅草に一六館、新宿に一二館、道頓堀・千日前に六館、新世界に一一館が集まっていたが、湊川新開地にも一〇館の映画館が立地していた。(1) また撮影所を抱えていた京都に比べると注目を集めてこなかったが、関東大震災後に日本の映画産業および映画文化の中心が関西に移動したとき、神戸は重要な役割を果たしていた。

本章では、このような歴史的背景を踏まえ、昭和初期の映画の配給と興行に焦点を絞り、神戸市および兵庫県が、当該期の日本映画史においてどのような役割を担ったのかを考察するものである。

◎──外国映画の配給拠点としての神戸

一九二三（大正一二）年の関東大震災が、東京の映画産業に甚大な被害をもたらしたことは、よく知られるとおりである。震災後に、映画文化の中心が東京から関西に移ったことを、神戸で少年時代を過ごした筈見恒夫は次のように描いている。

当時の、関西三都市は、映画の中心地だった。震災を契機にして、洋画会社は、その日本支社を、ミナト神戸に移し、日本会社はその製作の主体を京都の撮影所に置いた。撮影所が東京にあるのは、松竹キネマの蒲田だけだった。雑誌のキネマ旬報さえも、阪神間の香櫨園に本拠を置いて、月三回も発行している。（筈見　一九五六、一八六頁）

震災後の『日本映画事業総覧』には、ハリウッドのパラマウント、ファースト・ナショナル、フォックス、ユナイテッド・アーティスツの日本支社ないし極東支社が神戸に置かれており、東京に残った日本支社はユニヴァーサルのみであったことが記されている（国際映画通信社　一九二五年、二六三—二六四頁）。このほか、映画輸入配給のスター・フィルムや、生フィルム輸入の本庄商会（コラム17参照）などが、神戸を本拠としていた（東京朝日新聞発行所　一九二五年、三七八頁）。

後に外国映画の宣伝や批評で活躍する筈見は、こうして外国映画の輸入配給の一大拠点となった神戸の雰囲気について、当時を回想しながら次のように述べている。

神戸の港町は、それでも私の見果てぬエキゾチシズムをみたしてくれた。私は、外国航路に出入りする船を見ながら、アメリカ映画への夢と結びつけていた。この波止場に近いオリエンタル・ホテルを中心に、アメリカ映画会社が、根を張って、ようやく台頭した洋画熱を煽っていた。〔中略〕これらの外国支社のある建物を眺めながら、いつか試写に招待される身の上になりたいと思った。（筈見　一九五六、一八八—一八九頁）

震災から四年後の一九二七（昭和二）年の『日本映画事業総覧』によれば、引き続き神戸に本拠をおいていたのは、パラマウントとファースト・ナショナル、さらにワーナー・ブラザース作品とドイツのウーファ作品を配給していた大洋商工映画部のみに減っているが（国際映画通信社一九二七年、五七一―五七七頁）、依然として神戸は東京と並び、外国映画の輸入配給に重要な役割を担っていた。一九二九（昭和四）年には、ワーナー・ブラザースとファースト・ナショナルが合併し、神戸に日本支社が置かれた。字幕の作成者として知られる清水俊二は、次のようにワーナーの日本支社について述べている。

ワーナーの本社は神戸にあった。阪神電車のそのころの終点の滝道にオフィスがあった。ビルの一階と二階がオフィスで、地階をフィルムと宣材（ポスター、スティルなどの宣伝材料）の倉庫、試写室に使っていた。宣伝部は楢原部長以下、部員が三名、アルバイトの私を加えて合計五名だった。〔中略〕当時はいまとちがい、封切宣伝は興行会社の受持ちで、雑誌の数も少なく、テレビその他のマスコミの媒体もほとんどないといってよかったのだから、五名で十分であった。／私の仕事だった台本の翻訳というのは映画がトーキーになるまではなかった仕事で、映画と一緒に送られてくるdialogue sheets（台詞台本）の台詞を翻訳して、検閲に提出するための台本をつくることだった。（清水　一九八五、三九頁）

これらハリウッドのメジャー・スタジオは、関東大震災から一〇年後の一九三二（昭和七）年の段階で、すべての日本支社を東京に戻しているが（キネマ旬報社　一九三二年、四〇―四五頁）、一九二〇年代後半に神戸が外国映画の輸入配給における一時代を築いたことは確かだろう。一九三四（昭和九）年においても、日本支社のないＲＫＯ（ハリウッドの「ビッグ５」の一つで、一九五七年に活動停止）の輸入配給の日本代理店を、神戸を本拠とする千鳥興業が担っていたことも、その映画史的痕跡を示している[2]（図１）。

　その後の日中戦争開戦を経た日米の政治的対立は、外国映画、とりわけハリウッド映画の輸入配給に影を落とすこととなる。一九三七（昭和一二）年にはアメリカ合衆国の映画会社に対して一時的な輸入禁止が実施され、一九三九（昭和一四）年には映画法によって外国映画の上映本数が規制され、各支社の協力で組織された日本アメリカ映画協会の交渉もむなしく、一九四一（昭和一六）年の日米開戦をもってハリウッド映画は日本から撤退することとなった（北村　二〇一四、二六―二九頁）。

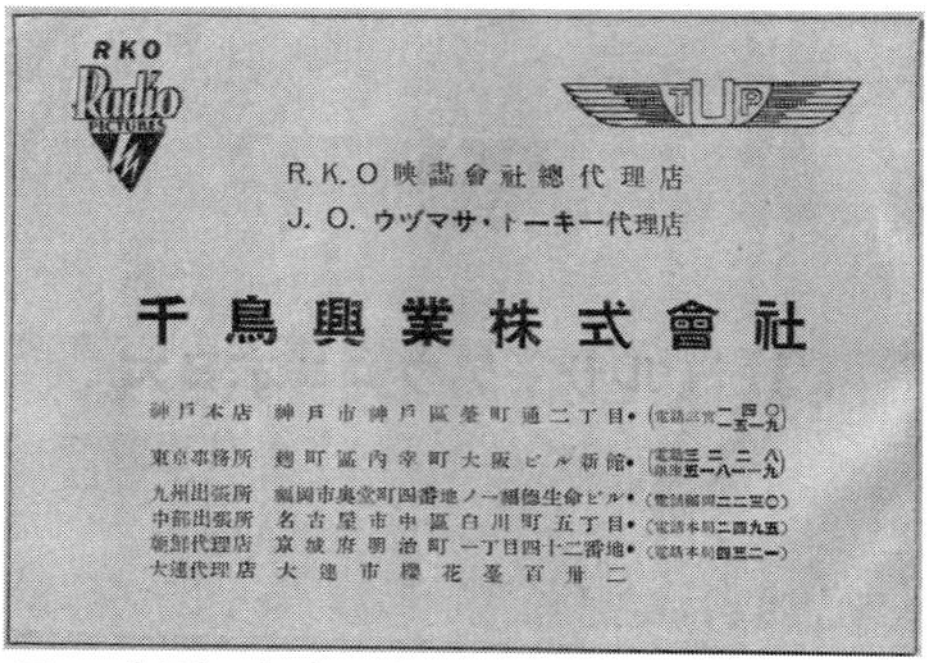

図1　『昭和9年度　全国映画館録』（キネマ旬報社、1934年）より転載

◎——香櫨園における『キネマ旬報』の発行

外国映画の輸入配給の拠点が神戸にあったということは、それに係る映画文化も、神戸から発信されていたということである。たとえば、一九二〇年代のハリウッドで「ビッグ3」のひとつだったファースト・ナショナルが、同年代後半に発行していた日本語のファン雑誌は、発行元の所在地が神戸となっている（図2）。『ファースト・ナショナル』一巻三号（一九二七年）の奥付に、発行は神戸市三宮町一丁目一七六のファースト・ナショナル映画会社、編集兼発行人は奥村隆三と記載されている。

さらに、一九一九（大正八）年創刊の『キネマ旬報』も、関東大震災後に阪神間に本社を移転させた。キネマ旬報社は、震災直後の一九二三（大正一四）年一一月に兵庫県武庫郡西宮川尻二六一一番地に移転し、その後、一九二六（大正一五）年三月に、西宮市川尻二六二六番地に移った（岸　一九七〇、一六二・一六四・一六九頁）。株式

図2　『ファースト・ナショナル』2巻1号（1928年）

会社化にともない、関東大震災から五年後の一九二七（昭和二）年に本社を東京に戻すまで、阪神間から外国映画の情報や批評を発信し続けたのである。多くの映画批評家が、この香櫨園時代の『キネマ旬報』を、同人の集う理想的な場として描いている。当時、まだ学生同人だった映画批評家の岩崎昶は、同じく学生同人だった古川緑波、岡崎真砂雄と連れ立って、香櫨園の『キネマ旬報』の本社を訪れたときのことを、次のように述べている。

三宮から阪神電車で東に向い香櫨園で下車すると、駅から二分ぐらいに本社はあった。／山手からの幅の狭い清流が松並木の影を映して浜の方へ下ってゆく。それが夙川で、両岸はきっと雨が降ると急に増水するのだろう、ひどく高い土手になっていて、その土手にそった所である。／このあたりは阪神間で聞えた高級住宅地、谷崎潤一郎がことのほか愛し、後に『細雪』でこまやかに描写している関西ブルジョワ生活の中枢地帯なので、『キネマ旬報』もそういう大邸宅の一軒を借りて社屋に使っていた。ここは東京支社とは逆に一階を三部屋ばかりブチ抜いて編集室にあて、広々とした二階が同人たちがだべったり、休息したり、そして夜は来客用の寝室に開放されていた。（岩崎　一九八〇、一一八四頁）

岩崎によれば、香櫨園の本社には、『キネマ旬報』の田村幸彦編集長と同人や社員のほか、近隣の東亜キネマ甲陽撮影所で監督となった山本嘉次郎が入り浸り、監督の村田実、俳優の岡田時彦、近藤伊与吉ら、京都の映画人たちが絶えず出入りしていたという（岩崎　一九八〇、二八四、二九三頁）。加えて後に社員となる同人の岸松雄は、俳優の谷幹一、岡田嘉子の名前も挙げている。社長の田中三郎は、脚本家の如月敏への書簡で、香櫨園時代の雰囲気を「情け豊か、熱あり、歌あり、涙あり、ああ地上の楽園」と評したという（岸前掲書、一六三頁）。

勿論、『キネマ旬報』の本社が阪神間に移転して来たのは、先述したように同時代の神戸が、外国映画の輸入配給の拠点となっていたからであった。岸松雄は、当時の『キネマ旬報』と、外国映画の輸入配給をしていた映画会社の関係を、次のように述べている。

最初ファン雑誌として出発した旬報は震災を境としてトレード・マガジン〔業界誌〕の形態をそなえて来た。それまで旬報に広告を出していたのは外国映画会社が主で、日活や松竹も輸入の外国物の広告だけはくれた。当時外国映画会社で試写のあったのはユニヴァーサル、パラマウント、ユナイテッド・アーチスツ、震災直前に店開きをしたフォックスの四社だけ。日本人経営の会社には神戸にスター・フィルム、大洋商工、大阪にイリス商会映画部、東京に欧米映画会社などがあり、震災直後の好景気で、各社ともたいへんな鼻息だった。日活が向島撮影所を閉鎖し京都に主力を移せば、松竹も下加茂撮影所を建設するというぐあいで、日本の映画界の中心は完全に西に移った観があった。（岸　一九七〇、一六二頁）

ちなみに、湊川新開地の千代之座の隣にあったブロマイド屋（コラム14参照）は、このころキネマ旬報社の直営だったという（岸　一九七〇、一六五頁）。限られた期間であったにせよ、神戸は外国映画と日本の観客をとりむすぶ、映画文化の中心地となったのである。

◎――昭和初期の湊川新開地

昭和初期の神戸における中心的な繁華街として知られた、湊川新開地の中央に位置していたのが、聚楽館である。聚楽館は、一九一三（大正二）年に開館し、神戸はもとより関西を代表する大劇場のひとつであったが、一九二七（昭和二）年に映画館に改装され、湊川新開地の映画館街のシンボルとして、長年にわたり親しまれた。映画館としての第一回上映作品は、『砂絵呪縛《しばり》』（山口哲平監督、一九二七年）と『恋は曲者』（赤穂春雄・清水宏監督、同年）だった（柴田　一九七五、二七頁）。改装後の聚楽館は、二階建ての映画館の上階にアイススケートリンクや屋上庭園を備えた、大規模かつ複合的な娯楽施設であった（図3）。

神戸が外国映画の配給の拠点であったことはすでに述べたが、その興行においても、神戸は重要な都市であった。筈見恒夫は、神戸の中心的な繁華街が三宮に移る以前の湊川新開地について、「震災後の外国映画は東京より一足先に、ここで封切られることが多かった」（筈見前掲書、一八九頁）と述べている。

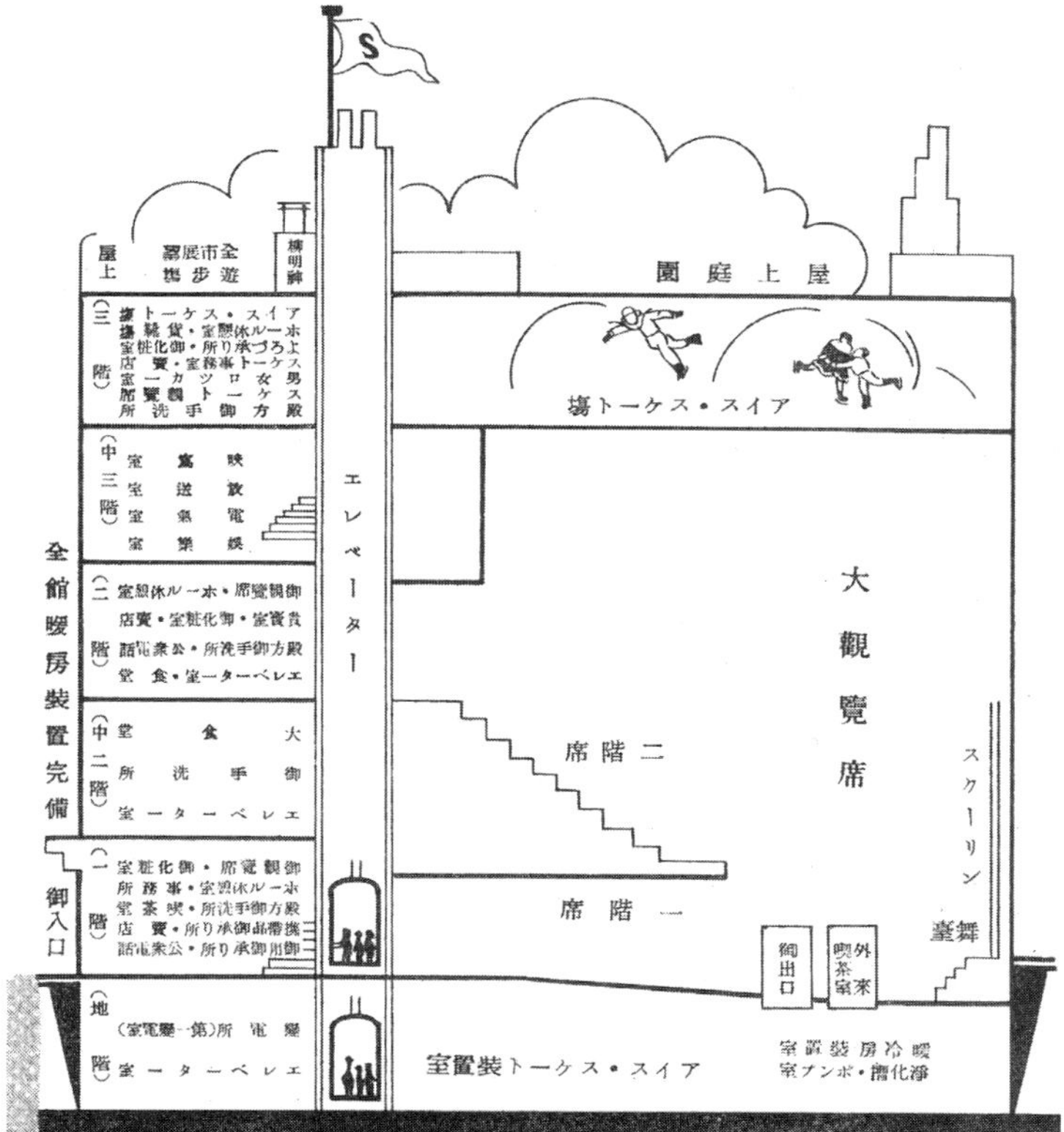

図3　聚楽館の断面図（『神戸新開地物語』のじぎく文庫、1973年より転載）

興味深いのは、たとえばルドルフ・ヴァレンチノ主演の『凡ての女に一度』*Once to Every Woman*（アレン・ホルバー監督、一九二〇年）が、湊川新開地のキネマ倶楽部で上映された際、英語のみの表記のプログラムが発行されていたことである（図4）。キネマ倶楽部はたびたび外国語のプログラムを発行していたが、これは、おそらく旧居留地の商館等に勤める外国人とその家族、あるいは知識人の観客を想定して発行されたものと考えられる。

同じように大規模な映画館街を形成していた東京の浅草や大阪の千日前の映画館で、外国語のみのプログラムが発行された事例は、皆無ではないが、ほとんどみられない。その一方で、たとえば横浜の伊勢佐木町では、外国語のプログラムも発行されることがあったが（横浜都市発展記念館・横浜開港資料館編二〇〇五、三七頁）、昭和初期における映画館街としての伊勢佐木町は、震災の影響からか、湊川新開地ほど規模は大きくなかった。[3]

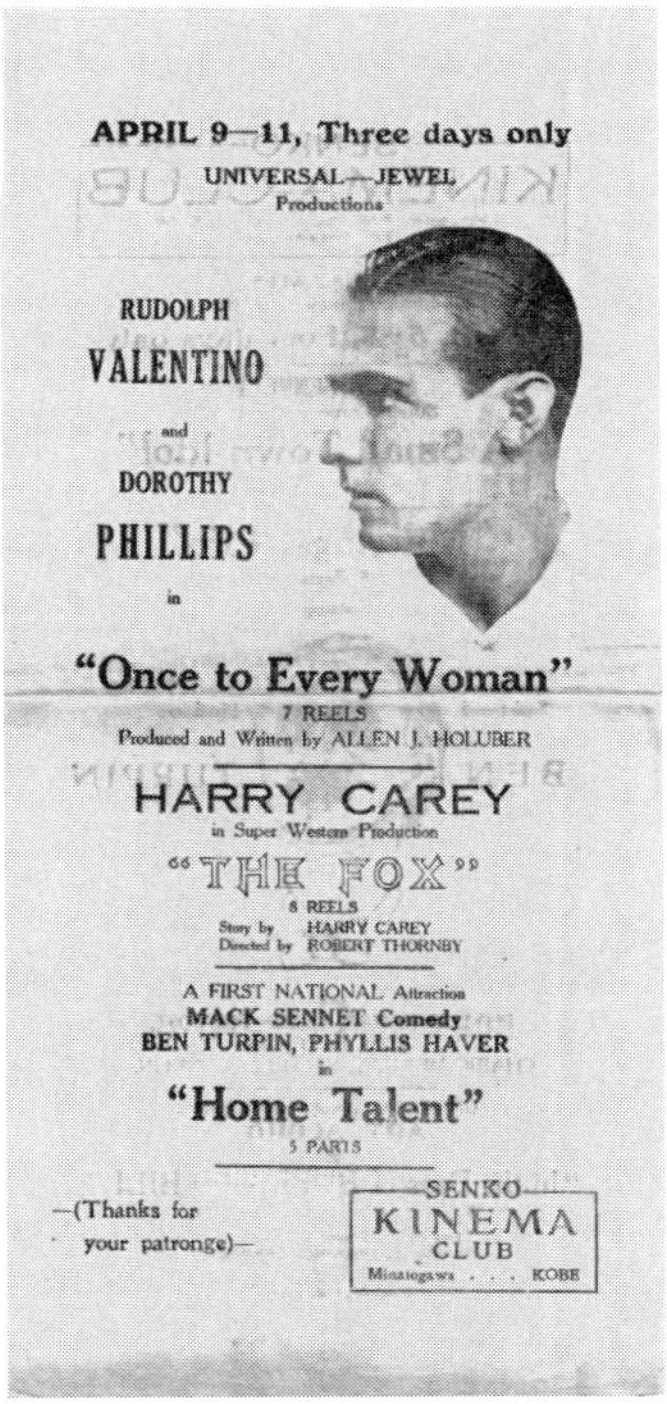
APRIL 9—11, Three days only

UNIVERSAL—JEWEL Productions

RUDOLPH VALENTINO and DOROTHY PHILLIPS in

"Once to Every Woman"

7 REELS

Produced and Written by ALLEN J. HOLUBER

HARRY CAREY

in Super Western Production

"THE FOX"

6 REELS

Story by HARRY CAREY

Directed by ROBERT THORNBY

A FIRST NATIONAL Attraction

MACK SENNET Comedy

BEN TURPIN, PHYLLIS HAVER in

"Home Talent"

5 PARTS

—(Thanks for your patronge)—

SENKO KINEMA CLUB

Minatogawa . . . KOBE

図4　キネマ倶楽部の英語プログラム（1920年）

ただし湊川新開地は、決して外国映画の上映や、それを好む観客のみが中心だったわけではない。一九二〇年代後半における日本映画の封切館として、相生座が帝国キネマ演芸、菊水館がマキノプロダクションや河合キネマ、第二朝日館が東亜キネマ、松竹劇場が松竹キネマといった、各社の日本映画を上映していた（柴田　一九七五、二一、二五、二八―二九頁）。ちなみに、すでに大衆文化の確固たる地位を占めていた浪花節の定席、大正座も湊川新開地に存在していた（林　一九八一、一四八頁）。

この点において湊川新開地は、日本の他の都市の映画館街に類例のない、土着と舶来の演芸、日本映画と外国映画が入り交じり、観客層もきわめて多様な、ユニークな興行街を形成していたといえるだろう。

それでは、当時の映画館の入場料は、どの程度だったのだろうか。大阪毎日新聞の記者が、大正末期における入場料の一覧をまとめている（表1）。昭和初期において、帝国劇場の特等が一〇円、三階席が五〇銭、歌舞伎座が最高で七円八〇銭、三階席が九〇銭だった観覧料や、小学校教員の初任給が五〇円前後だった時代背景を考えれば、廉価な料金が設定さ

表1　湊川新開地の各映画館入場料一覧表（1922［大正11］年9月現在）

	特等	一等	二等	三等	家族席
キネマ倶楽部	1円	80銭	60銭	40銭	
二葉館	70銭	60銭	40銭	30銭	
錦座	70銭	60銭	40銭	30銭	1円
松本座	50銭	40銭	30銭	20銭	
菊水館	80銭	60銭	40銭	30銭	
第一朝日館	1円20銭	70銭	60銭	40銭	
第二朝日館	70銭	50銭	30銭	20銭	
港座	70銭	60銭	40銭	30銭	

村島帰之『わが新開地（顕微鏡的研究）』（文化書院、1922年）より作成

れていたことがわかる（週刊朝日編　一九八七、四八九・五七七頁）。ただし、昭和初期はサイレント期で、現在の一作品ごとの入場料とは料金体系が異なるため、極端に廉価だったわけではなく、現在のマルチプレックスの入場料より、少し安い程度の料金だったと考えられる。なお、多くの入場料が五〇銭以下に設定されている理由について、「新開地の興行場の大部分を占むる活動写真は、概ね五十銭以下の入場料を徴収してゐる為めに、税金の徴税を免れてゐるのです」と指摘されている（村島　一九二二、二九頁）。

こうした入場料の一覧をみると、特等席と三等席では二倍から三倍、あるいはそれ以上の料金の差がみられる。当時の特等席の様子を、淀川長治が次のように描いている。

このころの錦座の一等席（もちろん畳敷きにざぶとんの席）は、夏になると二階正面の天井と二階うしろの椅子席の特等の天井にぶの厚い白布のカーテンがたてに何枚も間隔をおいて横にならんで吊るされて、これを数本のロープで結び、この五枚六枚の白布をロープでつないだ数本のロープを右はしで一本にまとめその一本を下のほうまで伸ばして、映写中ずっと案内の女の係が交替でそのロープを上下に曳いては上げ、曳いては上げて、これが天井に吊るしたすべての白布をサワサワとゆらめかし、白布の下の見物席に音を立てぬさわやかな風を送るのであった。／さらに案内の女を手まねで招き小声で飲みものをたのむと、サイダー、ラムネ、かき氷、これらをしばらくすると持ってきてくれる。いちごや宇治や氷あずきをス

プーンでしゃぶしゃぶかきまぜ、それをそっと口に運びながらの映画見物はいかにも楽しかった。（淀川　一九八八、一一六頁）

こうした特等席の観客がいた一方で、三等席に入場することも困難な観客が存在していた。以下は、神戸市教育課の報告書からの引用であり、都市下層の子供が苦労して映画を観覧していた様子がうかがえる。

例に依つて新開地の活動館に出入する学生の状況を巡察すべく相生座前に佇《たたず》んで、看板写真を見てゐると、切符場の前を某小学校の児童が三人うろついてゐる。鞄を持つて居らんから学校帰りではない。「切符を買ふのか」と尋ねると「違ふ」と云ふ。ふと見ると手に〳〵新聞の半額割引券を切取つたのを持つてゐる。「どうするの」と重ねて問ふと「小父さんこれ買うてか。当り前なら切符四十銭するのに、これやつたら二十銭で買へるで、これ五銭にまけるさかい買うてか」「それ売つてどうするの」と反問したら「うちそれで切符買うてはいるね」との答。何だかいぢらしい様な気が込み上げて来たが「小父さん今日もう遅いから家に帰るね」と断ると「これから夜の分見たらいゝやないか、買うていな」との強《しい》ての勧め。活動見たさの才覚から新聞の半額券を売付けて、その料金を得ようとの智慧が生れたのか。これも町の児らしい生活体験だなあと思ひながら家路に就いた。（神戸市教育課　一九三一、一三―

一四頁）

子供の観客という一面を切り取ってみても、このように多様な観客層が、湊川新開地に集っていた。その映画館街が、高級と低俗を併せもつ、独特な空間を形成していたことがうかがえるだろう。そのような多様性こそが、昭和前期の湊川新開地の特色だったと考えられる。

◎――トーキー移行期の兵庫県

昭和前期における、サイレントからトーキーへの移行が、日本映画の製作環境を大きく変えたことは、すでに知られるとおりである。スターによる独立プロダクションは相次いで閉鎖され、トーキーを製作するための設備が整った、日活や松竹、東宝といったメジャー・スタジオを中心に、映画産業は再編されていくことになった。ここでは、一九三〇年代に進行した映画館のトーキー化と、それが兵庫県の映画興行に与えた影響について、考察していきたい。

トーキーの影響は、当然ながら興行の空間としての映画館にも及んだ。一九三七（昭和一二）年、トーキー化の進展にあわせて、それまで日活、松竹が中心だった映画製作に、新たに東宝が参入した。その発足に際して、創設者の小林一三は次のように述べている。

地方の映画館が儲けがなくて、配給会社が儲かる理窟はない。配給会社が儲からなくて、映画撮影会社が儲かる理窟はないのである。日本に於ける映画を利益ある事業として、完備せしめんとするならば、先づ以て全国各地方の映画館を、利益ある事業に改革しなくては駄目である。（小林　一九三七、一五―一六頁）

小林は、東宝が映画製作を継続していくために、地方の映画館が利益を上げることが大事であると指摘している。これはトーキーによって、サイレントとは異なり、弁士、楽士のライブ・パフォーマンスに左右されない上映が可能になったためでもある。サイレント期の弁士や楽士の技量は、著名な芸能者が集まる都市と、そうでない地方で、格差が生じていたからである。また、トーキー化にともない、以下のように一作品ごとの上映、全席均一料金といったことが可能になった。

小林一三の日比谷映画劇場も、一月下旬には開場することになつて、その経営方針など、色々と伝えられてゐる。本誌で募集した「経営案」第一等当選者の新人、三橋哲生君が迎へられて同劇場経営に関する枢要な位置に就いた。／一本立二時間興行、入場料五十銭均一、といふことである。考へてはゐても実行の出来なかつたことを、ドシ〳〵と採用してゆく小林一三のやり方には感心する。（鈴木重三郎「丸の内界隈漫歩」『キネマ旬報』四九四号、一九三四年、二〇頁）

このように、トーキー化は、都市と地方の映画館を、映画館内部も含めて均質化することとなった。すなわち、一九三〇年代を通じたトーキーの普及は、まさしく地方の映画館が、重要な役割を担うことになる過程でもあったといえる。日本映画において映像と音声をシンクロさせるトーキーの嚆矢《こうし》となったのが、『黎明』（小山内薫監督、一九二七年）や、パート・トーキーの『ふるさと』（溝口健二監督、一九三〇年）といった作品であり（田中　一九七五、一三四―一三七頁）、その後の一九三〇年代を通じて、日本各地のほとんどの映画館にトーキーの設備が整えられた。

ここで注目したいのは、各地における映画館の増加率である。具体的に、六大都市の各府県と、それ以外の地方の映画館の増加率を比較し

表2　1930年代の都市部および地方における映画館数の変遷

道府県	1930年	1936年	1940年	1930年代増加率（%）
東京府	209	254	316	51
神奈川県	53	72	86	62
愛知県	50	61	84	68
京都府	45	65	67	49
大阪府	115	151	207	80
兵庫県	53	61	105	98
北海道	51	60	182	257
東北地方	101	131	149	48
中部・北陸地方	158	179	354	124
中国・四国地方	132	182	256	94
九州地方・沖縄	138	196	260	88
全国	1267	1632	2362	86

『昭和17年映画年鑑』（日本映画雑誌協会、1942年）等より作成

たい（表2）。一九三〇（昭和五）年から一九四〇（昭和一五）年にかけての映画館の増加率は、全国平均が八六パーセントであり、兵庫県を除く都市部がこれを下回り、東北地方を除く地方がこれを上回っている。東北地方の増加率が特に低いのは、おそらく農産物の価格暴落と凶作により世界恐慌からの回復が遅れた影響と思われる。昭和恐慌の影響で、一九二九（昭和四）年から一九三一（昭和六）年にかけて米価は約半分に下落し、一九三四（昭和九）年の凶作は東北六県で平年の六割の収穫にとどまるなど、この時期の東北地方は経済的停滞に陥っていた（森ほか 二〇〇二、五頁）。それでは、なぜ兵庫県は、他の都市部の五府県に比べて、高い増加率をみせたのだろうか。

ここで参考にしたいのが、トーキーの普及以前の一九三〇（昭和五）年と、普及以後の一九四〇（昭和一五）年の映画館数上位の道府県の顔ぶれである（表3）。兵庫県の順位は、一九三〇（昭和五）年が四番目

表3　1930（昭和5）年と1940（昭和15）年の映画館数の上位10道府県

1930年の上位10道府県	映画館数	1940年の上位10道府県	映画館数
東京府	209	東京府	316
大阪府	115	大阪府	207
福岡県	64	北海道	182
神奈川県	53	福岡県	116
兵庫県	53	静岡県	111
北海道	51	兵庫県	105
愛知県	50	神奈川県	86
京都府	45	愛知県	84
静岡県	40	新潟県	73
広島県	26	長野県	70

『昭和17年映画年鑑』（日本映画雑誌協会、1942年）等より作成

（神奈川県と同位）、一九四〇（昭和一五）年が六番目で、それほど大きな変動はない。しかしながら興味深いのが、一九三〇（昭和五）年は京都府（八番目）や広島県（一〇番目）という都市部の府県が上位を占めていたのに対し、一九四〇（昭和一五）年はそれらに入れ替わり、新潟県（九番目）や長野県（一〇番目）という面積の大きい県が上位を占めるようになった点である。北海道が六番目から三番目に大きく順位を上げ、この時期の増加率も二五七パーセントという特筆すべき数字となっている点も、その傾向を示しているといえるだろう。

この点について、より詳しく考察したい。一九三〇（昭和五）年における人口上位の道府県において、都市部とそれ以外の県では、映画館一館あたりの人口が大きく異な

表4　1930（昭和5）年の人口上位13道府県の人口あたりの映画館数

人口順位	道府県	人口（千人単位）	面積（km^2）	人口密度（人口／km^2）	一映画館あたり人口（人口／映画館）
1	東京府	5409	2145	2522	25880
2	大阪府	3540	1813	1953	30783
3	北海道	2812	88775	32	55137
4	兵庫県	2646	8322	318	49925
5	愛知県	2567	5081	505	51340
6	福岡県	2527	4940	512	39328
7	新潟県	1933	12579	154	55229
8	静岡県	1798	7770	231	44950
9	長野県	1717	13604	126	61321
10	広島県	1692	8437	201	65077
11	神奈川県	1620	2353	688	30566
12	鹿児島県	1557	9081	171	222428
13	京都府	1553	4623	336	23179

『昭和5年国勢調査最終報告書』（東京統計協会、1938年）等より作成

っていた（表4）。たとえば、東京府、大阪府、神奈川県、京都府において、一館当たりの人口は二万人から三万人であり、兵庫県や愛知県においても五万人前後であった。これに対し、北海道や長野県、新潟県といった面積の大きな道県は、五万五千人から六万人前後を示している。鹿児島県に至っては、約二二万人に一館という比率であった。このような傾向は、トーキーへの移行がほぼ完了した一九四〇（昭和一五）年において、大きく異なっていた（表5）。すべての道府県において、面積に関わりなく、一万人台から三万人台に、映画館一館当たりの人口が収まっているのである。それは、弁士や楽士のライブ・パフォーマンスに代わり、ラウドスピーカーが、都市と地方で大きくは異ならないほぼ均質な音の空間を、

表5　1940（昭和15）年の人口上位13道府県の人口あたりの映画館数

人口順位	道府県	人口（千人単位）	面積（km^2）	人口密度（人口／km^2）	一映画館あたり人口（人口／映画館）
1	東京府	7284	2145	3429	23051
2	大阪府	4737	1814	2643	22884
3	北海道	3229	88775	37	17748
4	兵庫県	3174	8323	387	30229
5	愛知県	3120	5081	623	37143
6	福岡県	3041	4940	626	26216
7	神奈川県	2158	2353	930	25093
8	新潟県	2022	12578	164	27699
9	静岡県	1983	7770	260	17864
10	広島県	1823	8437	222	37204
11	京都府	1705	4621	374	25448
12	長野県	1683	13626	126	24042
13	福島県	1595	13782	118	39875

『国勢調査集大成　人口統計総覧』（東洋経済新報社、1985年）等より作成

映画館で実現できたことによるものである。

このような傾向を考えるならば、東京府や大阪府、神奈川県の約四倍、京都府や愛知県の約二倍という兵庫県の面積は、映画館の増加率において、都市と地方の性格をともに有していたと考えられる。すなわち、湊川新開地を中心に、神戸市や阪神間、姫路市、明石市などの都市部にもともと多くの映画館を有していた兵庫県は、トーキー化を経て、北播や丹波、但馬、淡路といった地域にも映画館が出現し、高い増加率を示すことになったといえる。だからこそ、兵庫県はトーキーの普及以降においても映画館数の上位を占めた道府県となり、興行における影響力を維持することができたのである。(4)

◎——おわりに

これまで述べてきたように、神戸は日本最初の映画輸入の地にとどまらない役割を、日本映画史において担ってきたといえるだろう。

まず配給に関して、昭和初期における神戸は、関東大震災の影響から、外国映画の輸入配給の拠点として、またそれに関わる映画文化が発信される拠点として、日本映画史において重要な役割を果たしていた。さらに興行においても、神戸の湊川新開地は、他の都市の映画館街とは異なる、土着と舶来、高級と低俗が同居する、独特な興行街を形成していたといえる。また兵庫県全体においても、都市と地方がともに含まれる地域性から、トーキー以降も映画館は増加し続け、道府県における映画館数上位の地位を確保しつづけた。

神戸市および兵庫県の日本映画史における重要性は、このような配給や興行といった受容に係る映画文化から読み取ることができるだろう。映画の受容という観点から日本映画史を再考することは、地方の映画史がもつ新たな一面を明らかにすることができるのである。

(1) 内訳は、浅草が大勝館、電気館、日本館、富士館、帝国館、常盤座、河合キネマ、千代田館、東京館、東京倶楽部、松竹館、大東京、遊楽館(以上、浅草公園六区)、鳥越富士館、鳥越キネマ、吉影館(以上、浅草区内)、新宿が四谷日活館、新宿館、四谷キネマ、新宿松竹座、新宿松竹館、帝都座(以上、四谷区内)、武蔵野館、新宿劇場、新宿帝国館、新生館、成子不二館、新宿電気館(以上、淀橋町内)、道頓堀、千日前が松竹座、朝日座、弁天座(以上、道頓堀)、敷島倶楽部、常盤座、芦辺劇場(以上、千日前)、新世界がいろは座、新世界松竹座、第一朝日、パーク劇場、パークキネマ、日本倶楽部、大山館、国技館、大橋座、公楽座(以上、新世界)、桜川シネマ(以上、稲荷町)、湊川新開地が聚楽館、錦座、菊水館、有楽館、二葉館、キネマ倶楽部、朝日館、相生座、松本座、松竹座(以上、湊川新開地)である(キネマ旬報社 一九三一年、一一三・一一九・一二三頁)。

(2) キネマ旬報社 一九三四年、四八頁。なお神戸が外国映画の輸入配給の拠点になった背景に、震災の影響があったのは確かだが、必ずしもそれだけが要因ではない可能性がある。初期の弁士として活躍し、昭和初期に外国映画を輸入配給するセカイフイルム社を経営していた駒田好洋は、フィルムの入手先について、

「在支の外人がアメリカ映画を三年一期で取るが一年しか使はぬ。残る二年を損料で吾々に使はせるといふ訳である」と述べ（駒田　一九三四、五三頁）、香爐園にいたキネマ旬報社の田中三郎社長の意見をもとに、上海や天津から、上映権込みで『征服の力』*The Conquering Power*（レックス・イングラム監督、一九二一年）等の公開済みの外国映画を輸入したと述べている。神戸は、このようなフィルムの輸入に、地理的に有利だったと考えられる。この問題は、今後の検討課題としたい。なおセカイフイルム社については、上田（二〇一一）を参照のこと。

（3）同地の映画館は、注1と同じ一九三二（昭和七）年の段階で、オデオン座、世界館（以上、長者町）、横浜常設館、喜楽座、朝日座、又楽館（以上、伊勢佐木町）の六館であった（キネマ旬報社　一九三二、六頁）。昭和前期における各館の位置は、横浜都市発展記念館・横浜開港資料館編（二〇〇五、一〇四頁）を参照のこと。

（4）たとえば、兵庫県中部の西脇において、一九三二（昭和七）年から芝居小屋の蓬莱座が映画館に改装されて東宝系となり、それに対抗して寿座が松竹系の映画館となっている（脇坂　二〇〇七）。寿座については、昭和前期の興行資料を早稲田大学演劇博物館が所蔵しており、その調査成果は稿をあらためたい。

※本稿の調査に際し、神戸学院大学人文学部研究推進費「ノンフィルム資料を用いたトーキー移行期の興行に関する再検討」（二〇一八年度）の助成を受けた。

◎コラム3

神戸出身映画スター──澤田清

映画人の名を刻んだ玉垣があるのは、京都・嵐山の車折《くるまざき》神社や太秦の三吉稲荷だけではない。神戸の長田港に面し、「くぎ煮発祥の地」の碑のある駒林神社。境内の天光玉勝稲荷神社の玉垣は、右手に大河内伝次郎、左手に片岡千恵蔵のビッグネームが並ぶ。二人を脇に従えるのが、神戸出身の澤田清（本名・石井晴正、一九〇六［明治三九］─一九七五［昭和五〇］年）だ。「地元に奉納したいと撮影所の仲間に声を掛けた」（同神社）と伝えられるが、阪神・淡路大震災で記録類は所在不明だという。

澤田は「当時の日活では大河内と並ぶ花形で、松竹の林長二郎（長谷川一夫）に対抗する二枚目だった」と、『殺陣──チャンバラ映画史』の著者・永田哲朗さんは言う。

澤田清らが奉納した天光玉勝稲荷の玉垣。池田富保監督（現三木市吉川町出身）の名前もある。

歌舞伎から、「七剣聖」に数えられる市川右太衛門、片岡千恵蔵のプロダクションを経て、一九二八（昭和三）年に日活入社。名付け親は所長の池永浩久《つねひさ》。池永が神戸税関勤めを経て、三宮の歌舞伎座で舞台を踏んだ時の芸名「澤田憲」に由来する（玉木潤一郎『日本映画盛衰記』）。

『落花剣光録』（一九二九［昭和四］年）の小姓役で人気を確立して大衆時代劇のヒーローとなる一方、浪人と高利貸の対立を借りて階級闘争を描く『傘張剣法』（同年）などの傾向映画にも主演する。「講談本みたいな時代劇ばかりはつまらない」との気持ちはあったが、当局ににらまれて家宅捜索を受け、「ブロマイドの売れ行きがパッタリ止まってしまった」と回想する（平井輝章『実録日本映画の誕生』）。

玉垣の奉納は一九三一（昭和六）から一九三二（昭和七）年頃か。日活のスターと監督計一一四人のうち、清川荘司がこの時期の芸名「栄司」で奉納しており、入江たか子、酒井米子、伏見直江らは一九三二年八月の日活大争議前後に退社しているからだ。澤田にとっても全盛期だった。『水戸黄門　来国次の巻』（一九三四［昭和九］年）では、澤田は一人二役の大河内に次ぐ位置をポスターに占めるが、一九三六（昭和一一）年には妻の絹川京子や神戸出身の賀川清と一座を組んで渡米。戦中・戦後も巡

『水戸黄門　来国次の巻』（1934年、荒井良平監督）
提供：神戸映画資料館

業生活を送り、一九五四（昭和二九）年から東映京都に所属するが、往年の栄光はなかった。

「一度スターの座から落ちて復活したのは、高田浩吉と大友柳太朗と近衛十四郎だけ」だと永田さん。チャンバラスターの場合、戦時統制とGHQの時代劇規制による空白期間が影響したと指摘する。駒林神社との縁は戦後もあり、澤田の没後も「奥さんからのぼりをいただいた」（同神社）が、一九八八（昭和六三）年の本殿全焼で失われたという。

映画一二〇年の歴史にスターの栄枯盛衰は激しい。神戸出身の澤田義雄。阪東妻三郎プロの現代劇部解散に反発し、一九二七（昭和二）年、大日本活劇プロダクションを新開地に設立した〝猛優〟だ。一九三〇（昭和五）年に剣劇レビューで渡米し、帰朝後の一九三二年に製作した『源氏太郎』をアメリカに輸出、三宮の歌舞伎座でも実演と合わせて自作を上映したというが、そもそも俳優名鑑には名前は見当たらない。

新開地の不良少女団「紫団」の団長だったという歌川八重子、玉木潤一郎が発掘した明石市長の息子だという川浪良太郎、一九一三（大正二）年開校の外国人学校カネディアン・アカデミイ出身で『カナリア』（二〇〇四［平成一六］年）で六八年ぶりにカムバックした井上雪子、関西学院出身のアナキスト神戸光（近藤茂雄）、「ミス神戸」の神戸藤子（有島鏡子）、『神戸又新日報』元映画記者の浅田健二……。

知る人は少なくとも、興味深い俳優たち。神戸が日本の映画発祥の地というならば、日の目を見させる機会がほしい。（田中真治）

◎コラム4

神戸出身スター――団徳麿

ルポライター竹中労の名著「日本映画縦断」シリーズの中でも、「団徳麿《だんとくまろ》／百怪、わが腸に入らん」こそ「シリーズ全巻を通しての白眉」だと、中山信如は『古本屋「シネブック」漫歩』で太鼓判を押す。

「ダントク」こと団徳麿（一九〇〇〔明治三三〕――一九八七〔昭和六二〕年）は、「エロ・グロ・ナンセンスの時代、〝日本映画を代表する〟スターの一人であった」と竹中は評する。そして続ける。「日本映画史から忘れ去られたのは、ゲテモノとしての評価をしか与えられなかったためだけではなく、同じ扮装を二度とくり返さなかった、〝変身〟への飽くなき探求に原因する」。そのためか、中山によれば、この神戸出身の怪優についての文献は「みごとなくらいのナッシング」。扮装を絶賛した性科学者・羽太鋭治《はぶとえいじ》（『キネマ・スターの素顔と表情』）と、「普通の扮装で出てきても、不吉で怪しい感じがした」と回想する作家・色川武大（『なつかしい芸人たち』）くらいか。

約二〇〇本の出演作のうち戦前の大半は失われたが、「我流一代」と題する本人手製のアルバムが、異端ぶりを今に伝える。「きちょう

団徳麿のアルバムより『風雲将棋谷』の竜王太郎、『新版　大岡政談』の山椒の豆太郎、『山岳武士』の謎の老爺などのスチール。自筆脚本やデスマスクも残る。

めんで、器用で、服もお手製。ハイカラな神戸生まれを自慢してました」と長女山本鳥古《とりこ》さん＝京都市右京区＝は言う。

本名・山本徳松。切戸町（現神戸市兵庫区）で氷水と果物を商う家に生まれた。一一歳で父と死別し、父の郷里の姫路・大塩へ。母の知人を通じ、一六歳で新開地・多聞座に出演する女形の書生となり、横浜・喜楽座で谷本若葉の名で初舞台を踏む。「おそらく改名のチャンピオン」（永田哲朗『日本映画人改名・別称事典』）でニコニコ龍太郎、栞一條など数十回。大阪・天満の映画会社「キネマ・グローム天然色活動写真」（西宮の亀井勝次郎発明の「キネマ・クローム」に関係か）を経て、一九二四（大正一三）年に東亜キネマ等持院入社時は太田黒黄吉《おおたぐろこうきち》。スター四部制が採用され、第四部の一枚看板となると扮装も凝りに凝った。

粉状にしたゴムで骨格を変え、ピンポン球の義眼をはめ、薬品で傷を付け、体を折って背丈を半分にする。「一寸誰にも出来ません

『野情』（1928年、後藤秋聲監督）提供：神戸映画資料館

…」とアルバムにある。『新版大岡政談』（一九二八［昭和三］年）では日活の大河内伝次郎に先んじ、白地の紋付き姿を工夫。「初代の丹下左膳だ」との書き込みに自負がにじむ。無頼の浪人役で主演した『野情』（同年）は特殊メークこそないが、「私の野心作」と記述。「感情が出過ぎていると検閲でカット」されたという『観相秘聞』（同年）と同様、鬼気迫る表情をみせる。

一九三〇（昭和五）年に帝国キネマへ移り、マキノトーキー、日活京都、松竹太秦へ。「ウチが俳優のたまり場で、志村喬さん、仁礼《にれ》功太郎さんらと芸術論を戦わせていた」姿を、鳥古さんは記憶する。舞台もこなし、一九三三（昭和八）年二月には月形龍之介一座で新開地・松竹劇場に出演。新開地には「すし一」という親戚のすし屋もあり、よく出かけていたという。戦後は長く東映京都で脇を固めるも、「戦争が闘志を奪った」（アルバムより）。一九六六（昭和四一）年の『日本侠客伝　血斗神田祭り』を最後に、自宅近くの広隆寺に勤めた―というのが一般的なプロフィールだが、その後の出演作が神戸映画資料館には保管されている。

神戸ロケの『欲情の河』（一九六七［昭和四二］年）と『狂った牝猫』（一九六八［昭和四三］年）。木俣堯喬《あきたか》監督による「プロダクション鷹」のピンク映画だ。木俣監督は「木南兵介」の名前で東映京都に出演し、ダントクらが一九六二（昭和三七）年に結成した「劇団七星座」では脚本・演出を手掛けた。「仲間でしたから『木南のために出るわ』と。それが最後ですね」と鳥古さん。怪優一代。新たな評伝が待たれる。

（田中真治）

◉第3章

日本映画史、神戸に始まる——キネトスコープ初公開会場、神港倶楽部再考

本地陽彦

◎——キネトスコープの渡来と披露

我が国の初期映画史研究の第一人者であった塚田嘉信氏の著書『日本映画史の研究』（一九八〇年、現代書館）は、「はじめに発明がなかった。したがって、日本映画の歴史は、明治29年（一八九六年）のキネトスコープ《のぞき眼鏡式活動写真》の渡来からはじまる。」という書き出しである。「映画」というものを、フィルム上に連続的に動く映像を記録（撮影）し、その記録した動きをフィルムによって再現するもの、と定義した上（塚田氏は〝定義〟を記述してはいないが）で、その装置であるこのキネトスコープの発明を映画の〝起源〟とし、また、その装置の我が国への渡来を、日本映画史の第一歩としている。これが、いわば〝定説〟である。しかし、一方で「映画百年」とも呼ばれた一九九五（平成七）年頃から、映写式の機械の発明をもって映画の起源とする書物、論考がいくつも現れた。キネトスコープが短命に終り、その後の映画の発達が、一度

に大勢の人が見られる映写式と共にあったことが、その論拠である。また「映画百年」という年数の根拠そのものが、シネマトグラフという映写式の機械の初公開の年、一八九五（明治二八）年を起源としているのだが、そのことによって、我が国の映画史の始まりの地もまた、それらの論者は映写式機械の渡来、公開（あるいは試写）の土地とするのだが、キネトスコープの渡来・公開という〝定説〟を科学的に否定する論考は、可能な限り多くの初期映画史文献に目を通しているつもりだが、私の知る範囲では見当たらない。塚田氏は、「定説というものは簡単には動かしがたいものです」と、生前、私に語っていたことを記憶するが、したがって、ここでも飽くまで、この〝定説〟を尊重することとする。

さて、そのキネトスコープとは、大人の胸ほどの高さのある木製の箱の中に、撮影したエンドレスのフィルムを装填してモーターで駆動し、上方に付けられた覗き穴のような窓からそのフィルムを見ると、再現された連続する動きを見ることが出来るという装置である。覗き式という制約から、機械一台に対し一人しか覗くことが出来ないものである。エジソンの発明（研究者の間では、エジソンの周囲の技術者の発明への関わり方に諸説があるが）であるこのキネトスコープは、我が国でも開発の初期から新聞や雑誌にその情報が伝えられてもいるので、その渡来は突然に姿を現したということではないが、輸入については、現在でもその経緯は不明な点が少なくない。

そのことはともかく、渡来したキネトスコープは、その年、一八九六（明治二九）年の一一月一七日夜に、大日本水産会の兵庫支部発会式に出席するために神戸に来た小松宮彰仁に対し、その宿泊所である旅館の宇治川常盤（当時の神戸駅の南側、東川崎町一丁目にあったが、正確な所在地は不詳。その名称から宇治川沿いにあったと思われる。諏訪山に常盤楼を建てた前田又吉の経営による。）で初めて披露された。当時の新聞『神戸又新日報』には、小松宮来神の動静が詳しく伝えられているが、それによれば、小松宮は大日本水産会の会頭であり翌一八日の発会式に臨むために、一七日の正午一二時に、御附武官久松伯爵、花房義質赤十字社副社長他の随行者と共に神戸駅に着き、大日本水産会の兵庫支会長である周布公平県知事等の出迎えを受け、そして二頭立て馬車に乗って師範学校、商業学校の生徒等が沿道に整列する中を、宇治川常盤へ入る。その後、再び神戸駅から山陽線に乗り、和楽園、和田倉倉庫の石油タンク等を「巡覧」した後、宇治川常盤に帰館。更に午後六時からは諏訪山の常盤楼中店での歓迎会に出席して仕掛花火や能狂言を観覧し、午後八時に再度、宇治川常盤に帰館する。そこで大日本水産会支会員の高橋信治が、キネトスコープを披露することになる。小松宮の動静は、『大日本水産会報』第一七四号（一八九六年一二月刊）収録の「兵庫支会発会式概況」でも伝えられているが、「当支会員高橋信治氏は今回新に舶載したる『エルソン』氏新発明の写真舞蹈を御覧に入れしが頗る御意に適ひし由」と、その披露の結果を報じている。「エルソン氏」はエジソンのことであり、また「写真舞蹈」がキネトスコープを指す。

小松宮彰仁は、いわば我が国の映画観客第一号ということにもなろうが、キネトスコープは、その後、同月二〇日に周布兵庫県知事の別荘において、高橋信治により有栖川宮妃に披露される。有栖川宮妃は、舞子浜の別邸（現在のシーサイドホテル舞子ビラ神戸の場所）に滞在中だったが、周布知事の発案、斡旋で披露が行われたのであろうか。その周布知事の別荘もまた、舞子にあった。

◎――キネトスコープの初公開

一八九六（明治二九）年一一月二五日、キネトスコープは神戸の神港倶楽部で一般に初公開された。同日の『神戸又新日報』第四面には、その広告が掲載されている（図版参照）。広告には、「今般小松宮殿下御来港ニ際シ御照覧ニ奉供候處殊ノ外御満悦ニテ未曾有ノ名機ナル旨ノ御賛詞ヲ賜ハリ」とあって、先の小松宮の「頗る御意に適ひし由」という反応を利用していることが判る。否、皇族への披露の結果が良かったことから、こうして一般への公開に結び付いたとも考えられる。また、ここでは二五日から二九日までの、毎日の公開作品の内容を記し、

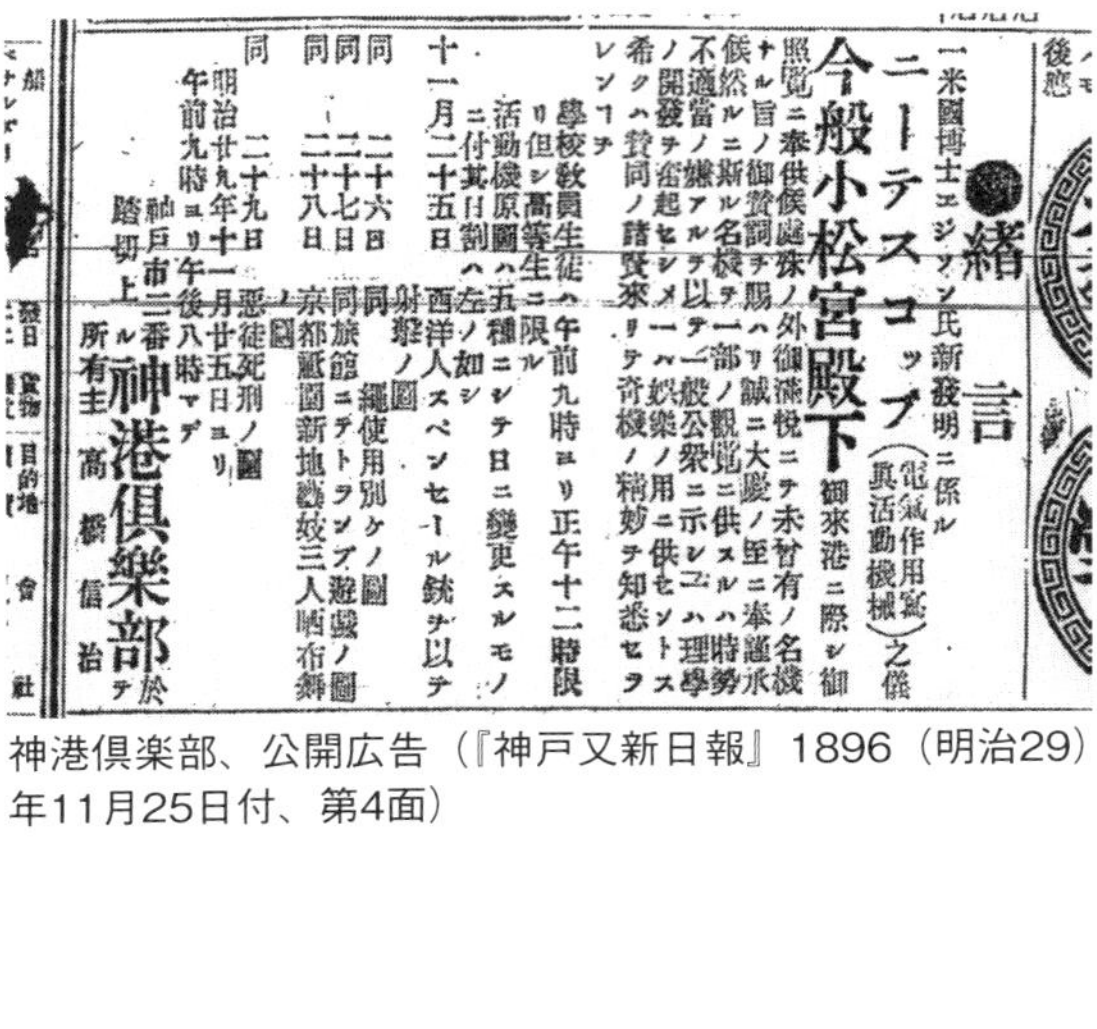
緒言
一米國博士エジソン氏新發明ニ係ル
ニーテスコップ（電氣作用寫眞活動機械）之儀
今般小松宮殿下御來港ニ際シ御
照覽ニ奉供候處殊ノ外御滿悅ニテ未曾有ノ名機
ナル旨ノ御贊詞ヲ賜ハリ誠ニ大慶ノ至ニ奉謹承
候然ルニ斯ル名機ヲ一部ノ觀覽ニ供スルハ時勢
不適當ノ嫌アルヲ以テ一般公衆ニ示シ一ハ理學
ノ開發ヲ喚起セシメ一ハ娛樂ノ用ニ供セントス
希クハ贊同ノ諸賢來リテ奇機ノ精妙ヲ知悉セラ
レンコトヲ
學校敎員生徒ハ午前九時ヨリ正午十二時限
リ但シ高等生ニ限ル
活動機原圖ハ五種ニシテ日ニ變更スルモノ
ニ付其日割ハ左ノ如シ
十一月二十五日 西洋人スペンセール銃ヲ以テ射撃ノ圖
同 二十六日 同縄使用別ケノ圖
同 二十七日 同旅館ニテトランプ遊戯ノ圖
同 二十八日 京都祇園新地藝妓三人晒布舞ノ圖
同 二十九日 悪徒死刑ノ圖
明治廿九年十一月廿五日ヨリ
午前九時ヨリ午後八時マデ
於神戸市二番踏切上ル
神港倶樂部
所有主 高橋信治

神港倶楽部、公開広告（『神戸又新日報』1896（明治29）年11月25日付、第4面）

公開の時間は「午前九時ヨリ午後八時マデ」で、神港倶楽部の所在地は「神戸市二番踏切上ル」という表記である。更には、「所有主　高橋信治」とあって、高橋信治が明確にその所蔵者であるとされている。だがしかし、肝心のキネトスコープ（であるはず）の機械の名称は、「米国博士エジソン氏新発明ニ係ル」とはされていながら、何故か「ニーテスコップ（電気作用写真活動機械）」と書かれていて、この記述を見ただけでは、それがキネトスコープを意味するとはとうてい言い難いであろう。が、ここでは紙幅がないのでこの問題は取り上げずにおく。

塚田氏の『日本映画史の研究』では、この公開期間について、協力者の指摘と資料提供によって、一一月二九日の『神戸又新日報』第四面に掲載された「写真活動機日延広告」という見出し広告を写真版で取り上げ、この公開が「来月一日迄日延」されたことを明らかにしている。それまでの映画史文献では見落とされていた新事実である。そしてまた、会場である神港倶楽部についても、この倶楽部の発行する、同名の『神港倶楽部』という雑誌の第一号の表紙写真と共に、映画史文献では初めて、その概要が記述された。以下に、それを転載（改行は省略）する。

神港倶楽部についてふれておくと、この倶楽部は、明治23年1月に土地の実業家、医師、法律家、学者、各種専門の智能技芸をもった人たちが、お互いの親和をはかり、また、各自の智識を交換し合うという趣旨から生まれた一団体で、神戸市下山手通り六丁目六番邸に本部の建物があった。―図版⑩参照―　当初は部員の会費で運営されていたが、やがてその場所が市民の社交場として、また講演会や芸ごとのお浚い、呉服や美術品の展示売り立て会場などに利用されるにつけ、一般市民にも親しまれる存在になり、やがて株式会社組織に発展、運用された。創立当初の建物は明治20年代の終り頃になって木造西洋館造りの二階建てに改築され、戦災で焼失するまで残っていたという。その所在地は昭和55年3月現在では、下山手五丁目の元の市電筋から南へ柳の並木道を入った右側、川崎重工業の保健会館が建っている所にあたり、その玄関横に、かつて東郷元帥が中佐時代に、この神港倶楽部に滞在していたことを記念して、昭和5年に建てられたという「東郷井」の石碑が残っている。

以上が、塚田氏の紹介の全文であるが、「図版⑩」としているのが、雑誌『神港倶楽部』の表紙写真を指す。この解説文の出典となった一部は、この雑誌『神港倶楽部』に記述があったものであろうと推測する。また、塚田氏自身は、同書の「あとがき」で、『神戸又新日報』の記事と神港倶楽部の調査については、いずれも神戸市在住の荒尾親成、三船清の両氏の協力があったことを記している。そして『神戸又新日報』の記事については、神戸市立図書館にしか原紙の所蔵がなかったことから、特に本文中でも「そのこと〔神港倶楽部初公開広告の調査のこと――本地・注〕だけを調べるために神戸に行くだけの余裕もなかった」とし、また「今回本書をまとめるにあたっては」として、三船清氏に再点検を依頼したことを述べてもいる。

こうして、地元神戸在住者の協力も得て、そしてまた、確かな資料の裏付けと共に、ようやく神港倶楽部公開の全体像が塚田氏によって明らかにされた。『日本映画史の研究』は、塚田氏が独力で一九七〇（昭和四五）年から発行し続けた私家版雑誌『映画史料発掘』誌上の記述を再編集したものだが、このキネトスコープや神港倶楽部のことに限らず、初期日本映画に関する数多くの新資料、新事実を提供することになったのである。

◎――キネトスコープ初公開、追跡の変遷

キネトスコープの初公開の経緯、概要は、こうして今日では映画史研究者の誰もが知る事実とはなったが、しかし、ここに至るまでの研究者の歩んだ道は、決して平坦であった訳でもなく、この問題に取り組んだ幾人かの資料探索への努力と調査があってこその成果でもある。その歩みを、ここで改めて振り返っておく。

『日本映画発達史』という、我が国の日本映画史のバイブルとも言えるものを著した田中純一郎氏は、最も早くから初期日本映画史の解明に取り組んだ人物である。氏は一九〇二（明治三五）年に群馬県に生まれるが、幼少期に読んだ少年雑誌の影響から、将来はジャーナリストになることを夢見て、小学校を卒業すると東京へと出る。上京後は活動写真に夢中になり、映画雑誌の購読と、それらのバックナンバーを集めることに熱中するようになる。こうしたことから、自然と映画史に関心を抱くようになるが、一九二三（大正一二）年から一九二四（大正一三）年頃に、

本格的にその調査、研究を始める。そして、キネトスコープ渡来の経緯を調べるために、すでに映画評論家として活躍していた橘高広氏（本名を立花高四郎という、警視庁の検閲係長）の住む、その警視庁官舎を訪ねる。橘氏は『東京に於ける活動写真』という書物を取り出して、ここにそれが書いてあるはず、と田中氏に伝える。また、文部省で民衆娯楽の調査等に当たっていた星野辰男氏からは、初期の映画撮影技師だった花房種太氏が星野氏に託したというスクラップブックを見せられる。

『東京に於ける活動写真』（一九一九年）は、文倉平三郎氏が新聞記事の調査等を基にして記述したものだが、ここには「明治廿九年の末、神戸の神港倶楽部に於いて米人エジソンの発明に係るキネトスコープといふ覗き眼鏡が紹介された。之が最初であらうと信ぜられる。」と、この時点でキネトスコープが神港倶楽部で公開され、それが最初であろう、と早くも記述されている。また、花房氏のスクラップの中には、一九一二（明治四五）年四月に『大阪毎日新聞』紙上に一一回にわたって連載された「活動写真」という記事の貼り込みがあり、その一七日付の第四回には、キネトスコープが「三木福時計店の店主が神戸市相生町高橋銃砲店主人の周旋で神戸の某外国商館から借受けたもの」と書かれている。こちらの記事には神港倶楽部の名は出てこないものの、その輸入、または公開にはこの三木、高橋の二つの店が関わっているらしいことが判明したことから、田中氏は、早速、双方に問い合わせの手紙を出す。

三木福時計店からの返事はなかったが、一方の高橋銃砲店からは、一九二四（大正一三）年一二月二五日という投函の日付で返信が届いた。その内容は後に、前述の『日本映画発達史』にも引用され（一部の字句が変更されている）ているが、概略を記せば、「亡父高橋信治の事業で記録等はないが、輸入は神戸居留地のリネル商会で、二台を明治二十九年九月に輸入。父と大阪の三木福助氏との共同事業で、同月に神港倶楽部で、翌年一月、大阪南地演舞場、二月、東京浅草花屋敷、四月、函館で公開。その後は不明。」といったことが記され、続けて、モーターで動かすので、その電気の確保に苦労し、またフィルムが切れたときの接合方法が判らず困った、といったことが書かれている。冒頭に「亡父」とあるように、返信は神港倶楽部での公開に携わった高橋信治の息子である真七からのもので、高橋銃砲店の専用の用箋が使用されている。

田中純一郎氏は、この書簡を元に、当時、自身が発行していた雑誌『映画時代』の第五号（一九二五年七月）に、「活動写真の先駆　キネトスコープの輸入」という記事を、「高橋銃砲店主」名義を用いて発表した。もちろん、内容は田中氏自身の執筆だが、『大阪毎日新聞』の「活動写真」の内容も取り混ぜた上でのものである。田中氏は、しかしこの時点では正確な公開時期を裏付ける資料までは発見出来ずにいた。そして、その後しばらくは映画史の研究に関わることなく、調査、研究を再開するのは、東宝系列の芝園館支配人をしていた一九三九（昭和一四）年のことである。

◎──『神戸又新日報』のキネトスコープ公開広告の発見

その前後、雑誌『キネマ旬報』では、〝映画界公認〟と呼べる映画史の記録の必要を紙面で訴えて明治期の新聞記事や広告等から活動写真に関するものを拾い出し、それを活字化するという「日本映画史素稿」の連載が始まる。その第一回は一九三五（昭和一〇）年九月一日号に掲載された。当初は神戸の水町青磁氏が関西方面の調査に当り、そしてその後、東京方面は柴田勝（旧姓・大森）氏が、更に関西は水町氏と同郷の水野一二三氏が記録の調査に加わった。水野氏が水町氏から最初に依頼されたのは、活動写真の最初期の輸入に関わった高橋信治、稲畑勝太郎、荒木和一といった人物を訪ねて、輸入当時の談話を聞くことであった。そして、このうちキネトスコープについては、連載の第五回に「キネトスコープの興行は僅か半年の生命」と題したものが発表された。田中氏の調査でも述べたように、高橋信治は既に死去しており、ここでも息子である「高橋真七氏談」としている。それでも、神港倶楽部が初公開であることを改めて証言しており、また高橋信治の顔写真も初めて掲載された。だがしかし、ここでもその談話を掲載するに止まり、その内容を裏付ける記録等の紹介はない。

それから二年後、水野氏は『神戸又新日報』の紙面に、神港倶楽部におけるキネトスコープ公開の広告を、小松宮、有栖川宮妃への披露を伝える記事と共に発見し、それを一九三七（昭和一二）年一〇月、「日本映画史素稿」の第四七回に発表するのである。初公開の日から実に四一年振り、田中氏が高橋銃砲店に手紙を出してからでさえ、既に一三年が経過していた。そして、「キネトスコープの初公開」の項で紹介した通り、その日程や日毎の上映内容が明らかになった。ただし、それは広告を改めて活字に組み直した上での収録であった。映画史文献の中で良く知られた、この広告の写真図版が明らかになるのは、まだしばらく先のことである。

◎——「間一髪のはなし」

今の時代、古い新聞を調べようとすれば、大きな公共図書館ではマイクロ・フィルムや、あるいはデジタル化されたものをモニター画面で閲覧するのが一般的であり、新聞によっては記事の検索さえ出来るようになっている。だがしかし、水野氏が『神戸又新日報』を調査した時代はそのようなものはもちろんないし、コピー機さえもない。図書館で新聞調査をしようとすれば、必ず原紙を一枚一枚めくり、必要な記事を見つけたときは手書きで書き写した。だがそれも、その図書館に調べたい新聞が保存されていれば、のことである。水野氏によるキネトスコープ公開広告の発見は、それらの条件が何一つない中での、奇跡的とも言えるものだった。水野氏自身が次のように記している。

私はこの年代［神港倶楽部初公開時期――本地・注］と映画の詳細を明らかにしたいと思つたが、神戸新聞は明治二十九年には創刊されておらずしかも神戸図書館にはそれより古い神戸又新日報も保存されていなかつた際とて、どうしても同日報を閲覧しなければならぬと考えた。戦争前のあわただしい当時であつたが（中略）特に頼んで日報紙の閲覧を許してもらつた。それが盛夏の頃であつて、巡査の白い制服で埃だらけの新聞社の倉庫の中で汗だくになつて調べあげたのである。（『映画史料』第九集　一九六三年）

神戸又新日報の倉庫が、この時代、どこにあったのかは未調査だが、一八九六（明治二九）年当時は、『神戸又新日報』の紙面には、神戸市栄町六丁目十五番邸の五州社がその発行所と記載されており、あるいは倉庫もここにあったのだろうか。このとき、水野氏はその広告掲載紙面を譲り受けたのだが、田中純一郎氏もまたこの発見の様子を記しているので、これも以下に引用する。

政府の出版企業統制から、全国の新聞紙の統合がはじまり、水野氏が神戸又新日報社を訪ねた時も、この新聞社は他に統合されることになり、解散準備の最中だつたという。水野氏が明治二十九年の新聞を見せてもらいたいと云ったら、御承知の通りの騒ぎで、古い新聞は全部くず屋へ払い下げることにした。荒ナワでしばって玄関に積み上げてあるのがそれだといい、水野氏の巡査姿を見て、どうしても御入用ならこれから一しよに探してあげましょうという。水野氏は半ばがっかりしたが、万一を思って、その山と積んだ古新聞紙と取組み、ようやくにして二十九年十一月二十五日の公開広告をさがし出し、それを押しいただくように持ち帰り、早速写真に撮影して送ってくれたというのである。つまり間一髪というところで、我々はキネトスコープ初公開の貴重な歴史的資料をキャッチすることが出来たのである。
(『日本映画博物館建設準備会議』№1　一九六〇年)。

水野氏自身の記述とは、「倉庫」が「玄関」であったりと、少し異なる部分があるが、それよりも、田中氏はこの引用文の前の方で、「水野氏に手紙を出して、キネトスコープ初公開の調査を依頼した。」と書いていて、この水野氏の発見が自身の依頼した結果だと書いている。そして、それが「昭和十五年頃、当時私は東宝映画にいたのであるが、若し戦争がはげしくなって映画史の資料がなくなっては困ると思い、急に思い立って学生時代の研究を続けることにした。」という時に、「手はじめにキネトスコープの公開事実の裏づけを調べることにし」て、水野氏に手紙を出した、としている。だがしかし、前述した通り、水野氏が、この広告を「日本映画史素稿」に発表したのは、一九三七(昭和一二)年一〇月のことである。また、これも前述したように、田中氏が映画史研究を再開するのは、一九三九(昭和一四)年のことである。したがって、田中氏が水野氏に調査を依頼したということは、事実として認定出来ないだろう。が、いずれにしても、この神港倶楽部の広告の発見が、神戸出身の水野一二三氏によって、地元神戸で発見されたということは、記憶されておくべきことであろう。

◎――『神戸又新日報』の所在

田中純一郎氏は、一九五七（昭和三二）年に念願の『日本映画発達史』第一巻を刊行するが、その「あとがき」の中で次のように記している。

太平洋戦争がはじまって、いろいろの史料が分散あるいは損傷しそうなおそれがあったので、あの頃はあせった。明治時代の大體の史料が揃ったのは、昭和十八年の春頃だった。その年の秋、甲府の赴任さきで、明治時代を書き上げた。大正時代は、五、六年頃までの史料には困難したが、（中略）下諏訪の疎開さきで、戦後のあわただしい世相を見ながら、半農生活の合間に書いた。大正時代を書き上げたのは、昭和二十三年十二月である。

田中氏は、つまり戦時下と戦後の混乱期の最も厳しい条件下で、初期映画史の史料の収集とその執筆を続けていたことが判る。実際にこの時期、『日本映画』や『映画評論』、『映画技術』といった雑誌に映画史の連載を精力的に続けているのだが、このうち『日本映画』の七巻六号（一九四二［昭和一七］年六月）からは、「日本映画史」を一三回にわたって発表し、その第一回「活動写真の第一期」で、水野氏から提供された『神戸又新日報』紙上の神港倶楽部公開広告を図版で紹介（ただし『神戸新日報』と誤植）することになる。そして更に、大正時代の執筆を続けている一九四八（昭和二三）年五月に、全四巻からなる『日本映画史』の第一巻（斉藤書店刊。二〜四巻は未刊に終る）を刊行し、この口絵頁の中で同様にその広告写真を公にするのである。そして、その写真は『日本映画発達史』第一巻の本文頁でも再び取り上げられることになる。雑誌『日本映画』の連載や、斉藤書店の『日本映画史』が戦中や敗戦後間もない混乱時代だったことを考えると、神港倶楽部でのキネトスコープ公開の事実が、映画史に関心あるものに広く知られることになったのは、やはりこの『日本映画発達史』によるのであろう。だがしかし、ここでの記述のために、田中氏自身が、この『神戸又新日報』の原紙を改めて調査するようなことはなかったものと考えられる。田中氏がキネトスコープ公開に関する記述で、同紙の記事を引用しているのは、「日本映画史素稿」第四七回で取り上げられたものと同じ、一八九六（明治二九）年の一一月一九日、二一日、二五日の三日分だけなのである。

それ以後は、しかし神港倶楽部公開の前後の事情をそれ以上探索しようとする研究者は現れなかった。田中氏の『日本映画発達史』が、それだけ日本映画史の基本文献として認識され、その記述もまた尊重されてきたということでもある。だがしかし、塚田氏は、『日本映画発達史』における小松宮へのキネトスコープ披露の日付が、取り上げられている『神戸又新日報』の記事では矛盾のあることに気付く。その「矛盾」を簡単に記せば、同紙の記事からでは、小松宮がキネトスコープを観た日が特定出来ない、ということである。『映画史料発掘』によれば、塚田氏はそれを解決するためにも、一一月一九日付の同紙の再調査の必要を考えるが、それがなかなか見つからなかったと記し、更に一九六三（昭和三八）年四月と、翌一九六四（昭和三九）年四月の、二度にわたる水野氏からの知らせでは、神戸市立図書館に同紙があるが、水野氏が調べた当時ののではなく、「明治三十六年以前のものは殆ど欠号多く系統的な調査は出来ない」とのことであり、塚田氏もそれ以後は、「始終気になってはいたのだが、日頃の多忙にかこつけて手をつけずにいた。」というのである。そして、「漸く、この件について神戸市立図書館に照会の手紙を投函したのは、昭和45年9月末のことであった。」（『日本映画史の研究』）という。数日後、その日付の紙面のコピーが同図書館から届き、自身が気付いた「矛盾」を解決出来たことから、その報告として『映画史料発掘』を作成、発行することになるのである。水野氏が「日本映画史素稿」に同日の記事を発表してから、実に三三年もの年月が経過している訳だが、塚田氏は、「これまで映画史研究者として水野氏ただ一人しかこの資料に接していなかったこと」（『日本映画史の研究』）を指摘し、研究者の怠慢を嘆いている。

◎――『神戸又新日報』再々調査

塚田氏は、『日本映画史の研究』刊行後も映画史研究を精力的に続けていたのだが、一九九五

（平成七）年一二月二一日に急逝された。私はその後、しばらくして氏の研究を自身でも辿ってみようと、神港倶楽部の研究にも取り組むことにした。何よりも、塚田氏から神港倶楽部改築後の建物の写真を探すよう言われながら、それを発見出来ずにいたことが大きな理由だった。やがて、『神戸倶楽部沿革史』（一九三八［昭和一三］年、同倶楽部刊）の中に、その二階建ての建物の写真を発見し、日本映画史の最初期の自分なりの考証を、「日本映画史の第一頁」と題して、その当時関わっていた群馬の映画祭で発行していた『日本映画史探訪4　映画への思い』（二〇〇一年、日本映画史フェスティバル実行委員会刊）に、その写真も含めて発表した。

以後も繰り返し『日本映画史の研究』を熟読していると、それまで気付かなかった点のいくつかが疑問になりだして、自身でも『神戸又新日報』の調査に乗り出した。前述した通り、同紙は塚田氏の『日本映画史の研究』の刊行当時は国会図書館には保存がなかったと思われたのだが、同館の新聞資料室には、保存する新聞の目録が一冊になって、カウンターに置かれている。念のために、私はそれを手にして『神戸又新日報』を調べてみた。が、なんと、あっさりとその項があって、早速同紙のマイクロ・フィルムを借り出した。二〇〇二（平成一四）年七月のことである。「『神戸又新日報』もやっとマイクロになったのか」くらいは思ったが、それ以上は深く考えることもなく、神港倶楽部公開の前後の記事のコピーを次々ととっていった。例えば、一八九六（明治二九）年一一月二七日第一面には「●写真活動機械」という見出し記事に、「神港倶楽部に於て切符所持の者に限り観覧せしめ居れり」とあって、公開広告には観覧料の記載がなかったことから無料と思う客がいたらしいことを伝えるものや、また、同月二六日第二面には、「●ニーテスコープの作用頗る不可思議成也」という二行程の「時事漫評」が、更には同月二九日第二面には、「発起認可申請」という見出しの、株式会社としての神港倶楽部の設立申請の記事などがあることも初めて知った。

『日本映画史の研究』における疑問というのは、例えば、氏の記述では、神港倶楽部というのは団体の名称であり、その発足が「明治23年1月」とはあるが、建物については何時建てられたかという記述はなく、創建時のものが「明治20年代の終り頃になって木造西洋館造りの二階建てに改築され」て、それが「戦災で焼失」したとあるのみである。つまり、創建が何時なのか、改築の年度や焼失は何時か、ということのいずれも具体的年度が書かれていないのである。果たして『神戸又新日報』に、それらに関する記事はないだろうか、と更に何回か折りを見て国会図書館に通い、同紙を調べた。が、それ以前にあることに気付いた。例えば、神港倶楽部公開前後のマイクロ・フィルムは、一八九六（明治二九）年の一〇月から一二月末までで一本のリールになっている。そしてこのリールをマイクロ・リーダーに掛けると、最初のコマには「神戸市立図書館蔵　昭和43年2月製作　日本マイクロ写真ＫＫ」と出てくるではないか。そして、リールを最後まで見切ると、やはり同様のコマで終るのである。誰が調べようが、否が応でもこれが目に入るのである。前述した通り、塚田氏が最初に神戸市立図書館から『神戸又新日報』のコピーを取り寄せたのは「昭和45年9月末」のことである。私は、早速カウンターに行って、このマイクロ・フィルムの納品が何時かを尋ねた。すると、フィルムに記載されている製作時期が納品時期で間違いないだろう、という返事である。二〇〇六（平成一八）年六月のことである。つまり、この答えが正確ならば、塚田氏が神戸市立図書館に手紙を投函する二年以上も前に、国会図書館に『神戸又新日報』のマイクロ・フィルムは収められていたことになる。私は更にその後、二〇一二（平成二四）年五月にも、改めてカウンターで同じことを聞いて再確認した上で、マイクロの箱にある「1・3・31」とある意味も聞いた。これは平成元年三月三一日を意味するが、これは恐らくフィルムが傷んだりして再製作した可能性がある、という返事であった。だがしかし、塚田氏は前述の通り、『日本映画史の研究』発行の時も、同紙は神戸在住の協力者へ、神戸市立図書館所蔵のものの再調査を依頼して、決して国会図書館では調べてはいないのである。国会図書館での新聞調査は、恐らく入り浸るように取り組まれた塚田氏であった筈だが、この問題は、まだ未解決である。

そして、私の調査の結論を述べれば、『神戸又新日報』からは、欠号が多いせいもあるのか、神港倶楽部の建物の創建や改築に関して、その時期を特定する記事を見出すことは出来なかった。神港倶楽部の文字が最初に登場するのは、一八九〇（明治二三）年四月三日第三面の「●三倶楽部」という記事の中である。また、建物については同月二七日第二面の「●神港倶楽部」という記事が最初であり、そこには「倶楽部将来の方法を協議し二千円を以て倶楽部を新築する……」といった文言が記述されている。この記事の「新築」は、創建を指すのか、或いは改築のことなのか不明であるが、前述した通り、いずれの場合も決定的な記録が見当たらない。

『日本映画史の研究』での、「戦災で焼失するまで残っていたという。」との記述も冒頭で紹介したが、塚田氏は、『映画史料』第十四集（梅村与一郎刊。一九六五年六月）の中で、「神港倶楽部について」という短文を書いていて、この中で、神港倶楽部が神戸のどこにあったか判らないので水野一二三氏に尋ねたことがあるとして、その水野氏からの返事を以下のように紹介している。「現在でいうと神戸市下山手通五丁目、市電の下山手五丁目停留所から南へ下る約半丁西側にありました。建物は木造西洋館造りの二階建で、戦災で焼失してしまいましたが私もよく覚えております。」というもので、ここでは一部を抜粋しただけだが、塚田氏の紹介も水野氏からの情報を反映したものであろうことが判る。水野氏の書簡文面の末尾には、「（昭和38年4月23日付）」ともある。

だがしかし一方で、神戸の荒尾親成氏はその後、岩波書店から刊行された『講座日本映画』の第一巻（一九八五年一〇月刊）付録の月報に、「神戸と映画」という一文を記し、そこで神港倶楽部を「明治三〇年代に入って大改築、鉄筋コンクリートに変わり戦後まで偉容を誇っていた。」としているのである。改築時期はともかく、鉄筋コンクリートで「戦後まで」残っていたというのは、これまでどこにもない記述である。そして、この記述は、神港倶楽部の図版を同書に提供していることから、間違いなく塚田氏自身も目を通しているはずである。だが、私はこの一冊をずっと後に購入したために、荒尾氏の記述をすぐには知らず、塚田氏の生前にこの件の確認をすることがなかった。そしてまた、私だけでなく、塚田氏や荒尾氏の記述に対して疑問を抱いて再調査の必要を思った研究者は、残念ながら誰もいなかった、ということであろうか。日本映画史における神港倶楽部は、まだ余りに謎が多い。

◎コラム5

神港倶楽部と東郷井

キネトスコープ初公開の会場となった神港倶楽部について、『神戸倶楽部沿革史』（一九三八年、同倶楽部刊）に、「神港倶楽部の概観」として、建物の写真と共に以下の紹介がある。

当倶楽部は会員相互の知識を交換し親睦を図るを旨として講演会、談話会、午餐或は晩餐会、書画会、演芸会等を催ほし囲碁、将棋、撞球などの娯楽的設備を為し且つ内外の図書雑誌類を蒐集して縦覧に供へる等我市の社交機関たるを目的として四十余年前に設立したるものにして、曾て松方老公、青木外務大臣、渡辺帝大総長、外山正一博士、愛国婦人会長下田歌子女史、稲垣公使、根津東亜同文書院長等諸名士も来遊講演せられ、また連合艦隊司令長官出羽重遠大将を始め百数十名の将校を招待せしこともありて、聊かその責務を盡したり、尚ほ東郷

神港倶楽部（改築後）
（『神港倶楽部沿革史』所収）

元帥に因縁深き東郷井も邸内に在りて我市の名勝古蹟の一に数へらる、今や我市には銀行、海運等同業者の特種倶楽部は多ほけれど一般紳士の綜合的社交倶楽部は絶へて無くして僅に有るは当部ならむ、されば建築も古く施設も全たからざれど前記の歴史と本領を有するものなるが故に我市官民諸賢は能く諒察し給はゞ蓋し眷然として帰向の情あらん幸に協力して漸次改善を為し東京、大阪の社交倶楽部に対し遜色なき地位に達し我市一般社交界の為に大に貢献せんことを希ふものなり。（原文は旧漢字を使用）

また、一八九九（明治三二）年後半期の株式会社神港倶楽部「財産目録」には、「地所三百九坪一合六夕、建家二棟竝ニ付属造作」とある。

東郷井については、神港倶楽部跡地に建つ川崎重工業保健会館（神戸市中央区花隈町七番一六号）前に記念碑が残されていたが、その木製解説板に以下のようにあった。

「東郷井」の由来　この碑の命名は、海軍中将財部彪、染筆は仝じく海軍中将小笠原長生と碑の裏面に刻まれています。「東郷井」の由来は、明治十八年七月、小野浜造船所で軍艦「大和」（第二次大戦の巨艦大和は第二世）の建造中、当時海軍中佐であった東郷平八郎（のちの日本海々戦の英雄、元帥）が来神、現保健会館敷地にあった和洋折衷の神港倶楽部（第二次大戦で焼失）の和室で約一年滞在していたのを永く記念するため昭和五年五月十九日除幕建碑されたもの

川崎重工業保健会館（1965年6月竣工）。右手の松の下が「東郷井」碑（1996年5月19日、筆者撮影）

です。当時は、この碑のすぐ傍に井戸があり、東郷平八郎が朝夕使用したといわれています。　川崎重工業健康保険組合（原文改行略、一九九六年五月筆写）

碑は同会館の閉鎖に伴って、花隈公園に移設され、解説板も金属製になって内容も改められた（解説板の日付は二〇一五年五月一〇日）ために、記録として残しておく。ただし、その内容については検証が必要である。

（本地陽彦）

◎コラム6

現存最古の相撲映画

『明治二十八年の両国大相撲』というタイトルに驚かされる。国産映画の初公開は一八九九（明治三二）年で、歌舞伎の実写『紅葉狩《もみじがり》』が現存最古。明治二十八（一八九五）年では、さらに四年も前になる。

神戸映画資料館が保管するフィルムは、戦前に東京で営業していた映画館主の旧蔵品といい、タイトル部分は縦長のトーキーフレーム。タイトルは昭和に入って再上映された時のものだ。実際は一九〇〇（明治三三）年の撮影とはいえ、日本人による最初期の現存フィルムである。

カメラマンの名は土屋常二（本名・常吉）。一八七一（明治四）年、瀬戸内海の因島で、植木屋の福井家の次男に生まれる。「早くから神戸へ出て、西洋大工の弟子となり」と戦前

『明治二十八年の両国大相撲』（1900年、土屋常二撮影）
提供：神戸映画資料館

に因島で取材した映画史家・田中純一郎は書く（『活動写真がやってきた』）が、神戸時代については不明。だが、西洋文明の入り口である神戸で建築技術を身に付けたことが、日本映画史に名を刻むきっかけになった。

土屋は一八九三（明治二六）年のシカゴ万博で日本茶館や日本庭園を建築するため渡米したという。政府が初めて本格的な日本館・鳳凰《ほうおう》殿を出展した万博だが、茶館を手掛けたのは「博覧会キング」と呼ばれた国際的興行師・櫛引《くしびき》弓人との説がある。櫛引と一八九六（明治二九）年に米・アトランティックシティーで日本庭園を運営し一山当てたのが、新居《あらい》三郎。東京の新居商会は、エジソン発明の映写機ヴァイタスコープとフィルムを輸入し、映画興行の先鞭をつけたことで知られる。

土屋が新居商会の一員として渡米した（『日活四十年史』）かどうか定かではないが、無関係ではないだろう。シカゴ万博には映像装置が出展され、エジソンが芸妓の舞を撮影したという。映画撮影に興味を持ったとしても不思議ではない。撮影機や現像機を購入し、一八九九年に帰国。費用は、渡米前に縁組をした養家から出たという。養父は「最後の村長で資産があった」と、大甥にあたる因島在住の福井哲也さんは伝え聞く。そして、土屋が真っ先に撮ったのが、相撲だった。

1910〜20年代の撮影機。米ユニバーサル製の改造型かコピー品とみられる（神戸映画資料館蔵）

着想源には「エジソン社のボクシング映画があった」と、相撲活動写真を考察した渡邉大輔・跡見学園女子大講師は指摘する。初期映画特有のアトラクション性が日本では相撲に置き換えられ、大衆的な娯楽として人気を博す。フィルムは大阪から京都、神戸を回り、東京へ。幟や幕で小屋を相撲場のように飾り、蓄音機で行司の呼び上げを付けた。

「発声活動写真の早い試みで、面白い。大工の経歴も会場づくりに生きているのではないか」と渡邉講師。相撲活動写真は映画の一ジャンルとして昭和期まで脈々と続く。

土屋は上方の名優・中村鴈治郎の『鳰《にお》の浮巣』（一九〇〇年、大阪歴史博物館蔵）や『森蘭丸』（同年）など芝居の実写も撮り、フィルムを持って巡業した。「楽団がついて回り、村のテラオカギイチやカナヤマリサブロウらが一員におったそうです」と福井さん。しかし映画常設館が普及し、映画製作が急増するのを目前に、土屋は早々とフィルムを手放してしまう。一九〇五（明治三八）年頃、日活の前身、京都・横田商会に招かれて輸入映画の複写などに携わるが、助手をしていた甥に横田商会の仕事は任せて、大正初期には台湾総督府の依頼で現地撮影に赴いた。その後は映画界を離れ、一九三八（昭和一三）年没。福井さんによると、晩年を送った尾道対岸の向島で火事に遭ったという。

日本最初期のカメラマンのことは、神戸はおろか故郷の因島でもほとんど知られていない。

（田中真治）

◉第4章

神戸における新聞読者の映画経験
――無声映画時代からトーキー移行期の映画館情報

近藤和都

◎――はじめに

二〇一〇年代に入り、「映画を観に行くこと」が活況を呈しているようだ。ショッピングモール内に設置された映画館には多くの人びとが訪れ、また、野外シネマや映画祭など仮設的な場における上映イベントも人気を博している。この場合、ほとんどの人びとは「映画を観に行く前段階」に、様々な手順を踏んでいるのではないだろうか。同時に多数上映されている作品から選別を行い、どの映画館／イベント場で観賞するのかを決め、自身のスケジュールを念頭におきながらいつ・何時からの上映回に訪れるのかを考える、というように。

だが当然のことながら、このような一連の実践としての「映画を観に行くこと」には、どの時代にも共通する作法があるわけではない。たとえば、インターネットやスマートフォンが普及している現代になって初めて、CMを視聴して「からすぐに」映画の情報を検索できるようになった。このように、映画をめぐる情報環境の違いに応じて、「映画を観に行く」あり方は大きく異なりうるのである。

それではインターネット普及以前の時代においては、人びとは日常のなかでいかに映画と関わり、そして「観に行くこと」を組み立てていったのだろうか。映画ファンであれば、映画専門雑誌や『ぴあ』(関西版・中部版)といった情報誌を手段として挙げるかもしれない。だがそれらにしても、ある特定の地域(東京など)の公開情報は掲載する一方で、そのほかの多くの地域における映画館情報はあまり載っていなかっただろう。だとすれば、多くの人びとはどのようにして「映画を観に行く」ために必要な情報を得ていたのだろうか。このことを考える上で重要になるのが「新聞」という定期刊行物だ。

定期刊行物としての新聞は、その読者たちに独特な時間—空間感覚や慣習、情報環境をもたらすメディアである。「毎朝」新聞を読むと、「昨日」様々な出来事が起こったことを知り、「今日」も同様に多くのニュースになりうる事件が生じるであろうということを「予想」する。そして、自身の生活環境から遠く離れた出来事が「重要である」と紙面上で指示/暗示されることで、私たちは「国民」や「国土」、あるいは「世界」の広がりを知る。それと同時に、紙面の一角をしめる「ローカル」記事からは、日常生活を共有する友人たちとコミュニケーションを取る上で不可欠な「話題」が示される。このように新聞は、毎日刊行されるという定期性を介して、読者たちの日常生活を強固に枠付け、それがなければ決して行われえない活動を可能にする独特な力を持つのである。そして、新聞には、詳細な映画上映情報が定期的に掲載されていたのであった。

毎日読むことで日常生活をそれまでとは異なる仕方で送ることを可能にする新聞、この定期性という時間リズムに映画の情報が入り込むことでどのような映画文化が生まれえたのだろうか。本章では以上の問いを、『神戸又新日報』(一八八四［明治一七］年～一九三九［昭和一四］年)や『Japan Chronicle』(一八九一［明治二四］年～一九四〇［昭和一五］年)といった神戸において創刊され、主に神戸の人たちが購読した邦字・英字新聞に焦点を当てて考えていきたい。神戸の人びとは新聞を通じて映画に関するどのような情報を知りえたのか、そしてその情報はどのような背景のもと掲載されるにいたったのか、そしてその情報を介して「映画を観に行くこと」はどのように変化したのか、これらの問いを通じて神戸の映画文化の一側面について考えてみよう。

◎――映画史初期における文化混淆

日本で最初の常設映画館・浅草電気館が開館したのは一九〇四(明治三七)年である。その後、一九〇七(明治四〇)年になってようやく浅草電気館以外の常設館が開館し始めた(上田 二〇一二年、一二〇頁)。神戸の映画文化を牽引した盛り場・新開地に映画館が開館したのもこの頃である。一九〇八(明治四一)年に映画の継続的な上映を始める興行場が現れ、一九〇九(明治四二）年に電気館と日本館が映画館として開館した（柴田 一九七五）。その後、一九一〇年には菊水館・松本座・敷島館・朝日館・錦座が開館し（のじぎく文庫編 一九七三、三五六頁）、一九二二（大正一一）年に新開地に立地していた映画館は八館となった（村島 一九二二、三〇–三一頁）。一九二一（大正一〇）年に兵庫県内の映画館数が一九であったことを考えると（文部省 一九二二）、新開地の映画興行街としての存在感は際立っていたと言えるだろう。

他方で、映画館が増え始める以前から、『神戸又新日報』上には映画の情報がしばしば掲載されている。たとえば、新開地に映画館が開館する前に、映画の流行が「今や其《その》絶頂」を迎え、「芝居」までもがその人気を活用しようとしているという報告記事が掲載された。記事中では、浅草の映画館で採用された「芝居の真っ最中に活動写真を応用するという奇抜な」試みが紹介され、その内容が詳細に記されている（『神戸又新日報』一九〇八年九月一〇日）。のちに「連鎖劇」と呼ばれることになる演劇と映画の混淆形態は、まずは「読み物」として神戸の新聞読者たちに受容されていった。

また、映画館の時代が到来するまでに、新聞は紙上の映画受容を促しただけでなく、映画館以外での映画受容に関する情報が提示される場としての役割を果たした。一九〇八（明治四一）年九月には、阪神電車が西宮海水浴場で開催した「屋外活動写真」が少なくとも七回開催され、その広告が掲載されている（『神戸又新日報』一九〇八年九月一三日）。また、当時の神戸を代表する劇場であった大黒座（のじぎく文庫編 一九七三、一五頁）でも映画上映が頻繁に行われており、その情報が「演芸たより」欄に記載されている（以下、「劇場」と「映画館」は区別して用いる）。同欄は劇場の演目切り替え情報を主に掲載していた欄である。多くの他地域と同じように、神戸の初期映画上映史においても映画館以外の機関が果たした役割は大きかった。

特に、劇場的な場と初期映画の結びつきについて考えることは重要である。先にのべたように、映画の切り替え情報は当初、「演芸たより」欄上に掲載された。劇場での映画上映情報であるため、同欄が用いられるのは当然のように思われるが、この傾向は映画館の作品切り替え情報にも継続していく。つまり、劇場の情報が掲載される欄内に寄生する形で、初期の映画情報は流通・受容されていったのである。この情報経路は、映画に人びとが接する仕方に影響を及ぼしたように思われる。映画上映史初期においては、先行する劇場文化を様々な形で模倣していくことが重視されていたからだ。

たとえば一九一〇（明治四三）年に開館した新開地・喜楽座は、その内部が「大阪帝国座の型」であることが高く評価された（『神戸又新日報』一九一〇年八月四日）。同時期の東京でも浅草の各映画館をそれぞれに対応する劇場に喩える記事があったが（瞥 一九一〇、一六頁）、この頃は「劇場的であること」が映画興行の社会的地位を高くするためには必要だった。というのも「新しい」技術・メディアであった映画は、多くの人びとに安心して訪れてもらうために、自身のイメージを「伝統的なもの」へと結びつける必要があったからだ（上田 二〇一二）。この点を踏まえると、「演芸たより」内に劇場と並置されながら映画情報が語られるというのは、映画が劇場と併存できるほどに社会的地位が高まったといえるし、あるいはその語りを通じて映画に対する社会的な認識が変容していったともいえるかもしれない。

そして映画と劇場の結びつきは、作品の上映方法にも作用していった。一九〇八（明治四一）年九月七日から大黒座で、十一代目片岡仁左衛門の歌舞伎映画が上映された。屋外で撮影されたにもかかわらず舞台背景を設置するなどして撮影された同映画は、カメラを止めている間に仁左衛門が役柄を入れ替えることで早替わりの演出を行った（田中 一二二-一二三頁）。舞台を写し取るだけでなく、映画ならではの手法を用いた同作品は「初日満員の好景気」となった（『神戸又新日報』一九〇八年九月九日）。ここで興味深いのは、大黒座が歌舞伎映画を上映する際に「従来と趣を異にし鳴物声色大薩摩等を入れ芝居かかり」としたという点だ（『神戸又新日報』一九〇八年九月九日）。「声色」とはスクリーンの横手や裏手から声を当てる声色弁士のパフォーマンスを指すと思われるが、大黒座ではあたかも舞台を再現するかのようにそれらが採用されたというのだ。

声色弁士は一九〇八（明治四一）年以降に浅草・大勝館を中心に広まったと言われるが、その際にも映画を舞台と結びつける効果が重視された（吉田 一九七八、四七-四八頁）。当時は舞台を写し取った映画が多かったが、それに声をあてることでより舞台らしさを演出しようとした。それを通じて、舞台に行く層の人びとを映画興行へと経路づけようとしたのである。これらを踏まえると、大黒座の興行においても同じような論理が働いているといえるだろう。ただし大黒座はもともと劇場であるため、内部空間等を含めて一層「芝居かかり」となったに違いない。映画館が新開地に開館し始める前の段階で、映画館内を鳴り響く「声色」を介した映画経験が先取り的に劇場で成立していた可能性がある。

このように、新聞紙面を含めて様々な仕方で「映画を観に行くこと」は「舞台を観に行くこと」と重ね合わせられていった。一九〇九（明治四二）年には映画情報は「あつまり」欄に掲載されるようになり、そこでは電気館や日本館といった映画館における切り替え情報が不完全ながらも継続的に載せられた。同欄には演劇や歌舞伎の上演情報も掲載され、引き続き映画と劇場は並置しながら語られていった。その後、再び「演芸」欄へと名前が変更されるが、一九二一（大正一〇）年から「キネマ界」という独立した項目が立てられることになる（『神戸又新日報』一九二一年一月二九日）。映画情報が掲載される位置や名称の変遷をみると、映画をめぐる社会的な認識のあり方が変容していく様がうかがえる。

余談になるが、映画と人びとの関係性の変化を表すものとして有名人の存在が挙げられるだろう。映画に人びとが熱狂すればするほど、多数の有名人が生みだされる。そしてこの時期は、俳優や監督はもちろん、映画館に属していた弁士もまた人びとから羨望のまなざしを向けられる対象であった。新聞も、このような熱狂を背景に、映画をめぐる有名人を自身の記事に積極的に取り込ん

表1　神戸又新日報が企画した県内の弁士人気投票

順位／氏名（所属館）	1／島津鷺城（世界館）	2／向井濠洲（三の宮）	3／三宅桂瞳（桂座）	4／秋山楓月（萬国館）	5／柴田〇〇（世界館）
得票数	61,512	53,289	48,788	32,090	8,308

（『神戸又新日報』1913（大正2）．7．20　〇は判読不能文字）

でいった。戦前期の新聞社はしばしば、他紙と差別化するために将棋の大会（棋戦）やスポーツ大会など大規模なイベントを企画し、その顛末を記事として独占することで読者を増やそうとした。その中には懸賞などの参加型のものもあり、『神戸又新日報』も人気投票をしばしば行っている。一九一三（大正二）年には神戸市内の弁士の人気投票が行われ、紙面上に掲載された票数の合計は驚くべきことに二六万四〇九七票にいたった（表1参照）。映画人気は一九一〇年代を通じて着実に高まり、新聞社もそれを積極的に自社の戦略に取り込んでいったのである。

◎――新聞広告のリズム

一九一〇（明治四三）年には、前節で取り上げた欄とは別に映画館による「広告」も掲載され始める。定期的に掲載される広告のあり方は、映画文化を考える上で重要である。どういうことだろうか。

一九〇〇年代後半には日本における映画製作体制が整い始め（上田 二〇一二、一三九頁）、作品を定期的に切り替える条件が整いつつあった。当時の映画興行は概ね一〇日に一回か一週間に一回、上映作品を切り替えていた。たとえば三宮の世界館は、一九一一（明治四四）年の段階では毎月一日・一一日・二一日に作品を入れ替えていた（『神戸又新日報』一九一一年四月二四日）。映画切り替えは、「映画を観に行くこと」を社会的な慣習として位置づける上で不可欠であった。映画が定期的に切り替わらなければ、「映画を観に行くこと」が人びとの日常生活のなかに組み込まれることはないからだ（Maltby 2011,pp.7-8）。映画の定期的な切り替えがあることで、その定期性を念頭に置きながら日常生活のスケジュールを組み立てられるようになるのである。

だが、かりに定期的に作品が切り替わったとしても、それを周知する実践がなければ日常生活の時間リズムに「映画を観に行くこと」が組み込まれるのは難しい。この点で重要になるのが日々読まれる新聞上に掲載される広告である。「あつまり」欄などでも新作切り替え情報は掲載されたが、紙面の都合によっては最新情報が載せられないこともあったため、映画館は広告を用いて積極的に周知を行っていったのであった。

しかし、初期の新聞広告が掲載されるタイミングは、切り替えのそれとは必ずしも一致していなかった。たとえば、一九一〇（明治四三）年七月七日に掲載された新開地・電気館の広告は前日の七月六日から上映された作品についてのものである（『神戸又新日報』一九一〇年七月七日）。あるいは三宮・世界館の一九一一（明治四四）年の広告では、二一日に切り替わった作品についての広告がその三日後になされた（『神戸又新日報』一九一一年四月二四日）。新開地・桂座も一九一二（大正元）年に一日前に切り替えられた作品広告を行っている（『神戸又新日報』一九一二年一一月一日）。一九一三（大正二）年には徐々に上映開始日と同期《シンクロ》した広告が増え始め、「愈々本日より新提供の二大写真（映画のことを「写真」と呼ぶことがあった）」といった時間に関わる表現が惹句として用いられるようになった（『神戸又新日報』一九一三年七月一四日）（図１）。

このように、当初、「新作」への切り替え日は新聞上の広告日とは非同期の状況で、それが次第に同期されるようになったのである。この時間リズムの変化は、新作が持つ「新しさ」を軸とする時間性が当初は十分には活用されていなかった可能性を示唆する。言い換えると、新作が持つ「新しさ」の価値は当初は必ずしも高くなかったが、次第に「新しさ」が広告上において高い価値を帯び始めたということだ。そもそも、切り替え日と広告日を同期させるかどうかは自明な事柄ではない。なぜなら、新作への需要が高くなければ、わざわざその「新しさ」を強調しても意味がないからだ。切り替え日と広告日を同期させる実践は、新作が持つ「新しさ」の価値が観客たちに認められていなければできないのである。

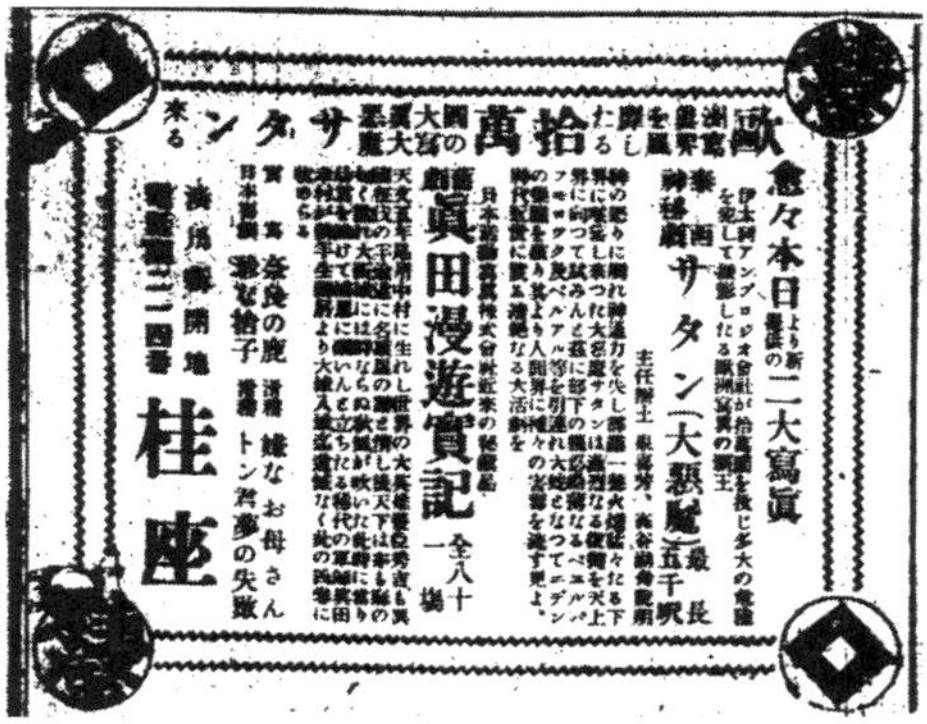

図1　新開地・桂座の新聞広告（『神戸又新日報』1913年7月14日　神戸大学附属図書館提供）

事実、「新しさ」を求める観客が現れているという記事が一九一二（明治四五）年に『神戸又新日報』上に掲載されている。それによれば、この時期にはただ作品を上映するだけでは集客が難しくなっており、「新物々々間断なく新しい長尺物を製造せねば観客を引付けることが出来ない」状況になっていた（『神戸又新日報』一九一二年七月一二日）。東京においても一九〇九（明治四二）年に同様の状態が生じていたことを示す記事があるが（「活動談片」『活動写真界』一号、一九〇九年）、このような興行環境のもとで、「新しさ」が徐々に価値を高めていったと考えられる。人びとは、初公開作品を求めて映画館に訪れるようになっていったのである。

このような観客層を背景にして、新聞広告は「本日より新提供」という時間リズムのもとで新作を提示していった。「新しさ」はそれが周知され認知されなければ価値を持たないため、広告上のレトリックにおいて時間リズムを一致させることが重要になる。しかも、街頭にポスター等を配置して、人びとが普段の移動過程で広告と接するようにさせる実践は一九二〇年代後半になってようやく洗練化されていったため（近藤 二〇一七）、それ以前の時期においては家庭に入り込む新聞を介した広告は「新しさ」を周知する上で重要な役割を担っていたことが推測される。新聞上で広告が行われなければ「新しさ」は認知されず、「新しさ」を求める需要を満たせなかったはずだ。

くわえて、「新しさ」が重視され、それが新聞を介して周知される状況が形成されることで、多数の新作から「選択」することができるようになる。海外の映画文化を対象とした研究によれば、新聞上で映画広告や専門記事が定期的に掲載されるようになると、それまでは自分で映画館に行って上映作品を調べるのがファンの基本とされていたのが、それ以降紙面上に提示された情報をもとに「選択」するのが一般的になったという（Moore 2014, pp.269-270）。たとえばその結果、前者のファン文化にあった、どのような作品が上映されているのかを移動時間に予想して楽しむといった経験が後者では得られにくくなった。そういった意味で、新聞上に広告が掲載されるということは、人びとに映画の「選択肢」を提示するとともに、それらの中から「選択をする」という行為を促すことで、映画と人びとの関係性を「観る前」の段階で規定していくのである。そして同様の変化が生じる条件が、神戸においてもこの時期に形成されていったと考えられる。新聞を開けば、様々な回路を介してどの映画館で「新作」が上映されるかがすぐにわかるようになっていったのである。

◎──トーキー移行期における新聞広告

新聞と映画広告の関係は、特に英字新聞の『Japan Chronicle』においては一九二〇年代後半から強くなっていった。丸善が提供する『Japan Chronicle』閲覧用の電子データベースは全文検索ができるため、試みにいくつかの用語の出現数を表で示してみよう（表2参照）。完全な精度ではないため検索漏れが多数あると思われるが、それでも大まかな変化はつかめるはずだ。

表2　『Japan Chronicle』データベース（丸善雄松堂提供）全文検索の結果

	1927年	1928年	1929年	1930年	1931年	1932年
Film	25	23	151	260	257	249
Cinema	25	26	92	163	306	184
Minatogawa	23	29	76	136	119	92
Hollywood	0	5	43	108	75	104
Talkie	1	1	46	73	52	62

表をみると、一九二八（昭和三）年→一九二九（昭和四）年→一九三〇（昭和五）年で特定の用語の出現数が大幅に上がっている。ここにはいくつかのからくりがある。まず、『Japan Chronicle』の日刊版（一九二九［昭和四］年三月以降）がデータベース上に登録された。それまでは週間版や別刷り版がデータベース上の検索対象だった。そのため一九二九（昭和四）年以降に関しては検索対象の母数が大きく増えている。また、全ての紙面を調査したわけではないが、検索結果に表示される前後の文章抜粋などから推測するに、増えた分の用語のかなりの数は洋画館の広告上で用いられていたと考えられる。つまり、映画に言及した記事それ自体が大幅に増えたわけではない。だがそうだとしても、一九二九（昭和四）年→一九三〇（昭和五）年の数字の増加は興味深い。かりに増えたのが広告であったとしても、それではなぜ『Japan Chronicle』上で映画広告が増えたのであろうか。また、英字新聞に映画広告を載せる背景にはどのような動機があったのであろうか。

このことを考える上で重要になるのが「映画のトーキー化」である。いわゆる「サイレント映画」という言い方があるように、フィルムには元来、技術的に音声がついていなかった。もちろん、先に挙げた弁士のように、映画館で映画を上映しながらライブパフォーマンスとして音楽や声を作品に与えることは一般的にあった。だが映画フィルムそれ自体に音声が取り込まれるようになるのは一九二〇年代後半以降からであった。映像と音声を技術の水準で結びつける実践には色々な種類があったが、ひとまずここではそれらを総称して「映画のトーキー化」としよう。そして、一九二九（昭和四）年とは、日本で初めてトーキー映画が公開された年であった。

トーキー化は映画館に様々な困難を強いていった。発声装置は高額であったため、都市部の大規模館や洋画館を中心にトーキー化が進展する一方で、地方ではなかなか進まなかった（木下二〇一六、一五八―一六〇頁）。またトーキー化は洋画館の興行者たちに深刻な問題を突きつけた。洋画（とりわけハリウッド）ではトーキー作品の割合が日本に先行して増えていたため、上映館は発声装置をいち早く備え付ける必要があったが、トーキー映画の上映については適切な方法が見つかっていなかった。現在であれば、ほとんどの場合は字幕版や吹き替え版が用意されているため、製作国の言語（英語など）がわからなくとも気楽に観賞できる。だが当初は、洋画館で上映される映画には字幕も吹き替えも用意されていなかった。そのためトーキー化が進むにつれて、外国語を理解できない場合は上映作品をじっくりと楽しむことが困難になったのである（cf.『Japan Chronicle』一九三〇一月一六日）。

右記の難点は日本人観客の洋画館離れを促した。洋画館では外国語を理解できなくとも楽しめるサイレント映画の回顧上映が人気を博したが（「外画興行界の夏枯を蹴飛す　無声映画輸入社の活躍　不景気一蹴映画会めぐり（3）」『キネマ週報』一二三号、一九三〇年）、いつまでもサイレント映画を上映し続けることはできない。いかにしてトーキー映画上映に人びとを集めるかが課題となった。無料で配付されるプログラムに台詞の翻訳を掲載したり、上映中に弁士がトーキーの音声に重ねる形で解説を入れたりして、何とか外国語がわからなくても作品を楽しめるようにした。しかし努力は実らず、また折からの不景気も要因となって、日本でも有数の映画街・浅草では観客数の減少をとめるために入場料を半額にする館が続出した（「松竹系洋物館の値下げ」『キネマ週報』二一号、一九三〇年）。苦境は全国的なものだったと推測されるが、このような背景のもとで『Japan Chronicle』上に洋画館の広告が増えていったのである。このことは何を意味するのだろうか。

考えられるのは、洋画館が新たな観客層として英字新聞読者に注目したがために、広告数が増加したというストーリーである。日本人読者もいただろうが、英字新聞に親しんでいる層であれば英語を聞き取れる可能性が高いと想定できる。このような前提に立てば、英字新聞に広告を掲載するというのは洋画興行界の利益にかなっていると言えるだろう。実際この時期、洋画興行界は英字新聞読者を念頭に置いたイベントを企画している。たとえばメトロ・ゴールドウィン・メイヤー（MGM）は、一九三一（昭和六）年に神戸松竹座で外国人八〇〇人を集めた上映会を行っているが、その会では弁士をあえて付けなかった（『Japan Chronicle』一九三一年五月一四日）。英語話者であれば映画の音声に重なる弁士の声は邪魔にしかならないからだ。このようなイベントを行うことで、外国人観客の市場を開拓していこうとしたのであった。

市場開拓の流れは興行者たちにも意識された。MGMのイベントが終わったあと、神戸松竹座は今後も週に一回のペースで同様の弁士無し上映を行うべきかどうかについて意見を求める広告を『Japan Chronicle』上に掲載している（一九三一年五月一〇日）。そして実際、「外国人パトロンの要望で」弁士無し上映会を開催することになった（『Japan Chronicle』一九三一年五月二一日）。「After Dinner Show」と名付けられた同イベントは毎週一回（おおむね金曜日の二一時半から）開催された。神戸松竹座は外国人観客向けに英語版の簡易プログラムも発行・無料配付していたが、このような印刷物は同時期の他の映画館にはほとんど確認できないものである（図2参照）。このことも、神戸松竹座に多くの外国人観客たちが集っていた事実を物語る。もちろん、神戸には居留地形成以降、外国人の存在感が高かったという背景があるが、そういった外国人たちを着実に映画館へと経路づけていったのであった。

広告の内容もまた、外国人観客層に向けて練り上げられたものだと推測される。『Japan Chronicle』上の映画館広告には邦字新聞のそれにはない項目が付け加えられているのである。それは各作品の上映時間だ。

たとえば神戸松竹座の広告の下部には「各作品の上映時間は毎日『Japan Chronicle』でアナウンスされる旨が記されている（図3参照）。神戸松竹座は一九二九（昭和四）年一〇月三〇日に開館したが、同月三一日にはすでに『Japan Chronicle』上に各作品の上映開始時間が

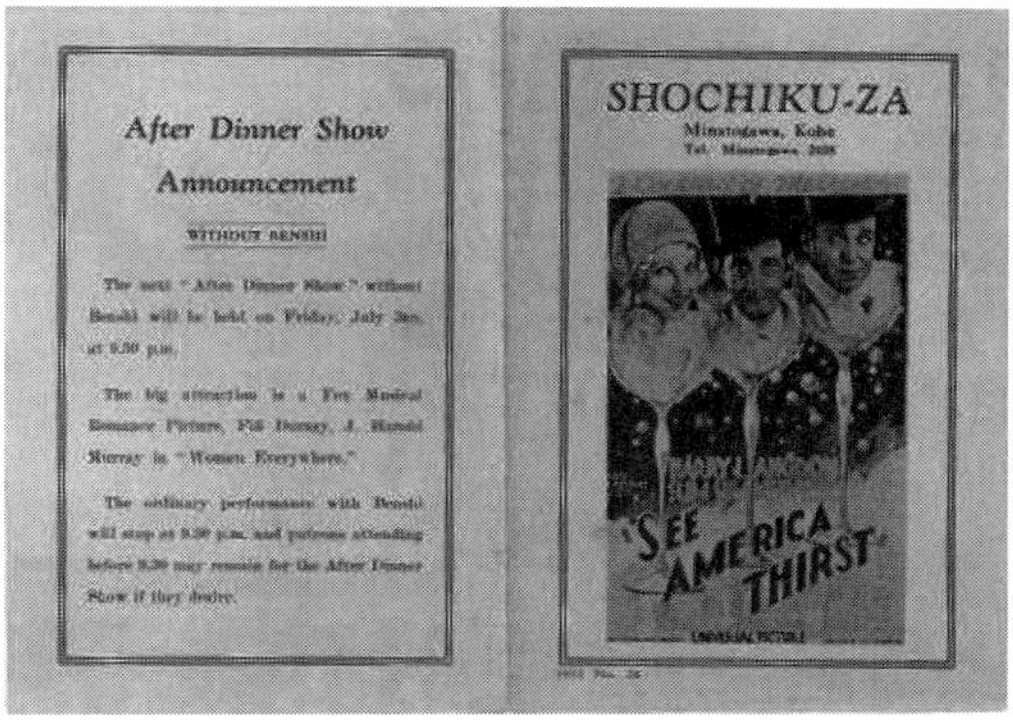

図2　新開地・松竹座が1931（昭和6）年に発行した英語の簡易版プログラム（神戸映画資料館提供）

記載された項目が用意されている。当時は複数本立て上映が一般的であったため、上映時間がわからなければ目当ての作品をタイミングよく観賞することはできない。また、かりに全ての作品を観に行く場合であっても、上映開始時間がわからなければ館内で待たなければならないだろう。「作品を頭から観賞する」という作法を身につけている限り、上映開始時間を知れるかどうかが重要になるのである。

図3　新開地・松竹座の新聞広告（『Japan Chronicle』1931（昭和6）年1月1日号）

だが、この「頭から観賞する」という慣習を当時の日本人観客たちはあまり身体化していなかった。一回ごとの上映で入れ替え制が採用されている現在と異なり、当時は流し込み制で、一度館内に入れば一日の終わりまで居続けられた。人びとは映画上映中に座席に着くことにあまり苦を感じなかったし、途中から作品を観賞し始めるのも問題としなかった。途中入場した場合は、上映が一巡するのを待って見逃していた部分を楽しんだという。このような慣習は戦時下に一度途絶えるが、戦後にも継続していった。つまり、日本では映画館における上映開始時間と観客の観賞開始時間が必ずしも同期していなかったのである。そのためか、邦字新聞の広告上に映画の上映時間が記載されることはほとんど確認できない。

それに対して新開地・松竹座の広告が示唆するのは、外国人観客たちは上映開始時間に合わせて映画館に向かっていた可能性である。言い換えると、この時期の神戸においては、日本人観客と外国人観客の間で異なる時間リズムを介して映画は経験されていたといえよう。上映期間の初日に同期され、「新しさ」が強調されるという点では邦字新聞も英字新聞も変わらないが、上映開始時間という別の時間性については両者では異なる位置づけが与えられていた。邦字新聞の読者と英字新聞の読者とでは、映画に接する際の時間的文脈やその意味づけのあり方が異なっていたのである。

◎――おわりに

本章では、『神戸又新日報』と『Japan Chronicle』を素材としながら、一九〇〇年代後半から一九三〇年前後にかけての神戸における映画文化の一側面について述べてきた。その際、新聞上に現れた様々な情報を資料として用いながら映画史的事実を示すと同時に、そういった情報があったからこそ生まれた映画文化のあり方を明らかにしようとつとめた。特に、新聞という近代に固有のメディアが人びとにもたらした独特な時間リズムと、上映期間／上映開始時間、新作／旧作といった入れ子型の時間リズムを持つ映画が結びつき、映画を観る前に新聞を読むことで人びとが感受してしまう経験のあり方に焦点を当ててきた。このような観点を採用した背景には以下の考えがある。

映画史は映画それ自体のみで成り立っているわけではない。映画やテレビ、レコード、活版印刷といった複数の複製メディアが同時代に存在する二十世紀以降の社会では、人びとは単一のメディアのみを享受するのではなく、メディア横断的に日常生活を営むからである。したがってメディア文化のあり方を理解するためには、領域ごとのメディア研究の成果を踏まえながら、学際的な視座のもとそれらを総合する作業が必須になる。本章は、映画史と新聞史を交差させることで、映画文化が映画以外のメディアから大きな影響を受けているのを示そうとした。いわば、複合メディア史を記述することを試みたのだが、この方向性をさらに進めるためには、新聞以外のメディアとの関連も考察していく必要があるだろう。この点は今後の課題にしたい。

◎コラム7

神戸の映画製作会社—本庄商会

一九九五（平成七）年。忘れられていた一本のフィルムが再び世に現れた。

『闇《くらやみ》の手品』のタイトルの下部には「神戸本庄映画研究所」。「まとめて入手した三〇〇本の中の一本で、中身は見るまで分からなかった」と神戸映画資料館の安井喜雄館長は言う。続くタイトルは「神戸三宮親交協会懸賞当選脚本」。監督名が、興味を一層そそった。

鈴木重吉《しげよし》（一九〇〇［明治三三］―一九七六［昭和五一］年）。一九二六（大正一五）年に松竹キネマ蒲田撮影所で監督デビューし、一九三〇（昭和五）年に大阪の帝国キネマで『何が彼女をそうさせたか』を大ヒットさせる。左翼的な「傾向映画」の代表作だ。だが、『日本映画監督全集』の鈴木の欄に『闇の手品』（一九二七［昭和二］年製作）の記載はない。

雨の夜、病の父親を抱えた夕刊売りの少年が主人公。黒衣の男に札束を預かってくれと頼まれる。家に帰ると、金貸しが両親を責め立て、少年は思わず札束から三〇円を渡してしまう。そこへ先ほどの男を連れて警官が現れる—。「正直の頭に神宿る」をテーマにした教育映画だが、多重露光などを使った夢幻的映像は、ドイツ表現主義の影響を感じさせる。

『日本映画事業総覧 昭和三・四年版』を見ると、一九二七年六月二八日の記事に「鈴木重吉監督本庄商会の手で『闇の手品』を製作」とある。同書の名簿によると、本庄商会は一九二三（大正一二）年一月設立、所在地は元町三丁目、代表は本庄種治郎。映画部はカメラを五台も所有し、外国映画の配給も手掛けたようだ。『日本映画年鑑 昭和二・三年』は、鈴木が本庄商会で「幾多の実写物」も物したことを伝え、『闇の手品』は「教育映画作者としての将来を決定」したとする。

『神戸新聞』にも『闇の手品』の完成を報じた記事がある（一九二七年七月七日、一四日付）。児童映画研究者でもあった三宮署の署長と管内の有志から成る神戸三宮親交協会が脚本を募集。七三編から一等作を本庄映画研究所関東撮影所で七〇〇〇円（現在の数百万円）を投じ製作。七月一三日夜に小学校長らを招いて三宮署で試写、好評を得た。また、主役の天才子役・相澤鍬三は六代目菊五郎の相続者だと記す（後の七代目尾上梅幸かは未詳）。

『闇の手品』（1927年製作、鈴木重吉監督）
提供：神戸映画資料館

本庄商会があったのは元町三丁目の山側（現オカダ洋傘店）。大正時代、長兄の種治郎、次兄の憲三郎らカメラ好きの兄弟が生家の呉服店を写真商に変えた。鈴木重吉は大学在学中から芸術写真家として知られており、接点があったのかもしれない。新聞広告をたどると、事業の拡大ぶりが分かる。一九二三年から公開上映を始める「神戸新聞フイルム・ニュース」の制作を担当し、一九二四（大正一三）年には日本アルプスを撮影した。店舗では照明器具、花、漢薬を販売し、ファウンテンルーム（喫茶室）が人気だった。一九二六（大正一五）年には電気部を新設。一九二七（昭和二）年にはグリル食堂を開業した。一九三九（昭和一四）年から「本庄映画場」を元町四丁目高架下で経営した。

「バスを連ねて温泉に社員旅行をするほど大所帯だったと聞くが、映画製作のことは知らなかった」と種治郎の孫の清水暁《さとる》さん＝東京都港区。清水さんによると、種治郎は戦後、東京で事業展開を図るも、程なく自死。後を継いだ長男が恵比寿で経営した名画座「本庄映画劇場」も今はない。

喫茶店は芸術青年の巣だった。三宮のカフェー・ガス、元町の三星堂ソーダファウンテン、神戸のブラジル…。神戸のモダニズムを追いかけてきた神戸の詩人・季村敏夫さんは「本庄もその一つ」と注目。ゾルゲ事件の尾崎秀実の友人でアナキストの田代健が、本庄の前で毎夜古本を売っていた事実を指摘する。一本のフィルムから、モダン都市の記憶が掘り起こされる。

（田中真治）

◎コラム8

神戸の映画製作会社──中島映画

アニメーションは明治末頃に輸入され、「凸《でこ》坊《ぼう》新画帖」のタイトルで人気を博した。漫画家・下川凹天の『芋川椋三玄関番の巻』（一九一七［大正六］年、天活）が国産アニメ第一号で、同じ年に洋画家・北山清太郎の『猿蟹合戦』（日活向島）、漫画家・幸内純一の『塙凹内名刀之巻（なまくら刀）』（小林商会）も公開。北山が一九二一（大正一〇）年に設立した本邦初のアニメ専門スタジオ「北山映画製作所」では、戦後に東映動画（現・東映アニメーション）の礎を築く山本早苗（本名・善次郎）が作画を手掛けた。

山本の現存最古の作品が、唱歌を元にした『兎と亀』（一九二四［大正一三］年製作）。切り抜き絵を背景画に載せてコマ撮りする手法で、動きはまだぎこちないが、ウサギの「グー」といういびきや、カラスの「アホー」と

『兎と亀』（1924年製作、山本早苗作画・演出）
提供：神戸映画資料館

いう鳴き声がカタカナでくるくると舞う、漫画らしい遊びが盛り込まれている。

　製作年は、山本が独立して「山本漫画製作所」を設立する前年にあたる。既に北山は一九二三（大正一二）年の関東大震災で関西に移っており、大阪毎日新聞の依頼で『兎と亀』などを作ったと回想している。アニメーション史研究家・津堅信之さんは「東京の山本へ『外注』する形で完成した作品という可能性」を指摘する（『日本初のアニメーション作家北山清太郎』）。だが、神戸映画資料館が保管する三五ミリフィルムに北山や山本の名前はなく、タイトル下部には「神戸湊川新開地　中島活動写真部製作」とある。山本の自伝『漫画映画と共に』にも、遺族の記憶にも出てこない製作会社である。

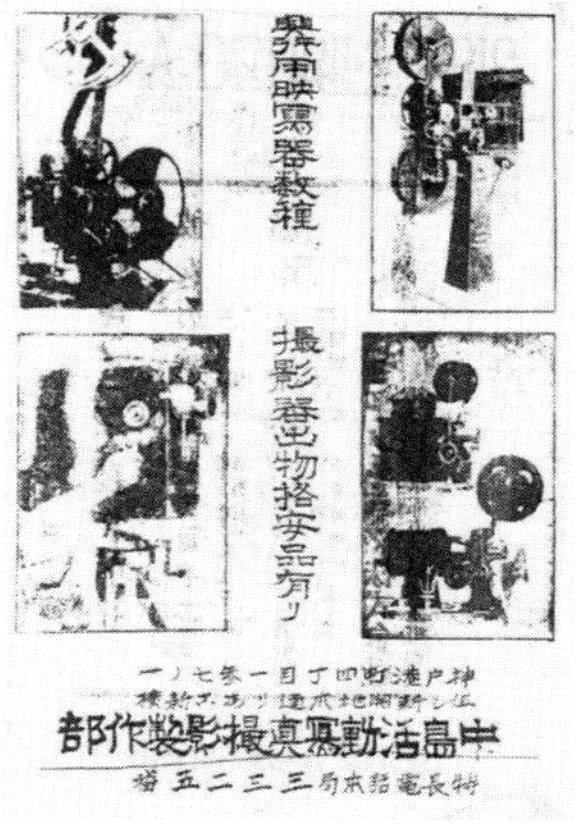

雑誌『国際と映画』（1924年）の中島活動写真撮影製作部の広告（世良利和蔵）

　『昭和十七年　映画年鑑』によると、「中島映画製作所」は一九一二（明治四五）年創立で、住所は兵庫区湊川町。昭和初期の神戸市商工名鑑では、社名は「中島キネマ」や「中島映画」で、住所は湊町三。『日本映画事業総覧　昭和三・四年版』は西隣の永沢町と記す。『兎と亀』には出資をしたのか、詳細は分からない。タイトル部分にはつないだ跡があり、絵のタッチも本編と異なる。一九四一（昭和一六）年には文部省の「国民学校課外用映画」に選定されており、後に作成された上映用フィルムに、「教育お伽漫画」のタイトル画を付けた可能性もある。

謎の多い中島映画だが、『罪の悶え』（一九二六年）、『月照と西郷』（一九二八［昭和三］年）など劇映画の製作記録もある。一九二七（昭和二）年に阪東妻三郎プロダクションを脱退した神戸出身の〝スポーツ俳優〟澤田義雄が設立した大日本活劇プロダクションも中島映画内に置かれていたと、住所からは推測される。

さらに中島映画が初期の沖縄映画の製作に関わっていたことも興味をそそる。『沖縄劇映画大全』の著者世良利和さん＝岡山市＝によると、内務省の「検閲時報」（一九二五［大正一四］―一九四四［昭和一九］年）を調査すると、沖縄産映画は少なくとも一四本あり、大半が中島映画の製作だという（『沖縄文化』一一八号）。記録映画も二本確認され、撮影技師を神戸から沖縄へ派遣していたと世良さんは推測。「沖縄における映画製作の揺籃期に果たした役割は見逃せない」とする。

「新開地を歩くと、夫が『写真のおっちゃんがおったとこや』と言うてました」と話すのは中島ミヱ子さん＝神戸市東灘区。亡夫の叔父の中島才吉こそ中島映画の主で、写真館を営んでいたと伝え聞く。才吉は一九一九（大正八）年の神戸写真師会創立時からの会員で、大正末には撮影・映写機の販売から映画製作にも手を染めていたようだ。しかし、才吉は一九四一年に没。「神戸空襲で新開地がやられ、何もかも焼けたそうです」とミヱ子さん。現在、現存が判明している中島映画の作品は、一九三三（昭和八）年の第一回「みなとの祭」のニュース映画一本だけである。（田中真治）

◉第5章
神戸新開地のトーキー反対争議――映画館で働く人びと

吉原大志

◎――はじめに

一九三〇年代に入り、音声と映像が同時に発せられるトーキー映画が主流となるなか、映画館に勤める弁士や楽士たちによって、自らの雇用や待遇の改善をめぐる労働争議が行われた。こうした争議はトーキー反対争議と言われ、特に一九三二(昭和七)年には、四月の東京を皮切りに、六月には京阪神でもゼネストが行われるなど、各地の映画館で争議が広がった。

よく知られているとおり、サイレント期の映画館においては、弁士による台詞や説明、楽士による演奏が不可欠のものであった。映画の主流がサイレントからトーキーへと移り変わる時期に行われたこれらの争議は、映画館で働く人びとの雇用や労働条件をめぐるものであったことから、サイレント期の映画館が、どのような人びとの仕事によって担われていたのかを知るための手がかりとなる。

この章では、神戸においてたたかわれたトーキー反対争議について、それに関わる歴史資料を読み解きながら、当時の映画館で働いた人びとのありようを考えてみたい。

なお、当時の資料のなかでは、弁士について「説明者」や「解説者」という用語が使われることがある。その用語の使われ方じたい、歴史的な検討対象であるが、本章では便宜上、資料の引用文以外は「弁士」という表記で統一する。

◎———「トーキー反対争議」とは何か

日本の映画史に関する通史的な叙述では、必ずと言っていいほどトーキー反対争議について触れられており、基本的には弁士や楽士たちがトーキー化による失業の危機に対して起こした争議として位置付けられている。

こうした争議のうち、特に一九三二（昭和七）年に行われた争議は全国的な広がりを見せ、各地の映画館において争議がなされた。関西では京阪神を中心に各地の映画館で同時多発的に争議が発生し、神戸においては新開地がその中心であった。

このように、トーキー反対争議とは、映画上映のトーキー化が主流となることで、弁士や楽士たちが失業するおそれがあることから起こした労働争議として一般的には知られている。たしかに弁士たちが結成した労働組合は、このような趣旨の主張をしているので、この見方は決して間違ってはいない。

ただし、映画館での労働争議は、トーキー反対争議が初めてなのだろうか。トーキー反対争議の歴史的な意味をつかむためには、それ以前の時期からの流れをおさえる必要があるだろう。このような労働争議をめぐる歴史的な流れを把握しようとするとき、法政大学大原社会問題研究所（以下、大原社研）のホームページが便利である（https://oisr-org.ws.hosei.ac.jp/）。

大原社研は、日本の労働運動や社会運動に関する資料を大規模に所蔵している機関で、様ざまな現場で担われた運動に関する資料を閲覧利用することができる。そのホームページのなかにある「『社会・労働運動大年表』データベース」は、大原社研が編集した『社会・労働運動大年表』をデータベース化したもので、任意のキーワード検索が可能なことから、特定のテーマのもと、労働運動や社会運動の流れを確認することができる。

たとえば「弁士」をキーワードにしてこのデータベースを検索すると、トーキー反対争議以前の事例がいくつか確認できる。この検索結果のなかで最も古いものは、一九一三（大正二）年一〇月六日のもので、「日活所属弁士四〇人、弁士同盟会組織化、待遇改善を決議し会社と交渉」という記述を見出すことができる。さらに一九一五（大正四）年九月には、姫路の白鷺館という映画館の弁士が、経営方針に反対してストライキを起こしたという。

このように、大原社研の『社会・労働運動大年表』を調べると、トーキー反対争議以前にも映画館での労働争議が発生していたことが明らかとなる。しかもその時期は一九一〇年代前半であり、日本に映画常設館が誕生し始めた直後から、映画館に勤める弁士たちの行動があったことになる。

そうだとすれば、待遇改善要求や経営との対峙から生じた争議は、日本の映画史上、常に起こり続けてきたことになる。したがって、この節の冒頭で見たような、トーキー化による失業の危機をきっかけとして起こした争議というトーキー反対争議の一般的な理解だけでは、その歴史的意味をうまく捉えることができないだろう。それでは、その歴史的な意味とは何か。いくつかの歴史資料を素材にしながら考えてみたい。

◎――映画館で働く人びと

一九三二（昭和七）年に各地でたたかわれたトーキー反対争議は、映画館で働く人びとによって組織された労働組合が主体となって行われ、映画館ごとに経営者との交渉やストライキが行われた。当時の労働組合の資料には、映画産業や映画館で働くことについての同時代の現状認識が記されており、参考になる。そこで、映画館を含む映画産業に従事する人びとの労働組合が作成した資料から、映画館でどのような人びとが働いていたのかを前提としておさえておきたい。

その素材として、一九三三（昭和八）年に発行された日本映画従業員組合の『創立大会議案』を見てみよう。この資料からは、映画館での労働の多様さと、働く人びとの間での格差の存在が明らかとなる。これは国立国会図書館デジタルコレクションで公開されているもので、インターネットでの閲覧利用が可能である。

このなかでは、映画業界の労働者を、表1のように「スタジオ関係」と「映画館関係」とに分類したうえで、それぞれの置かれた状況を記している。前者は、俳優や製作現場の従業員を含むものである。本章の課題であるトーキー反対争議にかかわる映画館関係の従業員について見ると、この資料のなかでは、映画館の従業員を「俸給生活者」として、デパートの従業員や会社員と同じ社会的地位にあるものと捉えている。そのうえで、弁士や楽士は、「各自の特有の技能を持ってゐて、それを職業の基礎としてゐる」から、画家や文士、一般の音楽家と同じ社会的立場にあるように考えられるが、画家や音楽家が「自由職業家」であるのに対して、弁士や楽士は「純然たる俸給生活者」であるから、共通の利害があると記している。

表1 「映画従業員」一覧

スタジオ関係
1.事務部員　2.企画部員　3.ニュース部員　4.脚本部員　5.技術部員（監督及び助監督）　6.技術部員（撮影技師及び助手）　7.俳優　8.現像係及び普通写真部員　9.タイトル係及び美術部員　10.大道具、小道具、木工係　11.トーキー部員及び音楽部員　12.衣装部員、結髪部員　13.電気部員、及び各製作係　14.自動車係　15.門衛、小使給仕　16.雑役係
映画館関係
1.説明者　2.楽士　3.技士　4.表方（下足係、フィルム運搬、ポスター・ビラ、掃除など）　5.女給（出札・改札・案内など）　6.その他（照明、暖房機関部など）

出典：日本映画従業員組合『創立大会議案』1933年（国立国会図書館所蔵）

たとえば、弁士については、個人的な技能によって映画館からの待遇が異なるため、それぞれの置かれている状況には大きな差異があるという。

次に、楽士については、映画館ごとに待遇が異なることが述べられ、ここでも演奏経験の有無によって格差があることや、使用楽器についてピアノ以外は自分で調達することが多く、待遇の悪い映画館では、楽器維持費が自弁であることが指摘されており、映画館から支払われる給与から自ら負担しなければならない費用があったことがわかる。

同様に、映写技師についても映画館による直接雇用と、配給会社からの派遣での待遇差のほか、映写機を稼働させる過酷な労働環境が指摘される。また、観客の入退場にかかわる女性労働者、下足係、フィルム運搬、掃除、ポスター・ビラの配布など、多様な労働によって映画館の運営が担われていた。

このうち、弁士の労働については、当時発行されていた新聞に、興味深い記述がある（『神戸又新日報』一九三二年六月三〇日）。それは、弁士のなかでも若手の「研究生」の存在である。「研究生」とは、言わば見習いのことで、上映作品の説明にも従事するが、基本的に映画館からの給与は発生せず、ベテラン弁士との師弟関係のなかで扶養される者であったという。映画作品の台詞や場面説明など、特殊な技能を有する職業であることから、弁士が旧来的な師弟関係のなかで養成されていたことは想像に難くないが、その生活は師からの扶養によって成り立っていたのである。

師であるベテラン弁士からすれば、自らが受ける給与をもって「研究生」の生計維持や技術養成にかかる経費を支払う必要があり、反対に「研究生」の側からすれば、労働者としてではなく、見習いの存在として養われながら弁士としての仕事を務めていた。このように、映画館における労働者としての弁士は、必ずしも労使関係の枠組みだけでは捉えきれない存在であったことが、こうした資料からはわかるだろう。

以上のように、当時の映画館にかかわる労働組合の資料からは、映画館のなかに、弁士や楽士以外にも、館の運営を支える様ざまな従業員が存在していることが明らかとなる。さらに、そうした従業員のなかにも、労働条件や待遇の面での格差があったことがわかるだろう。こうした映画館で働く人びとの存在を前提に、神戸におけるトーキー反対争議の経過をたどっていきたい。

◎――争議の経過をたどる

本章が取り上げる一九三二（昭和七）年のトーキー反対争議は、まず四月に東京で発生した後、六月から京阪神でも広がった。そのきっかけは、大阪・道頓堀の松竹座において実施された「無説明興行」であった。この時期の映画上映は、字幕スーパーをともなう作品や、トーキーであっても弁士による解説をともなうものなど、完全にトーキー化されているわけではなく、過渡期的な状況にあった。そのようななかでの松竹座における「無説明興行」は、それまで映画上映を成り立たせるために不可欠の存在であった弁士たちに大きな衝撃を与えたと考えられる。これに対して、京阪神の松竹系映画館に所属する弁士を中心に、松竹の経営陣および各館ごとの交渉が始まった。神戸においては、新開地にある松竹座、聚楽館、相生座が松竹系で、このほか同じ松竹系統の新興キネマ系の映画館、さらに独立館である錦座や、新開地以外の鷹取館や春日館でも交渉が行われた。

このようにトーキー反対争議は、いくつもの映画館で同時に、そしてそれぞれが連動しながら進んだ点に特徴がある。その背景には、争議が松竹系の映画館から始まったことに端的にあらわれているように、この時期には大手の映画資本によって系列化された映画館が複数あることから、トーキー化が館ごとにばらばらに進むのではなく、同時に進むという事情がある。トーキー化が資本の系列に沿って進むからには、それに反対する従業員たちの動きも同じように横の広がりをもって進むことになる。

また、トーキー反対争議は、それぞれの映画館の従業員が単独で担ったのではなく、労働組合の支援のもと成り立っていた。たとえば神戸の場合、一九三一（昭和六）年に神戸で設立された全国映画従業員組合（略称：映従）が他の都市にも拡大しながら弁士の組織化を進めていた。こうした職場横断的に支援を行う組合の存在も、同時多発的なトーキー反対争議を支えた条件のひとつであった。

それでは、各館でほぼ同時に進められた争議の経過は、どのように知ることができるだろうか。

ここでも、大原社研が所蔵する資料のうち、『協調会史料』という資料が役に立つ。協調会とは、第一次世界大戦後の労働運動の高揚に対応して、政府や財界によって一九一九（大正八）年に設立された団体で、主に社会政策や社会運動の調査研究を行うとともに、労働争議の調停などの活動を行った。協調会が作成・収集した資料のなかには、各地の争議の経過をまとめた文書や、労働組合の発行したニュースやチラシなどが膨大に含まれている。特に、協調会が個別の争議ごとに作成した報告書は、従業員及び経営側の動向を時系列でまとめたもので、争議の発生から交渉過程までの推移をたどることができ、現在は大原社研のホームページ上で閲覧することができる。

一九三二（昭和七）年の神戸におけるトーキー反対争議について、『協調会史料』には、表2のような資料が含まれている。以下では、そのなかから神戸のトーキー反対争議をたどってみたい。

表2　1932年の神戸におけるトーキー反対争議に関する資料

映画常設館明石座（1932.4.30-5.1）
菊水キネマ商会経営　二葉館（1932.3.8-3.13）
錦座映画従業員争議ノ件（1932.6.29-7.13）
三宮映画倶楽部争議（1932.6.30-7.5）
松竹興行株式会社系統映画従業員労働争議ノ件（1932.6.22-7.1）
常設式興行場千代之座（1932.3.22-4.9）
鷹取館映画従業員争議ノ件（1932.6.24-6.29）
遊楽館映画従業員労働争議ノ件（1932.6.29-7.13）
吉原興業部（三館）労働争議（1932.8.13-8.29）
春日館（1932.6.24-7.16）
明石　八雲座（1932.6.23-6.27）

出典：大原社研所蔵『協調会史料　第2集』

さきに述べた通り、関西のトーキー反対争議のきっかけは、道頓堀の松竹座における無説明興行の実施であったが、神戸の争議は、一九三二（昭和七）年六月二二日に、新開地にある松竹系三館（松竹座、聚楽館、相生座）の従業員組合が経営側に対して嘆願書を提出することから始まった。組合側は、全従業員に対して解雇、減給、労働強化をしないことや、トーキーについて、邦画・洋画を問わず弁士廃止に反対すること、やむをえず廃止する場合の廃止実施の猶予と転職手当の支給や解雇手当、退職手当の支給など、一四項目にわたる要求事項を松竹の経営者に提示した。

交渉においては、京阪神それぞれの館から従業員組合の代表者らが大阪の松竹本社において経営側との交渉を行ったが、結局まとまらず、従業員組合側は京阪神の松竹系で合同のストライキ、すなわちゼネストを六月二七日から決行した。神戸の新開地においては、こうした松竹系映画館の動きに呼応するかたちで、日活系の錦座においても六月二四日に従業員組合が経営側に対して嘆願書を提出し、同二九日からはストライキに入った。

松竹系のゼネストは同三〇日に経営側との覚書を交

図1　映画館の従業員たちの集会
（『神戸又新日報』1932.6.26）

わし、翌日から就業を開始した。錦座のストライキはこれ以後も続き、七月三日に開催された錦座経営者への糾弾演説会では、錦座従業員のみならず、他の映画館従業員や争議支援者らが約四〇〇名集まったという。

当初は弁士や楽士を中心とした錦座のストライキは、同七日には映画館内で飲食物などを販売する女性従業員も参加し、その規模が拡大した。さらに一一日、組合側は神戸市内二二館によるゼネスト警告文を発表し、交渉の進展を図ったが、これは警察の特別高等課（特高）からの警告をうけ中止となった。さらに、特高が調停を促したこともあり、一三日に労使双方が覚書を交わして、錦座の争議は解決した。

こうした松竹系や錦座の争議に並行して、菊水キネマ系の映画館や、春日館、鷹取館、遊楽館といった市内中心部以外の映画館でも争議が同時に発生していたから、六月末から七月なかばにかけては、神戸市内の主要な映画館で何らかの争議が継続していたことになる。

以上のように、『協調会史料』からは、神戸市内各地の映画館で展開した争議の経過をたどることができる。それでは、こうした争議の渦中にあった映画館はどのような状況だったのだろうか。以下では、争議が映画館の上映や観客に与えた影響について見ていきたい。

◎――ストライキ下の映画館

さきに見た『協調会史料』からは、争議の時系列的な流れはわかるものの、逆に言うと事態の推移が淡々と叙述されており、映画館という実際の空間で、人びとがストライキとどのように向き合ったのかまでは、具体的に読み取ることは難しい。

これに対して、当時発行されていた新聞には、多くの情報が込められている。以下では、ストライキ下の映画館がどのような状況であったのかを、当時発行されていた新聞から読み取ってみたい。その際、弁士たちの動きや、ストライキへの映画館側の対応、そして観客たちの反応に着目する。

一九三二（昭和七）年六月二七日、新開地の映画館三館を含む、京阪神の松竹系映画館一〇館合同によるゼネストが始まった。当日は、以下の『神戸新聞』の記事のように、弁士が舞台に立ち、観客に直接ゼネストの開始を宣言した。

『不誠意極まる会社に反省を促す唯一の手段はより強力なる団結の力によるゼネスト断行あるのみ……』と一くさり、猛烈な宣言をかっ飛ばして総連合の旗の下に京、阪、神三都の松竹系十映画館が正午のサイレンを合図に総罷業をやった（『神戸新聞』一九三二年六月二八

日）

すでに述べたように、神戸においては、前年に結成された映従が争議を主導したが、引用文中にある「総連合」とは、映従が属する日本労働組合総連合のことである。映画館の弁士たちは、台詞や説明を観客に語る高度な技能を有している。その技能をもって右記のような宣言を行ったというから、その場にいた観客たちにとっては、かなりのインパクトがあったのではないだろうか。

図2は、昭和期の映画館の見取り図であるが、ここに描かれているように、一般的にステージの脇には弁士たちの控え室があった。ストライキを始めた弁士たちは、こうした控え室を拠点に「籠城」し、市内へのビラやポスターの散布を行った（図3・4）。こうした弁士たちの動きのなか、ストライキ下の映画館はどのような状況であったのかを見てみたい（以下、『神戸新聞』一九

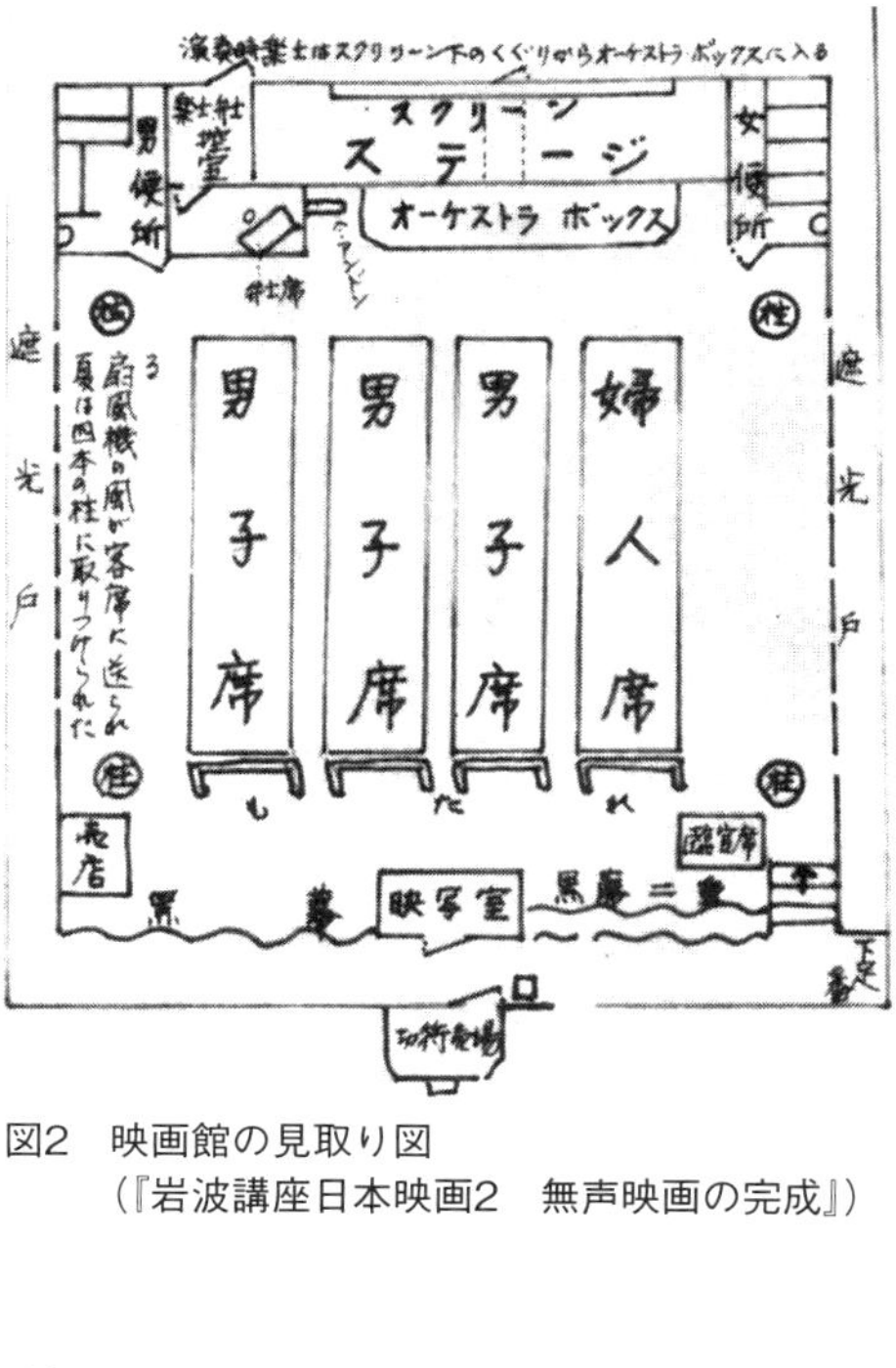

図2　映画館の見取り図
（『岩波講座日本映画2　無声映画の完成』）

三二年六月二七日（夕刊）、同二八日）。

まず聚楽館の経営側は、ストライキをうけて『マダムと女房』（一九三一年）や『上陸第一歩』（一九三二年）などのトーキー作品を臨時に上映して対応した。同様に松竹座も、すべてトーキー作品を上映した。特に松竹座の経営者は、ストライキ以前から弁士による説明をともなわない上映経験を有するため、影響は大したことはなかったと『神戸新聞』に語っている。

これに対し、相生座はトーキー映画の上映設備がなかったようで、加古川から臨時に弁士を雇って上映したという。さらに、俳優のフ

図3　弁士たちの「籠城」
（『神戸新聞』1932.6.28）

図4　錦座での争議ポスター
（法政大学大原社会問題研究所所蔵）

ァンがいるため、弁士がいなくとも興行への影響は少ないと相生座の経営側は述べた。このように、トーキー上映が進んでいるかどうかによって、映画館ごとにストライキへの対応は異なっていた。ストライキの映画館への影響については、経営側のストライキへの認識を割り引いて考える必要があるが、相生座における俳優ファンの存在のように、観客が上映作品に何を求めていたのかもかかわってくる。そこで次に、観客の反応を見てみたい。

一九三二（昭和七）年六月二八日付けの『神戸新聞』には、ストライキ当日の松竹系映画館の様子を取材した記事が掲載されている。以下、これをもとに各館の様子を見ると、次のようであった。まず松竹座は、アメリカの『君とひととき』（*One Hour with You* 一九三二年）を上映した。客席は七分から八分ぐらいの入りで、若い観客二人が、弁士の説明がないことについて、「却って静かでよかアないこと?・」と述べていたという。このように、争議前から外国作品を中心にトーキー作品を上映していた松竹座においては、外国人観客の存在もあり、弁士による説明がないことは、観客によっては逆に歓迎される部分もあったと推測される。

聚楽館ではサイレント映画『鞍馬天狗　颱風の巻』（一九三二年）を無説明で上映し、観客の入りは七分強で悪くなかったが、「説明者に何んとか云って貰ひたい一抹の物足りなさ」があったようだ。

サイレント映画を上映していた相生座では、阪東妻三郎の『春秋編笠ぶし』（一九三二年）を上映していたが、阪妻の演技に対して、やはり弁士による説明がないために物足りなさがあったらしい。こうした状況に対して、観客のなかには、「弁士さんゐやはりますか」と従業員に尋ねるなど、弁士の説明を期待していた観客にとっては、物足りないところがあった。

以上のように、映画館ごとにトーキー上映が進んでいたかどうか、上映作品の中心が邦画か洋画かなど、映画館ごとの条件のちがいによって、その観客が異なることから、映画館従業員のストライキの影響は、館によって異なっていたことがわかる。

とは言え、このときの争議は、従業員側にとって、おおむね有利な条件で解決となった（『神戸新聞』一九三二年七月一日）。ストライキを担った映画館従業員の要求内容には、単に自身の待遇改善に留まらない側面があったが、最後に、従業員側の主張について確認したい。

◎——映画館従業員が求めたもの

すでに見たように、組合側の要求事項は、トーキー化による弁士廃止への反対、廃止実施の猶予、解雇手当や退職手当の支給、その他の諸手当や昇給、説明部の増員や、見習い生の会社雇い、女性従業員の待遇改善など、日常的な映画館労働の矛盾を指摘するものであった。最終的には解雇猶予、退職手当支給、公休日に関する規定などの覚書を締結することで、おおむね組合側の要求が認められる結果となった。

ただし、争議における要求事項の成果がどのように上がったかだけでは、その意味は捉えきれない。映画館従業員たちの要求に、どのような意味があったのか、本章冒頭で見た映画館の多様な労働と格差の存在を念頭に、そのことを考えてみたい。

それを知る際に手がかりとなるのが、従業員組合が発行したニュースやチラシなどである。こうした資料は、大原社研に多く所蔵されているが、従業員たちの主張からは、日常的な映画館労働の矛盾を幅広く共有しながら、それを乗り越えようとする意志を読み取ることができる。

そもそも、映画館従業員にとってトーキー化とはどのようなものだったのだろうか。一九三二（昭和七）年の神戸におけるトーキー反対争議について、組合側がまとめた冊子には、次のような内容が述べられている。

云ふまでもなくトーキーの出現は近代科学発達の必至的産物としての不可避的なものである。この文化の必然的進歩に反対し或は阻止せんとすることは、今更喋々《ちょうちょう》するまでもなく明らかに反文化的言動である。然しトーキー出現の現象を、社会的経済的観点に於て見るなれば、トーキーの出現に依って「生活依拠手段の滅亡」に遭遇する吾等映画従業員の存在することも、忘れてはならぬ事実として批判の対象とせらるべきである。

即ち、之を吾々の立場に於て云ふなれば、トーキーの出現は資本家的産業合理化の進行を意味して居るのであって、之に対する吾等の闘争は一見反文化的であるかの如き様相を呈するが、闘争の核心的目標は明らかに資本主義的産業合理化であるのだ。（『映画労働者の戦蹟』

一九三三年〔法政大学大原社会問題研究所所蔵『松竹系京阪神映画常設館争議　一九三二　六
遊楽館・春日館争議　一九三二　七など』に所収〕）

最初のところで述べられている通り、争議の担い手たちは、映画のトーキー化を「文化の必然的進歩」として認めるものの、それだけではなく、「社会的経済的観点」から捉えようとした。その観点からすれば、トーキーの出現とは、「生活依拠手段の滅亡」を意味するものであった。つまり、映画館従業員にとってトーキー化は、「資本主義的産業合理化」、言い換えれば経営側の必要によって従業員の解雇を行うことであって、それに反対する争議は、単にトーキー化への反対ではなく、「資本主義的産業合理化」へのたたかいということになる。このように、トーキー反対争議の担い手たちの視座は、トーキー化に限定されるものではなく、他の労働争議と同じく産業合理化一般、つまり従業員の解雇や労働条件の悪化一般を問題化するものであった。

こうした視点からすれば、トーキー反対争議は、弁士や楽士だけに関わるものではなく、映画館に勤める従業員全体に関わるものということになる。実際、新開地のトーキー反対争議を担った全国映画従業員組合の決議文では、「今回ノ闘争ハ全映画従業員ノ生活権確定ノ基準ヲ決スル一大事デアル」と述べ、単にトーキー化による弁士や楽士の失業ではなく、「全映画従業員ノ生活権」に関わるものと位置付けていた（「松竹興行株式会社系統映画従業員労働争議ノ件」〔法政大学大原社会問題研究所所蔵『協調会史料』〕）。従業員組合からすると、トーキー反対争議の主体は、弁士や楽士だけではなく、「全映画従業員」による共闘であった。
そのことを示すように、松竹系映画館の争議に続いて行われた錦座の争議においては、争議団に女性従業員が参加し、注目を集めた。従業員組合は、その意味について、次のように述べている。

我が映従［全国映画従業員組合］が唯単に一部説明者楽士・技師のみの生活権を守るためのものでなく映画資本家共に最後の生血の一滴までも搾取されつゝあった全国に散在する映画従業員総ての利害のために斗ってゐる
［中略］
吾映従が唯説明者楽士のみの問題を取り揚げたとすれば争議をやらずとも要求の総てを取り得たのである。
何故ゼネストをやったか？
錦座、春日座、遊楽、は何故やりつゝあるか？
全従業員の生活権を確立させるためだ！（総連合・全国映従組合『ストニュース No.8』一九三二年［法政大学大原社会問題研究所所蔵『松竹系京阪神映画常設館争議 一九三二 六 遊楽館・春日館争議 一九三二 七など』に所収］）

ここに述べられている通り、組合側にとってトーキー反対争議は、「一部説明者楽士・技師のみの生活権を守るためのもの」ではなく、「映画従業員総ての利害のため」であった。本章のはじめに見たように、映画館の従業員には多様な労働があり、様ざまな局面での格差が存在していた。そうした労働のちがいや待遇のちがいを超えて「全従業員の生活権」をかけたたたかいが、従業員組合にとってのトーキー反対争議であったということができる。

勝利をうたふ錦座從業員市中デモ（けさ本社前にて）

反トーキーの凱歌
錦座も急轉解決す
平田湊川署長の意氣に感じ
十五日に亘つた映從爭議

前通り平和に
錦座 前田支配人談

図5　争議解決を報じる記事。写真は喜ぶ錦座の従業員（『神戸又新日報』1932.7.14）

こうした考え方にもとづいて行われたトーキー反対争議については、当時どのように捉えられていたのだろうか。その一端を示すものとして、一九三二（昭和七）年七月一日付けの『神戸又新日報』紙上に連載された「映画解説者物語」という連載の記事を見てみたい。

このなかでは、トーキー反対争議について、「機械と戦ふナンセンス」と理解しようとする向きを批判する。そのうえで、「映画の興行会社はあれほどの事業とあれほどの従業員を擁してゐながら待遇に関して起る問題を解決する内規といふものさへ殆ど持たなかった」として、基本的な労働条件をめぐる契約の不備に争議の要因を求めた。

本章冒頭で見たとおり、弁士の労働においては、見習いの「研究生」のように、正式に館に雇用されず、ベテラン弁士によって扶養される者が存在するなど、雇用契約にもとづいた労使関係が確立されていたわけではなかった。『神戸又新日報』は、その点を特に問題視し、トーキー反対争議をこうした「因襲」から抜け出そうとしたものとして位置付けたのである。

◎——おわりに

ここまで本章では、一九三二（昭和七）年の神戸におけるトーキー反対争議について、その経過や、映画館従業員が求めたものを歴史資料から読み解いてきた。最後に、本章の内容を整理しておきたい。

映画館には多様な労働のあり方が存在し、従業員間での格差が存在したほか、雇用契約にもとづいた労使関係が必ずしも確立されていないなど、労働条件をめぐる「因襲」が存在していた。そうしたなかで映画資本の系統に沿って進められたトーキー化は、争議のゼネスト化、映画館従業員たちの共闘につながっていった。争議の担い手たちにとってトーキー化は「資本家的産業合理化」であり、全映画従業員の「生活権」擁護のためのたたかいがトーキー反対争議であった。

トーキー反対争議は、従来は単に弁士や楽士が失業の危機から起こしたものとして捉えられてきた。しかし本章で見てきたように、トーキー化による弁士や楽士の失業が争議のきっかけとなったものの、争議は、もともと映画館労働のなかにはらまれていた矛盾を乗り越え、打ち破る意志のもと取り組まれたものであった。トーキー反対争議からは、労働という切り口を通じて、映画館をめぐる人びとの生活や意識のありようを知ることができる。

現在の日本社会においても、長く続く雇用の流動化によって、本人の意志に反して非正規雇用のまま仕事を続けている人びとが多くいる。特に若者の場合、そうした状況は、個人の夢や希望にむけたステップのひとつとして美化された形で位置付けられがちである。歴史的な事象と現在とを安易に結びつけることはできないが、本章で見た弁士の「研究生」の事例は、そうした現在の日本社会の労働をめぐる矛盾を想起させはしまいか。

自らに関わる問題だけでなく、それを少しでも幅広く共有しながら、より普遍的な問題の解決を目指そうとしたトーキー反対争議が示す展望は、現在に生きる私たちの労働や生活を捉えなおすきっかけを与えてくれているように思う。

◎コラム9

字幕スーパーと『一粒の麦』

西宮市と尼崎市を分かつ武庫川河口のほとりに立つ、武庫川女子大の甲子園会館。モダンな建築は一九三〇（昭和五）年の落成時、「甲子園ホテル」といった。かのフランク・ロイド・ライトの高弟・遠藤新《あらた》の設計で、ライトが設計した東京の帝国ホテルと並び称される、西の社交場だった。

「このホテルが日本語スーパー字幕翻訳監修という新しい職業の誕生の地」だと、字幕スーパーの第一人者・清水俊二《しゅんじ》は書いている（『映画字幕《スーパー》五十年』）。一九三一（昭和六）年一〇月、ハリウッドのメジャー会社メトロ・ゴールドウィン・メイヤー（MGM）の大阪支社宣伝部長の清水は甲子園ホテルに呼び出される。ロビーにいたのは『キネマ旬報』主筆の田村幸彦《よしひこ》。字幕スーパー第一号『モロッコ』（一九三一年二月日本公開）を手掛けた人だ。ニューヨークでパラマウント社の字幕を作る気はないか―この誘いが〃字幕

原節子主演の日独合作映画『新しき土』をはじめ、現在も映画やドラマのロケに使われる旧甲子園ホテル＝西宮市戸崎町

屋〟誕生の瞬間だった。

ハリウッドのメジャー各社は、一九三〇年までにサイレント映画からトーキー映画に移行しているが、日本では弁士と楽団による無声映画式の上映が続いていた。だが、『モロッコ』のヒットによりパラマウントは字幕スーパー化をいち早く決断する。当時、洋画の上映用フィルムはすべて外国から送られていた。字幕スーパーを入れられる現像所は日本になかった。字幕をスライド投影する方式の「サイドタイトル」は読みづらさと操作ミスがつきまとった。吹き替え版を試みたのはフォックス社。だが、在米日系移民の訛りのため、根付かなかったという。

清水はコロムビア、ユナイテッド・アーティスツ（ユナイト）社の作品を含む四四本の字幕を手掛けて、一九三三（昭和八）年五月に帰国。極東フィルム研究所（現ＩＭＡＧＩＣＡ Ｌａｂ．）で字幕スーパーの製作が可能になったことによる。やがて、台詞一秒あたり四文字、一行一〇文字（横書きの場合は一三文字）までといった字幕ルールが確立する。こうした制約から「君の瞳に乾杯」（『カサブランカ』、高瀬鎮夫訳）、「今夜の酒は荒れそうだ」（『第三の男』、秘田《ひめだ》余四郎訳）のような名台詞は生み出された。

だが、なぜ東京出身の清水が関西に来たのか。一九二三（大正一二）年の関東大震災で映画製作は関西に集中。撮影所、監督や俳優が移り、キネマ旬報編集部も西宮・香櫨園に移転した。外国映画会社もパラマウントが商船三井ビル、ユナイトが明海《めいかい》ビルに避難したのを皮切りに、ユニバーサルを除く六社が神戸に本拠を置き、「図らずも映画の都に」と

『神戸新聞』（一九二四［大正一三］年八月三〇日付）は報じる。神戸は洋画の封切り場となり、オリエンタルホテルでの試写会には少年の淀川長治も通った。

　東大で映画研究会を作り、『映画評論』誌の同人だった清水は一九二九（昭和四）年、神戸・滝道のワーナー・ブラザースに入社し、トーキー化に伴う検閲用の翻訳台本作成に携わった。宣伝部長の楢原茂二は、雑誌『新青年』に寄稿し、谷崎潤一郎らの交遊圏にも名を連ねる人物。映画も、神戸・阪神間に花開いたモダニズム文化に大きく寄与した。

　英語字幕の入る神戸ゆかりの日本映画も、同時期にあった。神戸の社会運動家・賀川豊彦原作の無声映画『一粒の麦』（一九三二［昭和七］年）は、「排酒同盟」の演説会看板のショットに、内容を説明する英語の字幕スーパーが付く。同作は、賀川が前年の北米歴訪に持参し先行公開されたことが分かっており、「海外上映を前提にした比較的初期の作品では」と板倉史明・神戸大准教授はみる。字幕スーパーの黎明期に英語字幕を焼き込んだ邦画作品として、興味深い。

（田中真治）

『一粒の麦』（1932年、福西ジョージ監督）
提供：神戸映画資料館

◎コラム10

神戸の映画配給会社――野田商会

映画は学校でも上映されていた。映画や映画館がいかがわしくみられていた時代があった。

一九一一（明治四四）年、犯罪映画『ジゴマ』のヒットと非行の関係がクローズアップされる。暗く不衛生な環境と活動弁士の不品行が問題視された。兵庫県は映画検閲や男女別席、観客と演者の接触制限などの興行場取締規則を同年に制定。映画への統制と教育的観点からの批判が高まっていった（吉原大志「一九一〇年代湊川新開地における活動写真と『不良少年』」）。

しかしその後も、少年掏摸《スリ》団の映画館荒らしや弁士の誘惑による家出などが新聞を賑わす。神戸市では一九二八（昭和三）年に児童映画日《デー》を計画するも、大阪毎日新聞社の学校巡回映画連盟加入に方針を転換する。一九三一（昭和六）年には神戸市初等教育研究会が映画部を創設し、神戸市では社会教育課映画部がフィルムライブラリーの貸し出しを行った（五島泰三「神戸市の映画教育」）。映画教育運動は、教育的環境での教育的映画の上映にシフトしていった。

昭和初期からの一六ミリ映写機の普及も教育映画の上映に一役買った。軽量簡便で安価、フィルムが不燃性という安全面からも普及が進む。教育映画の製作や配給を手掛ける中小の会社も各地にできた。大阪の奥商会やサワタ映画製作所は、映画史家・田中純一郎の『日本教育映画発達史』でも言及され、名をとどめる。

だが、神戸の「野田商会映画部」は知られていない。社長の野田次一は一九三九（昭和一四）年創立の「日本十六粍《ミリ》映画協会」の監事。東京日日新聞映画部の稲田達雄、奥商会の奥三代松ら教育映画界の有力者に次ぐ要職にある。販売する映写機「太陽」は、十字屋の「ベル」、「エルモ」と並び、昭和一〇年頃の代表的機種に挙がる（鈴木喜代松『映画教育論』）。一九三七（昭和一二）年創刊の『神戸映画教育』誌（神戸市初等教育研映画部発行）にも、野田商会の広告を見つけることができる。

「野田のおじさんはチャプリンのようなヒゲに円い黒縁眼鏡の、豪放磊落な人でした」。そう話すのは、一九四一（昭和一六）年生まれの栄君代さん＝神戸市垂水区。父親が野田と同じ佐賀出身の縁で、戦前から映写技師として勤めていた。下山手通六丁目にあった会社も記憶する。「市電筋の浜側の白いガラス戸のビルで、机と椅子がとんとんとんと並んでました」

野田商会の目録のフィルムは約七〇〇本に及ぶ。講堂映画会の標準的プログラムはニュース、漫画（アニメ）にメインが劇映画。目録の劇映画一〇六本には『闇の手品』（コラム7参照）や『一粒の麦』（コラム9参照）に、千葉泰樹監督（兵庫県立神戸商業学校出身）の現存最古の作品『義人呉鳳《ぎじんごほう》』（一九三二［昭和七］年製作）もある。台湾先住民の首狩りの風習を、わが身を犠牲にしてやめさせた清朝の官僚が主人公。現在では植民地主義的なフィクションとされるが、当時は教科書を通じ広く普及した美談で、これも〃教育的〃映画として選択されたのだろう。

資材統制で映写機が製造不能になる一方、一九三九年の映画法で文化映画の強制上映が始まり、一六ミリフィルムの業者も映画館向けの作品製作に乗り出す。野田商会も文化映画『わら』（一九四二〔昭和一七〕年）などを製作したようだ。神戸には、当時唯一といわれる児童専門館「兵庫学童映画館」（一九四一〔昭和一六〕年）、次いで「元町学生映画館」（一九四二年）も開場した。

『義人呉鳳』（1932年製作、千葉泰樹、安藤太郎監督）
提供：神戸映画資料館

だが、映画統制で二百数十社といわれる文化・短編映画業者は統合、転廃業。野田商会は戦後も生き延び、「野田映画社」の名を一九五四（昭和二九）年の『神戸市商工名鑑』に見つけることができる。栄さんによると、垂水小学校近くの民家でフィルムの貸し出しや、栄さんの父親と弁士による巡回映写を続けていたというが、それも「一九五五（昭和三〇）年頃までやったと思う」。日本映画の全盛期、映画館のにぎわいの陰で、野田商会は歴史を閉じた。

（田中真治）

◉第6章

焼け跡の映画興行をめぐる占領と復興

村上しほり

◎——はじめに

第二次世界大戦の終戦を迎えた一九四五（昭和二〇）年八月、映画産業は劇映画製作会社、松竹、東宝、大映の三社で、劇映画製作本数も戦前規模の半分以下となっていた。製作の再開された日本映画は、連合国軍最高司令官総司令部（General Headquarters＝GHQ, 以下、GHQとする）の検閲のもとに置かれるようになり、外国映画は一九四六（昭和二一）年二月にGHQの外郭団体として設立されたセントラル映画社（Central Motion Picture Exchange＝CMPE）のもとで管理され、配給された。

占領期の映画に関する研究は、一九九〇年代より多くの論考や著作が発表され、検閲の実態やCIE映画（CIE＝Civil Information and Education Section, GHQに置かれた民間情報教育局）について解明が進められてきた。しかし、当時の神戸でどのような映画が上映されていたのか、空襲前と映画館の分布は変わったのか、進駐を始めた米兵たちは何の映画を観たのか、などについて言及する著作や研究は、ほぼ見当たらない。特に米兵の動きについては、地域に記録が残されていないためにこれまで具体相が知られることもなく、神戸の復興と占領の相関を捉えようとする視点は完全に欠落していた。

神戸は第二次世界大戦による甚大な空襲被害を受けた都市である。その戦後の初動は、一九四五（昭和二〇）年九月二五日のＧＨＱ部隊の到着に始まる占領期と、さまざまな主体の営みが織りなす戦災復興期の重なり合いにあった。

戦災で傷ついた神戸では、新開地の映画館は聚楽館と松竹座のみを残して全滅、三宮でも大半が罹災して終戦を迎えた。しかし、終戦から一週間で「健全娯楽の展開　県当局積極施策断行　映画と演劇の復活」（1945.8.22）[注1]と、戦後初めて『神戸新聞』で娯楽の復活への言及があらわれる。一方では、翌月末に来神する「連合国軍」[注2]のために歓楽地を復興しようとする機運も高まっていく。

本稿では、重なり合う戦災復興期と占領期が始まって間もない神戸において、地域住民たちが

注1　本文中の算用数字の年月日の表記は『神戸新聞』の掲載紙を示すものとする。（例）一九四五年八月一五日＝（1945.8.15）
注2　本稿においては、占領下の神戸で「占領軍」「進駐軍」「ＧＨＱ」等と呼ばれた駐留米陸軍部隊について、総じて「連合国軍」と呼ぶものとする。

新開地の映画館を再建したプロセスを、当時の『神戸新聞』の記述から跡付けるとともに、連合国軍が米兵のために設置した神戸における娯楽施設の様子を、米軍側の記録によって照らしだす。

◎——焼け跡の神戸における映画興行の再建

戦後初期から一九五〇年代へと続いていく映画興行の盛り上がりの形成プロセスは、復興と占領の影響下に映画館が再建されていく動向として始まった。なかでも、一九四五(昭和二〇)年から二、三年の戦後まもない時期の映画は、日本人の娯楽の復興にとって大きな位置を占めた。

興行街としての復活を目指す新開地

終戦直後、神戸の映画館と言えば新開地であった。劇場なども含めた興行街としての新開地の復興は、神戸市民の待ち望んだものだった。一九四五(昭和二〇)年八月二三日には、全国的な演劇と映画の復活が『神戸新聞』で報じられ、これらの興行を戦後の「健全な娯楽」の確立であるとして奨励する姿勢が見られた。

「夜間興行も差支なし　演劇や映画一斉に復活」

〔略〕国民生活の明朗化に一路を置いて映画演劇興行物などの娯楽機関が二十二日から全国

一斉に復活再開された。

映画、演劇、寄席その他興行物の再開については内務省からこの際健全明朗な国民生活の再建のうえから積極的な指導と育成を期し、具体案を練っていたが、情報局、業者勢打合せのうえ二十二日からこれら娯楽関係の復活再開を許可しその旨全国各関係方面に指導した。同時に従来厳行されていた上演時間の制限も一応撤廃され、夜間の興行も差支えないことになった。（1945.8.23）

同記事によると、映画、演劇、寄席その他興行物の再開について、内務省が情報局や業者たちと打ち合わせて同年八月二二日に再開許可を全国に伝え、戦時体制として布かれていた上演時間の制限が撤廃され、夜間の興行も許可されるようになったという。

さらに、八月二八日には、「国民娯楽の王座を占めるものは映画だからその完全復旧が一番急がれなければならぬ」とまで言われる一方で、進駐を受ける前から「米上陸軍の宣伝機能管理？」や「米映画の一斉進軍」と題された記事も見られ、連合国軍の占領に伴って受けるであろう情報統制を案じる声も上がっていた（1945.8.28）。

この流れの中に、戦災を受けた新開地や三宮や元町における映画館の再建がなされていく。一九四五（昭和二〇）年一〇月には、当時の新開地の復興を「賑いを取り戻した盛り場として」描く記述が新聞紙面に見られ（1945.10.17）、興行街としての再興を目指す姿に期待が寄せられた。

しかし、新開地本通りに面した映画館・劇場の再建は、資本と都市計画に阻まれていた。焼け跡に映画館を建設して映写設備を整えるためには一館あたり最低百万円の資金を要した(1945.10.23)ことに加え、行政の復興街路計画によって十二間道路(約二一・八メートル)は三〇間(約五四・五メートル)へと拡幅されることに決まっていたのだ。これでは、急いで映画館を建ててもまたすぐに移転を求められる。そんな事情を鑑みて、新開地の興行街再建は、しばし待たれたのであった。

半年余りが経った翌一九四六(昭和二一)年五月には、計一一館の映画館、劇場、寄席が新設あるいは復活する見通しが伝えられ(1946.5.12)、翌六月には一二件の新築許可願が出された。しかし、同年五月二九日に公布された臨時建築制限令によって、料飲店や映画館をはじめ一五坪以上の住宅・店舗の新増築が禁止され、盛り場の復興計画は頓挫の憂き目にあう。本来ならば計画は白紙に戻るはずだったが、兵庫県警による計らいで「新開地歓楽街の映画劇場に限ってその臨時建物制限令の特例」(1946.6.13)をつくることが提案された。こうして、新築許可申請中だった新開地の映画館と劇場一二館は、三ヵ月以内に新築することを約して、全面的に新築が許可され、ようやく新開地の興行街としての復興が動き出した。

昭和初期の三宮の市街化と映画興行

神戸市内でも新しい市街地であった三宮は、新開地と同じく戦災によって焼け野原と化し、復興の過程では闇市や娯楽機能の殷盛《いんせい》に初速を得て、大いに発展したエリアである。焼け跡からの三宮の発展には、多民族の闇市営業や連合国軍の駐留といった戦後に特有の事情も係わったが、それらが現れる基盤となったのは、戦前までの鉄道や道路を中心とする交通整備と市街地整備の進展であった。

一九三〇年代には、省線（現・ＪＲ線）の高架化と現在の位置での三ノ宮駅の設置、そして阪神電気鉄道の三宮地下乗り入れと元町までの延伸、さらには阪急電鉄（当時の京阪神急行電鉄）の高架橋を使った三宮乗入れが、ほぼ同時期に相次いで実現した。これに伴い、阪神三宮駅と阪急三宮駅にそれぞれ駅ビルが建設され、前者は一九三三（昭和八）年にそごう神戸店として、後者は一九三六（昭和一一）年に映画も上映していた阪急会館や大食堂の入った神戸阪急ビル（東館・西館、設計・阿部美樹志、施工・竹中工務店）として開業し、三宮は複数の映画館を備えて人を集める新興市街地へとなりゆく動向を見せた。この性格は、戦中の統制や戦災による停滞を経て、戦後の商業・娯楽機能の復興へと引き継がれていく。

一九四〇（昭和一五）年に神戸市観光課によって発行された観光案内書『楠公精神発祥の地　神戸』では、「三宮は近代神戸の心臓部」と記され、鉄路・道路のハブとしてその地位を確立した様子が表現された。また、鉄道高架下に「中級層の客を目標とする飲食店、映画館、売店、遊技場等四、五十軒が一団となって「三宮楽天地」を形成している」というように、映画館や飲食店などによる娯楽地帯が、すでに神戸阪急ビルに続く西側に形成されつつあったことも、わずかに残された記録から読みとれる。
しかし、終戦直後の三宮に生じた盛り場は、『神戸新聞』紙上で次のように表現される。

神戸の盛り場は新開地帯であるが、その次は元町―三の宮間の省線ガード下だ。戦前かつてこのガード下を盛り場として計画されたようだがそれは余り芳ばしくはなかったようだ。ところが終戦の今も盛り場としての要素を欠くだけに兎角暗い面が色こくそれだけに建設的線は細いわけだ。即ちここでは映画館も娯楽場もなくただ人目をひくのは妙な饅頭を二、三十個ばかり入れた籠を抱える支那人の行商人である。(1945.9.17)

すなわち戦後一ヵ月が経った頃には、まだ戦前に生じた三宮の娯楽地帯は再建の兆しもなく、その代わりに闇市の端緒となる饅頭売りの行商人が現れていたというのだ。また、この記事には「盛り場」というものは映画館や娯楽場が必須であるという当時の認識が、明確に表れている点も興味深い。

映画館の再建にみる戦後復興の初動

一九四五(昭和二〇)年一二月の時点で開館していた映画館を以下に挙げると、戦火を免れた新開地の聚楽館と松竹座、六甲の六甲松竹をはじめ、西新開地の文化映画館と松竹館、そして阪急ターミナル街の三宮映画劇場と三宮映画館であった。

神戸市内に再建された映画館を記録から追ってみると、一九四六（昭和二一）年八月から一九四七（昭和二二）年一月までの間に急速に再建が進み、新聞広告にあらわれる映画館の軒数が増加していることが見てとれる。

一九四六（昭和二一）年八月に「神戸市内主要映画館・劇場」として『京阪神復興名鑑』（文星館、一九四六）に掲載された映画館の分布をエリアごとに見ると、新開地三館、三宮三館、長田三館、兵庫二館、元町一館、春日野一館の計一三館であった（表1）。

それから半年弱が経った一九四七（昭和二二）年一月の『神戸新聞』には映画館三一館の新年広告が見られ、うち神戸市内は新開地九館、三宮八館、元町四館、長田四館、兵庫二館、春日野一館の計二八館にも及んだ（表2）。

その復興の例をいくつか拾ってみよう。戦時中に神

表1　1946年8月時点の神戸市内主要映画館・劇場13館

館名	エリア	住所	経営者
三宮映画館	三宮	生田区北長狭通1-10	川中　喜一
三宮劇場	三宮	生田区北長狭通1-7	山内　豊一
シネマパレス	兵庫	兵庫区兵庫駅高架下208	真武　喜代子
松竹館	長田	長田区久保町６（湊川3354）	宮繁　吉也
松竹座	新開地	兵庫区福原町89（湊川5203）	柴田　治夫
松竹洋画会館	元町	生田区相生町５日綿ビル3階（元町2649）	岡本　廣夫
昭和館	長田	長田区庄田町４－32（湊川4408）	廣岡　紀雄
第一映画館	新開地	兵庫区湊川町４-34-1	真武　喜代子
藤栄劇場	春日野	葺合区春日野道	山田　利雄
日本館	長田	長田区庄田町３-５（湊川1397）	粟屋　富雄
阪急会館映画場	三宮	生田区加納町４-５阪急会館4階	小林　義雄
八千代劇場	新開地	生田区中町１-34（元町580）	佐々木　芳治
ロキシー劇場	兵庫	兵庫区兵庫駅高架下208	真武　喜代子

（『京阪神復興名鑑』1946年をもとに筆者編集）

表2　1947年新年広告にみる神戸市内の映画館28館

館名	エリア	住所	宣伝文句
楠公前　八千代劇場	新開地	神戸市生田区中町一丁目	□□株式会社直営
新開地劇場	新開地	神戸湊川新開地	□□と劇の殿堂
キネマ倶楽部	新開地	神戸湊川新開地	菊水キネマ直営　アメリカ映画専門劇場
山陽映画会館	新開地	神戸湊川公園神有前	山陽電鉄直営　松竹映画封切
東宝国際劇場	新開地	湊川新開地	完璧たる東宝　東宝チェーンの陣容
神戸東宝映画劇場	新開地	湊川新開地三角公園前	完璧たる東宝　東宝チェーンの陣容
新開地第一映画劇場	新開地	新開地	第一興業（本社）省線兵庫駅高架下
神映洋画劇場	新開地	湊川新開地	アメリカ映画封切　神映チェーン
ロマンス座	新開地	湊川公園内	映画とアトラクションの殿堂　開場待たれる！
名画会館　ニッサン	元町（栄町）	生田区栄町一丁目四○（旧日産館内）	アメリカ名画上映館
神戸洋画会館（ＫＹＫ）	元町（栄町）	市電栄町四丁目電停前	洋・邦名画上映好ましい雰囲気の
朝日会館　神戸ＡＢＣ	元町（栄町）	栄町通一丁目電停前／省線阪神元町駅すぐ南	最高・最新の設備　アメリカ映画封切館
元町阪神会館	元町	阪神元町駅南	東宝映画封切
三宮阪神劇場	三宮	神戸・そごう階下	松竹映画封切
三宮劇場	三宮	生田区北長狭通一丁目	完璧たる東宝　東宝チェーンの陣容
三宮映画館	三宮	生田区北長狭通一丁目	完璧たる東宝　東宝チェーンの陣容
三宮キネマ	三宮	生田区三宮神社	完璧たる東宝　東宝チェーンの陣容
ＯＳ映画劇場	三宮	阪急三宮終点	待望の映画と実演の殿堂
生田劇場	三宮	生田区	大映封切場
セントラル洋画会館	三宮	三宮	アメリカ映画封切　神映チェーン
大洋洋画劇場	三宮	三宮そごう西入ル	アメリカ映画封切　神映チェーン
兵庫ロキシー劇場	兵庫	兵庫	第一興業（本社）省線兵庫駅高架下
兵庫シネマパレス	兵庫	兵庫	第一興業（本社）省線兵庫駅高架下
平和劇場	長田	神戸西新開地	東宝映画封切
日本館	長田	神戸西新開地	柏木チェーン　実演と映画で皆様を待つ☆皆様の娯楽場
昭和館	長田	西新開地	大映作品封切　神映チェーン
松竹館	長田	長田区久保町	松竹作品封切　神映チェーン
藤栄劇場	春日野	神戸春日野商店街上ル	大衆演芸演劇場

□は判読不能を示す。（1947年1月3日付『神戸新聞』をもとに筆者編集）

戸唯一のニュース映画館として開業した元町駅南の元町阪神会館は、一九四四（昭和一九）年に軍需行員の宿泊所となって休業を余儀なくされたが、一九四五（昭和二〇）年一二月という早期に改装して再開した。「開業待たれる」と一九四七（昭和二二）年一月に広告を打ったロマンス座改めロマン座は、一九四七年四月に新開地の三角公園西に東宝封切館として開業し、その後洋画館となった。新開地のキネマ倶楽部は、戦火で焼失するまで外国映画の上映館として知られ、一九四六（昭和二一）年九月に再建した時点ではアメリカ映画専門館であったが、のちに日活封切館に転向した。三宮の鉄道高架下にあったために戦火を免れた三宮映画館は、一九四七（昭和二二）年六月に内部を改装し、洋画封切館として営業を再開した。

このほか同時期には、六甲映画館や西大島の尼宝劇場、杭瀬の住吉劇場、板宿劇場、明石日活館、明石松竹なども新聞広告にあらわれ、一九四七（昭和二二）年二月から四月にも三宮エリアで邦楽座、東亜劇場が新築開館するといった活発な再建の動向が見られた。

戦後の映画界とアメリカ映画の興行

終戦直後には復興した映画館で上映できる新作日本映画が少なかったため、戦時中の旧作フィルムを何とか手に入れて上映することもあったという。そうした中でも、新作映画として松竹映画『伊豆の娘たち』（一九四五年八月）や『そよかぜ』（一九四五年一〇月）、東宝映画『歌へ！太陽』（一九四五年一一月）が終戦直後に封切られ、それに続き、戦後の性風俗をセンセーショナルに描いた接吻映画や社会風刺映画、暴露映画といったジャンルの作品がどっとあふれ出た。なお、一九四六（昭和二一）年七月には夏季の電力不足による節電が課題となり、映画館の興行もきわめて難しい状況に置かれた時期があった。

一方、アメリカ映画はＣＭＰＥの配給で、一九四六（昭和二一）年二月に日本封切第一号として『キューリー夫人』（*Madame Curie* 一九四三年製作）と『春の序曲』（*His Butler's Sister* 一九四三年製作）が公開され、それらを端緒に多数の作品が上映されるようになる。ＣＭＰＥは同年一〇月以降、東宝と松竹両系の大都市の一流館を主とする上映契約を変更し、独立の興行者及び日活系全国チェーンと上映契約を結ぶことにした。同時期、「日本映画史上未曾有」と言われた全映画製作及び興行界のストライキが生じてアメリカ映画の進出を偶然にも促進する結果となり、アメリカ映画専門館は全国的に増加した。一九四七（昭和二二）年夏頃には多くの地方中小都市にも設けられるようになった（朝日新聞社編、一九四九）。

一九四六（昭和二一）年八月から一年間に封切られたアメリカ映画は一五本、翌一九四七（昭和二二）年八月からの一年では二七本に上った。同時期に神戸でアメリカ映画を上映した館として、栄町

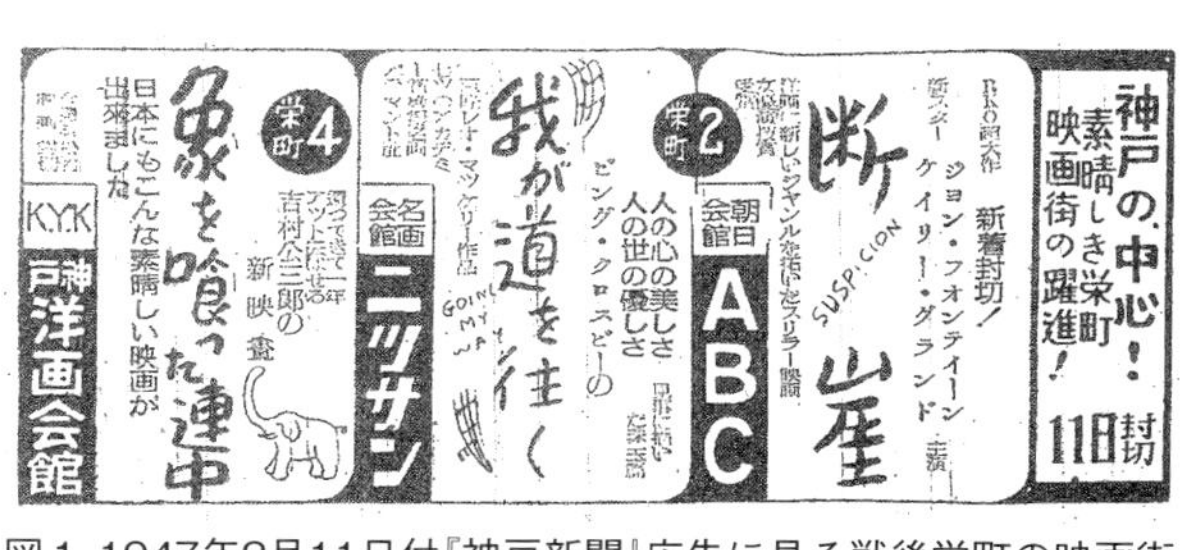

図１ 1947年2月11日付『神戸新聞』広告に見る戦後栄町の映画街

二丁目の名画会館・ニッサンや朝日会館・神戸ABC、栄町四丁目の神戸洋画会館（KYK）、新開地のキネマ倶楽部や神映洋画劇場、三宮のセントラル洋画会館、大洋洋画劇場が見られた。一九四七（昭和二二）年二月には「神戸の中心！・素晴しき栄町　映画街の躍進！」と新聞広告が打たれて栄町エリアには洋画ファンが集まったように（図1）、観たい映画によって訪れる場所も異なっていたことが想像できる。

◎――連合国軍による娯楽施設の設営と映画

かつての興行街を再建させる地域住民による営為と同時期に、連合国軍による神戸への進駐開始と彼らのための娯楽施設の設置がなされた。

神戸進駐の始まりと慰安娯楽の復興

連合国軍の部隊が神戸に到着したのは一九四五（昭和二〇）年九月二五日である。それより三週間も前の同月四日には、「進駐軍の慰楽施設　ビルや高架下にダンスホール」という新聞記事において、「進駐軍」を迎えるにあたって必要な慰安娯楽施設の設営への言及が見られた。続いて、「進駐軍」の接遇施設として、兵庫県警保安課が「ダンスホール、ナイト・クラブ、キャバレー、麻雀荘や撞球場その他各種の遊技場、酒場、食堂等の設営場所を指定し、工事、改修を急いでいる」（1945.9.8）と動向が報じられるその一方で、旧居留地を中心とする一角にできる予定のダンスホールやキャバレーなどの「歓楽街はあくまでも進駐軍のものであってビルの中からジャズが聞え、女の嬌声が聞えても我々にとっては関係のないこと」（1945.9.11）として、日本人の遊び場を設けるわけではない旨の注意が促されていた。

ただし同時に、生田区（現中央区）の戦後復興を取り上げ、次のような意見が示された。

「港都再建の新構想④　生田区の巻」

〔略〕生田区住民の慰安施設としては三宮興行街がある。三宮映画館は一時しのぎの工事ではあるが娯楽に餓える市民のためにこの六日から紅系封切館として開場した。三宮劇場も開場の予定であったが、戦争が終結した以上現在のような急工事では永続性がないので、じっくりと工事をやり直すとは東宝経営者側の話である。三宮映画館開場の後は元町映画館を復活し、さらに三宮劇場、阪急会館の復興に及ぶそうである。出来れば映画館ばかりでなく三宮劇場などは演劇道場として復活をしてみてはと望んでおく。（1945.9.11）

戦時統制によって設立された社団法人映画配給社は、一九四二（昭和一七）年四月から全国二千館以上の映画館を紅系と白系の二系統に統一して配給の全国一元化を図ったが、一九四五（昭和二〇）年八月一五日の終戦と同時に映画法が廃止されて解散した。

そして、昭和初期の三宮では映画館が急増した。戦中の統制や戦災を受けた映画館の再建・復興は、終戦直後から大いに期待されていた。これは、生きるため・稼ぐための予期せぬ盛り場を生んだ闇市や、前述した夜の歓楽街などと比較して、市民のための健全な娯楽として戦後の都市復興に資すると考えられたのであった。

一九四五年の神戸――「進駐軍人」の余暇と映画

さて、そうした地元の娯楽復興と連合国軍向けの慰安施設準備についての議論がなされている間に、一九四五(昭和二〇)年九月末から神戸への連合国軍の駐留が始まった。度重なる空襲で被災した神戸港には連合国軍も着けず、和歌山の二里ヶ浜に上陸した関西に駐留する米第六軍の第一陣は約一万人であった。鉄道とトラックやジープで和歌山から現JR三ノ宮駅に向かった米兵は、旧居留地一帯の焼け残った戦災ビルを仮宿舎とし、一〇月一五日までには約一万千人もが神戸に進駐を始めた。彼らの娯楽として、何が用意され、何が求められたのだろうか。

同年一〇月二八日付の『神戸新聞』紙面には、記者が米第六軍第三三師団司令部を訪ねてキャンプ内部の余暇について取材した「進駐軍営内をのぞく」と題した記事が大きく掲載された。中央区(旧葺合区)浜辺通八丁目の現在のデザイン・クリエイティブセンター神戸旧館・新館にあたる神戸市立旧生糸検査所(一九二七年築)と旧国立生糸検査所(一九三二年築)は、戦災による破壊を免れたが、一九四五(昭和二〇)年一〇月に連合国軍に接収され、一九五二(昭和二七)

年五月一六日に接収解除となった。その一階には、連合国軍部隊兵士の生活における文化・娯楽的要素の提供を担ったスペシャル・サービス・オフィス（Special Services Office＝ＳＳＯ）が置かれた。ＳＳＯは、日本語では「奉仕部」や「特殊事業部」と訳され、ここでは書籍、雑誌、映画、音楽、運動競技などを楽しむことができるように設備が整えられたようだ。

「進駐軍営内をのぞく　あふれる文化、娯楽　蹴球用具もいま本国から」
進駐軍人は忙しい軍務の余暇にどんな楽しみを持っているのだろうか？日本へ来て日本的なものを見、日本趣味の記念品—刀剣、書画、キモノ、日本人形、扇子などなど—を漁るのもその一つだが、営内ではどんな慰安が用意されているのだろう？神戸進駐の米第六軍三十三師団司令部のスペシャル・サービス・オフィス（奉仕部、特殊事業部などと訳されている）を訪ねた。〔略〕
【映画】兵隊の一番好きなものはとたずねると、映画だ、音楽喜劇が最も歓迎される。最近では人気歌手リタ・ヘイウオースのうたう天然色音楽映画がすばらしく受け、京都、神戸、宝塚、姫路の各宿舎で一週五〇回も上映されている。〔略〕（1945.10.28）

これは、一九四〇年代にセックス・シンボルとしてさまざまな雑誌の表紙を飾ったニューヨーク出身の女優リタ・ヘイワースの出演映画『カバーガール』（*Cover Girl*）と目される。同作品はチャールズ・ヴィダーが監督したミュージカル映画で、一九四三（昭和一八）年にテクニカラー方式で撮影され、一九四四（昭和一九）年にアメリカ合衆国で公開された。同作の日本での劇場公開は一九七七（昭和五二）年であることから、占領開始直後より、日本人が未だ見ることのできないアメリカ映画も持ち込まれ、連合国軍専用で上映されていたことが読み取れる。

また、映画も音楽喜劇（つまりミュージカル映画とコメディ映画）が最も歓迎されるとあるように、進駐兵には音楽を好む者が多かった。七〇名で「国際音楽部」を編成して週に二、三回の演奏会を開いたほか、約三〇〇〇冊の蔵書を揃えた「デイ・ルーム」という読書室には、古典音楽やスウィング・ジャズのレコードも楽しめるように電動蓄音器が置かれたという。

一九四六年から一九五〇年の神戸基地における余暇・娯楽施設

連合国軍において、神戸市、芦屋市、西宮市を含む六甲山系と、大阪湾に囲まれた広域なエリアは「神戸基地（Kobe Base）」と位置付けられ、娯楽施設等に係る米軍の記録は神戸基地の月報（米公文書）の中に残された。一九四六（昭和二一）年になると、米第六軍に代わって米第八軍の統治下に近畿・九州地方も置かれるようになる。神戸基地には、東遊園地の東向いにイースト・キャンプ、新開地本通りの東隣りにキャンプ・カーバー（別名ウエスト・キャンプ）の二つのキャンプが設営され、連合国軍による占領の体制が整い始めた。

一九四六（昭和二一）年一二月の神戸基地の記録を調査したところ、進駐兵たちのためのスポーツや映画や音楽や図書館などを管轄したスペシャル・サービス部門（Special Service Section＝ＳＳＳ）の月報から、以下のような状況が読み取ることができる。同月のＳＳＳの管理・運営した施設においては、冬の神戸が寒いため、屋内のアクティビティ・プログラムや施設（Athletic Center, West Camp Gymnasium, Seamen's club, Kobe Red Cross Club）の利用が伸びたという。Athletic Center は生糸検査所を接収して設置された屋内競技場であることが、前述した一九四五（昭和二〇）年一〇月の新聞記事からもわかっている。West Camp Gymnasium については関連情報がないが、Gymnasium は一般的に屋内競技場や体育館を指す。そのため、新開地本通りに接したウエスト・キャンプの当時の写真を見る限りでは、キャンプに隣接した旧スケート映画館が補修されて充てられたのではないかと思われる。また、Seamen's club は海員会館、Kobe Red Cross Club は旧居留地のニッケビル（現・中央区明石町四七）を接収して設置された施設である。

そして、数ある余暇や娯楽の中で最も人気のあったのは、西宮市に位置する阪神甲子園球場の体育館でのボクシング、バスケットボール、屋内プールの水泳であったという。現在の甲子園球場を思い浮かべて水泳と聞くと不思議に感じるが、一九三二（昭和七）年に、アルプススタンド下の西（一塁側）に体育館、東（三塁側）に全面モザイクタイル張りの二五メートルの室内温水プールが設営されていた。これらの施設は戦前には一般公開されていたが、戦後五年間の甲子園球場の接収に伴い連合国軍によって使用され、接収解除後は閉鎖されてプールとして使われることはなかった。

これらを含む神戸基地Special Service部門の管轄する施設として、次の一〇ヵ所が挙げられた。（ ）内は筆者の付記した接収前の施設・建物名。

① Municipal Park（市民運動場）
② Athletic Center（生糸検査所）
③ Nikke Building American Red Cross（ニッケビル）
④ Seamen's Building American Red Cross（海員会館）
⑤ Koshien Stadium（阪神甲子園球場）
⑥ Shurakkan Theater（聚楽館）
⑦ West Camp Gymnasium
⑧ Kobe Base Parade Ground（東遊園地）
⑨ 375th Station Hospital Library（日本証券取引所）
⑩ Shinko Building Special Service Library（神港ビル）

⑥Shurakkan TheaterはG.I.Theater（米陸軍兵士専用映画館）として接収された聚楽館（図2）を指す。軍人とその家族たちの愛顧を得てよく楽しまれていたという。さらに、同月には

Koshien Theater（甲子園）も必要な施設や機材を揃えて開場し、甲子園と聚楽館は神戸基地の誇る東西二大劇場となるだろうとの見解が示された。甲子園にあったと記録される連合国軍専用劇場の立地や詳細はわからないものの、西宮市下新田甲子園口の甲子園ホテルが将校宿舎として一九四六（昭和二一）年より接収されていたこととの関連が推察される。

神戸基地で働く駐留部隊のために上映された映画は聚楽館で一七作品、甲子園で一一作品に及んだ。一九四六年一二月の施設のおおよその利用者統計（表3）からは、三五ミリフィルムでの上映会に一万一一三六名、一六ミリフィルムでの上映会に一五七〇名が集まり、聚楽館での映画上映が桁違いの圧倒的人気を集めた状況が読み取れる。

また、"USO Show"が甲子園で三回、聚楽館で四回の計七回公演されたほか、日本人のショウも要求に応じて提供されたという。USO（United Service Organizations Inc.）は第二次世界大戦中の一九四一（昭和一六）年に米軍に士気と娯楽を

図2 1946年に聚楽館は接収されて米軍専用劇場（G.I.Theater）となった（U.S.Army Soldier撮影，Hiro Nagano所蔵）

提供するために設立された非営利団体で、一九四七（昭和二二）年に解散したが、一九五〇（昭和二五）年には朝鮮戦争のために復活。現在も戦闘地域を含む米国や世界各地の軍事施設でＵＳＯセンターが運営され、ＵＳＯの日本エリア事務所は横須賀に置かれている。

一九五〇（昭和二五）年五月の神戸基地のＳＳＳによる記録を見ると、さらに施設の整備が進んだこともわかる（表４）。三ヵ所の"Army Service Club"が新設されたほか、屋外スポーツのための六甲山ゴルフコースや再度公園やテニスコートの接収、イースト・キャンプと六甲ハイツに映画館の新設が見られた。

このときの映画館の利用者は、聚楽館七〇四一名、六甲ハイツ四三五四名、イースト・キャン

表3　1946年12月のSpecial Service施設の利用者概数

カテゴリー	施設名	利用者概数
屋内競技場	Athletic Center （屋内競技場）	2,000
映画館	Shurakkan Theater （聚楽館映画館）	（35mm）11,136 （16mm）1,570 （USO SHOWS）5,700
	Koshien Theater （甲子園映画館）	（Movie）1,544 （USO SHOWS）1,000
屋外競技場	Municipal Park （市民運動場）	350
図書館	Shinko Building Library （神港ビル図書室）	1,400
	Athletic Center Library （屋内競技場図書室）	700
	Nikke Building Library （ニッケビル図書室）	1,404
	Seamen' s Building Library （海員ビル図書室）	1,100
	375th Station Hospital Library （第375野営病院図書室）	900

参考資料：Kobe Base "General Orders, Headquarters, Kobe Base: Historical Reports" 1946.12, RG338, NARAII　をもとに筆者作成

プ一八七名であった。

設楽貞雄の設計で一九一三（大正二）年に竣工した聚楽館は、かつて神戸が誇った新開地本通りの娯楽施設であった。戦後すぐに連合国軍に接収され、同所で映画を観る米兵は占領初期から変わらず多かった。聚楽館は一九三三（昭和八）年から一九三四（昭和九）年にかけて改築工事を遂げており、当時の一階は九九九人収容の観覧席に喫茶室、中二階は和洋大食堂、二階には六七六人収容の観覧席に和洋食堂、中三階は娯楽室に映写室、三階には六〇〇人収容のスケートリンクなどの施設を備えていた。これは鉄筋コンクリート造六

表4　1950年5月のSpecial Service施設の利用者概数

カテゴリー	施設名	利用者概数
サービスクラブ	Army Service Club #3（陸軍クラブ#3）	3,515
	Army Service Club #4（陸軍クラブ#4）	8,472
	Army Service Club #62（陸軍クラブ#62）	1,200
図書室	Nikke Library（ニッケビル図書室）	1,390
	East Camp Library（イーストキャンプ図書室）	869
	Camp Carver Library（キャンプカーバー図書室）	806
	8th Station Hospital Library（第8野営病院図書室）	130
	Koshien Library（甲子園図書室）	321
屋外競技場	Rokko Golf Course（六甲ゴルフコース）	1,000
	Futatabi Park（再度公園）	2,570
	Municipal Park（市民運動場）	1,500
	Tennis Courts（テニスコート）	180
屋内競技場	Athletic Center Gymnasium（屋内競技体育館）	3,100
	Athletic Center Bowling Alleys（屋内競技場ボウリングレーン）	1,350
映画館	Shurakkan Theater（聚楽館映画館）	7,041
	Rokko Heights Theater（六甲ハイツ映画館）	4,354
	East Camp Theater（イーストキャンプ映画館）	187

参考資料：Kobe Base "Historical Summary of Special Service Activities" 1950.5, RG338, NARAII　をもとに筆者作成

階建ての映画館にとどまらない最新設備の建物で、この改築工事によって全館に最新式の冷房、暖房、換気装置が施されて電化が図られたほか、水洗式浄化槽の便所、各階に水道設備やエレベーターも配備していた。焼け跡において、「西の帝劇」と呼ばれた最新設備の聚楽館の建物を連合国軍が接収したのは当然のことでもあり、当時の神戸市民にとっては大きな文化的損失でもあったと言えよう。

「六甲ハイツ」は、現在の神戸大学六甲台第二キャンパスの文理農学部が置かれる約二三ヘクタールを連合国軍が接収して一九四七（昭和二二）年一一月末より設営された“Dependent Housing（将校家族住宅）”であった。一九五八（昭和三三）年一月に接収解除となるまで長きにわたって、住宅建物と合わせてさまざまな暮らしのための機能として、電気・ガス・給水施設、消防詰所、学校、使用人宿舎などが整備されていった。その設営の一端として、現在の六甲台第一キャンパスの出光佐三記念六甲台講堂（図3）は一九四七年から一九五二年まで接収され、連合国軍将校家族のための映画館に利用された。

図3　出光佐三記念六甲台講堂は連合国軍に接収されて六甲ハイツの将校家族向けの映画館となった（神戸大学広報課提供）

◎——おわりに

本章では、『神戸新聞』の記事・広告や当時の文献などから、占領期の地方都市・神戸における、旧来の興行街であった新開地と、昭和初期に交通の要衝として確立されつつあった三宮・元町に、戦後まもなく芽吹いた映画館の再建の動向を描き出した。また、米公文書の月次記録と『神戸新聞』の分析からは、聚楽館が米兵向けの映画館として人気を博した様子と、連合国軍の進駐によって設置された米兵のための娯楽施設における映画館の利用者数の多さなどが読み取れ、連合国軍による占領が戦災地に残った映画館という地域資源に及ぼした影響を垣間見ることができた。占領期の神戸における映画興行は、資材や電気の不足に建築制限など、困難な状況下に進められた興行街の再建と、戦時中に止められていた海外文化や連合国軍とともに流入した新たなアメリカ文化への憧れに後押しされて、力強く復興に向かったと言えよう。

◎コラム11

神戸の映画館―キネマ倶楽部

「思えば新開地こそは私の文化教室だった。朝日館と錦座とキネマ倶楽部が無かったら、私は不良少年になっていたに違いない」と回想するのは、一九〇九（明治四二）年生まれの映画評論家・淀川長治だ（『わが心の自叙伝』）。朝日館はアメリカ映画の封切館。寄席から活動写真館にくら替えした錦座は、一九一三（大正二）年に火事から再建され、淀川少年が尾上松之助の「児雷也」などを見始めたころは、東洋一といわれる豪華な劇場だった。キネマ倶楽部は、湊川神社境内の水族館を移築した帝国館を改修して一九二〇（大正九）年にオープン、欧州映画を上映した。キネマ倶楽部の経営母体である「菊水キネマ商会」は、ほかに邦画系の菊水館と二葉館も所有し、創業者の大島菊松（一八八二［明治一五］―一九五六［昭和三一］年）は独立系興行主の雄として名をはせた。

湊川の付け替えでできた砂原の新開地に一九〇七（明治四〇）年、芝居小屋の相生座が神戸駅前の相生町から進出する（一九二五［大正一四］年から映画館）。相生町時代の一八九七（明治三〇）年、シネマトグラフを神戸で初公開した小屋である。その斜め向かいには、京都の横田商会が電気館と日本館をオープン。一九一〇（明治四三）年には菊水館、その両隣に朝日館と松本座、北へ多聞座、錦座と、本通りの西側に活動写真館と芝居小屋がずらりと並びだす。

菊水キネマ商会は一九二七（昭和二）年から聚楽館を松竹と共同経営。一時は県外含め一四館を展開した。新聞に規格外の大広告を打つなど宣伝も光った。キネマ倶楽部における大正活映第一作『アマチュア倶楽部』（一九二〇年）の公開初日には、異例にも原作者で大正活映の顧問でもあった谷崎潤一郎が講演。映画革新の志で同世代の谷崎らと共鳴したのだろう、大島も大正活映の顧問に名を連ねていた。淀川が「映画ファンの映画館」（『大島菊松氏を偲ぶ』）と呼ぶムードがこのキネマ倶楽部にあった。

「キネマ倶楽部をめぐる会」ができた。淀川や宝塚歌劇の演出家となる内海重典がメンバーで、後の映画監督・中川信夫もいたという。菊水キネマ宣伝部は『キネマ旬報』の水町青磁や配給・興行関係者を輩出し、映画評論家の村上忠久や筈見《はずみ》恒夫らも浅からぬ付き合いだった。「神戸は昔から映画人と探偵小説家に優れた人が多い」と作家・及川英雄は記す（『俗談義』）。

一九三六（昭和一一）年の正月興行でにぎ

『故大島菊松氏映画人葬』（1956年撮影）
提供：神戸映画資料館

わらうキネマ倶楽部や聚楽館前の映像を「神戸らんぷミュージアム」（神戸市中央区京町）で見ることができる。前年の正月五日間は、一八興行場の入場者は二六万人を超えた。「大きい看板が掛かってて、ええのんがあったら中に入る。戦前のにぎわいは、戦後と比較になりません」と、新開地近くで育った映画ファンの中坪政雄さん（一九三六年生まれ）は懐かしむ。

だが戦時統制で、開戦前日までアメリカ映画を上映していたキネマ倶楽部は邦画の二番館になる。中坪さんが「防空対策で建物疎開すると聞いていた」興行街は、一九四五（昭和二〇）年三月一七日の空襲で、聚楽館と松竹座を残して焼け野原に。翌年九月、キネマ倶楽部は再び開館するが、聚楽館は進駐軍に接収。新開地はウエストキャンプに人の流れを阻まれたといい、かつてのにぎわいは戻らなかった。

中坪さんは戦後も、「同じ映画でも三宮より十円安かった」新開地派で、「仕事が終わると六時半から新劇で三本立て」を楽しんだが、昭和四〇年代後半には劇場も減り、足は遠のいた。聚楽館は一九七八（昭和五三）年閉館、成人映画館となった「キネマクラブ」は一九八六（昭和六一）年三月に営業を終えた。変わりゆく大衆芸能の街。それでもスクリーンは今も消えてはいない。

（田中真治）

◎コラム12

神戸の映画館――ニュース映画

「出来ごと写真」といわれた実写には、後にニュース映画と呼ばれる戦争や災害の記録があった。

日本では一九〇〇（明治三三）年の北清事変（義和団事件）に吉沢商店がカメラマンを送り、興行的に成功。一九〇四（明治三七）年の日露戦争の実写で、さらに映画の報道性が認められ、大正に入ると中小業者によるニュース合戦が繰り広げられた。新聞社も映画に乗り出す。大阪毎日新聞がいち早く一九〇八（明治四一）年に、系列の東京日日新聞は一九一一（明治四四）年に活動写真班を組織。宣伝・販売政策として巡回上映に始まり、報道へシフトする。その名を高めたのが、一九二一（大正一〇）年の皇太子裕仁親王御渡欧の速報。第一報は英国から二六日間で到着し、「何故にこんなに早く到着するのであるか」と宮内省が説明を求めるほどだったという（小野賢一郎『明治・大正・昭和』）。

神戸新聞は「神戸フイルム・ニュース」を一九二三（大正一二）年五月から始める。第一回は生田祭渡御や労働祭示威行列など六本を山手小校庭などで巡回上映した。制作は元町の本庄商会。神戸・岡本に専用現像場が完成し、活動写真部を新設したことから委託を受けたようだ。同月一三日には同日の久邇宮《くにのみや》良子《ながこ》女王来神、さらに三〇日には、パリで事故死した北白川宮成久《なるひさ》王の御遺骸到着のフィルムを追加上映。力の入れようがうかがえる。

同年九月一日、関東大震災が発生。日活向島撮影所の高阪利光カメラマンは崩壊した浅草の凌雲閣、炎に襲われた両国国技館周辺の惨状などを記録する。震災記録映画は約一〇本が知られるが、製作・公開状況は不明な点が多い。神戸新聞も記者と本庄商会の石田技師を派遣し、四日から横浜、東京を撮影。八日から県内各所で公開した。新開地のキネマ倶楽部は同日に『関東震災地の実況』、第一朝日館は一〇日に『大震災第二報』を上映。翌月には震災劇映画も封切られている。

毎日、朝日両紙は定期ニュースの製作を試み、松竹も参入。興行ルートに乗るようになる。一九三五（昭和一〇）年末には最初のニュース劇場「第一地下劇場」が東京に開業。翌年七月二五日、神戸・元町にも「阪神会館映画場」ができる。松本座は一九三七（昭和一二）年二月四日、「新開地ニュース劇場」に衣替えし、翌月にはローカルニュースを主力とした「神戸新聞ニュース」をかける。いずれも一〇銭均一で大当たりし、松竹劇場、多

『関東大震災実況』（1923年製作、高阪利光、伊佐山三郎撮影）提供：神戸映画資料館

聞座、神戸劇場も転向。神戸新聞の映画欄では「ニュース館」が別建てとなり、劇場の「共食い」が記事になった（一九三七年一一月二〇日付）。

一九三七年の日中戦争がニュース流行の背景にあった。国民の関心は高く、新聞・通信四社の上映用フィルムは毎週五〇〇本超に増えたという（筈見《はずみ》恒夫『映画五十年史』）。新開地の中島映画製作所も「支那事変を撮影し、県庁に納めていた」と、中島映画経営者の親族にあたる中島ミヱ子さんは伝え聞く。

だが、戦時体制は映画に逆効果を与えるようになる。一九三八（昭和一三）年には、映画館の新築や全面改装は禁止。一九三九（昭和一四）年の映画法制定で、朝日、大毎東日、読売、同盟の映画製作部門は翌年、日本ニュース映画社として統合。「日本ニュース」の強制上映が始まり、ニュース映画館は「非常時にあってその興行機能を徐々に失っていった」（藤岡篤弘「近代化する都市の映画観客」）。

戦後、復活したニュース映画館も徐々に姿を消し、映像報道の主役はテレビに譲り渡される。

（田中真治）

第二部

神戸の映画史［1970年代以降］

～映画文化とアマチュア映画の歴史～

◉第7章

〈グループ無国籍〉の自主上映と一九七〇年代の新開地

田中晋平

◎――映画産業の衰退から自主映画上映への展開

一九七〇年代、映画産業の斜陽化は既に誰の目にも明らかだった。テレビが各家庭に普及し娯楽の多様化が進むなか、映画の観客動員数は激減、街中から多くの映画館が姿を消した。大手映画会社が製作・配給・興行を支配してきたブロック・ブッキングのシステムの解体も進んだ。七〇年代に入ると大映が倒産、日活は成人映画を専門にして再生を果たしていった。その他の会社は配給・興行に力を入れるようになり、特に東宝はいち早く製作部門を切り離すことで、現在に至る興行側での力を獲得していく。

だが、このようないわば大衆娯楽としての映画の翳りの時代のなかで、若者たちを中心に家庭用の八ミリフィルムや一六ミリフィルムによる自主映画の制作がブームとなっていた。また、一般の映画館の興行では観ることができなかった映画を自主的に上映する動きも活性化した。各地域で誕生したそれらの上映活動は、映画館の興行のみに注目するだけでは浮かび上がることのない、豊かな映画受容の記憶でもある。

こうしたいわゆる「自主上映」の活動は、いかなる目的をもち、どのような歴史的背景から現れてきたのだろうか。端的には、「観たい映画を自分たちの手で上映する」活動を指すが、その目的は上映グループの性質とともに多様である。自分たちで作った（自主）映画の上映活動と同一視されている場合も多いが、必ずしも作り手の活動と結びついているわけではない。映画評論家の村山匡一郎は、戦前から認められる非商業的な上映活動を、【A】政治的な目的あるいは啓蒙的な目的で行われるもの、【B】映画ファン、シネフィルが行うものに大きく区分している（村山二〇〇五）。【A】については、戦前のプロキノから戦後の独立プロと連携した映画サークルの登場、映画教育の活動などが含まれるが、六〇年代以降は、【B】のシネフィル的な上映活動が増えていったとされる。また本章が焦点を合わせる七〇年代という時代は、いまだビデオもほとんど普及していない時代であり、「観たい映画を」実際に「観る」ための壁は厚く、高かった。

活動の区分や歴史理解とともに自主上映の研究を進める上で重要になるのが、上映活動が展開された各地の映画環境の特徴や地域間の格差である。一九七四（昭和四九）年に大阪で〈プラネット映画資料図書館〉を開設した安井喜雄は、関西にフィルムセンター（現在の国立映画アーカイブ）のような古い映画を観られる場所がなかったため、自分たちでフィルムの収集や上映を行ったと語っている（安井　二〇一三）。各地に封切館や二番館、三番館や名画座が存在するなか、こうした上映グループの活動が地域の映画の多様性を確保した面を考える必要があるのだ。また、これも地域によって大きく異なる点だが、興行協会などから（ただでさえ少ない観客を奪うと捉えられて）活動の妨害を受けたグループも少なくない。当時の自主上映グループ側も、営利目的ではない、非商業的な組織であることを掲げ、各地の公共ホールやライブハウス、喫茶店といったスペースで活動を続けた。つまり映画館と自主上映とは確かに歴史的に対立してきた面もあるのだが、一方では映画館の協力なしに成立しない上映会や、映画館の会員組織から派生した上映グループなども存在したことは強調せねばならない。さらに現在では商業・非商業といった区分を用いず、ミニシアターや映画祭、美術館・アートセンターなどとともに、自主上映の活動も含めた「公共上映」という概念が用いられる場合もある。そこでは、先程の村山の区分にあった【A】のような啓蒙的な活動だけでなく、【B】のような映画ファンの上映活動も、営利を目的にせず、文化的価値を有する映画を上映するという意味で公共性をもち、地域の活性化にも結び付いているケースがあることが考慮されている。そうした概念も念頭に置き、過去に各地域の映画館と自主上映が連携した活動にも、改めて注目する意義がある。

ここではまさに地域の映画館や都市と密接に結びついた自主上映の事例として、一九七〇年代前半の神戸で生まれた〈グループ無国籍〉（以下〈無国籍〉で略記）の活動を検討する。〈無国籍〉は、一九七三年九月に発足し、およそ一年間、主に福原国際東映という映画館でオールナイト上映を続けたグループである。活動期間は長くないが、映画監督の大森一樹や漫画評論家として著名な村上知彦らがメンバーであり、のちの関西の自主映画・自主上映の活動に関わる人物たちが参加していた。本章では、映画産業が衰退していく時代に、〈無国籍〉が新開地の街とその映画館に根差した上映活動を展開した面に着目し、ローカルな映画史における自主上映の役割の一端を明らかにしたい。

◎――〈グループ無国籍〉の活動

本節では、〈無国籍〉についての基本的な情報と同グループによる当時の上映プログラムを概観し、その特徴をみていこう。まずメンバーだが、神戸大学や関西学院大学、近畿大学などの学生に加え、既に社会人になっていた者もいたが、イベントごとに関わる不特定な人間も含んでいたようである。〈無国籍〉の活動がはじまる以前にも、既に大森や村上たちは、高校生時代から八ミリで制作していた自主映画の上映会で顔を合わせていた。他のメンバーも、かつて三宮にあったＡＴＧ（日本アートシアターギルド）の専門館である阪急文化劇場の会員であったり、それぞれ神戸のＯＳ系映画館で深夜にアルバイトをしていて、知り合いになったという。むろん、皆が熱心な映画ファンで、神戸や関西の名画座で頻繁に顔を合わせていたようだ。過去にも〈グループ'70〉という集団で上映活動を行い、〈無国籍〉ではリーダー的役割を果たした磯本治昭、後にぴあフィルムフェスティバルやユニジャパンの活動にたずさわる西村隆、一九七六（昭和五一）年に大阪で「映画ファンのための映画まつり」(中断期間を経て、「おおさかシネマフェスティバル」として現在も継続)をはじめる高橋聰などもメンバーだった。また、同時代の神戸ではさまざまな文化活動が勃興しており、一九七〇年代に神戸を拠点に活動し、街頭パフォーマンスなどを行った美術集団〈JAPAN KOBE ZERO〉と〈無国籍〉のメンバーも交流があった。

では、〈無国籍〉はどのような上映会を開催してきたのだろうか。表1に全七回の上映会のプログラムをまとめた。うち六回は、新開地のそばにある福原国際東映が会場となり、毎回祝日の前日に開催されている。最初の上映会は一九七三(昭和四八)年一〇月九日、渡哲也の「無頼シリーズ」で幕を開けた(シリーズ中から『無頼非情』(一九六八[昭和四三]年)を除く五作品を上映)。なお、第一回のポスターは、彫刻家の植松奎二が手掛けている。第二回は一一月、野坂昭如原作の映画の特集であり、これは特に神戸出身の作家である野坂を取り上げることで、〈無国籍〉が神戸の上映グループである点をアピールした企画であった。

年が明けた一九七四(昭和四九)年一月はグループ・サウンズ特集(〈無国籍〉メンバーもほぼGS世代)、三月が緑魔子の特集である。緑魔子は当時のいわば「カルト女優」と呼ぶべき存在だが、同日に新開地にあった神戸東映でこちらは「アングラの女王」と呼ばれていた歌手の浅川マキのオールナイトコンサートが行われており、どちらに行くか悩んだ者もいたそうだ。ちなみに山田洋次の『吹けば飛ぶよな男だが』(一九六八[昭和四三]年)も上映されたが、これは一九六〇年代末のまさに福原でロケが行われた映画でもある。そして、五月の東宝怪獣映画の特集には、

表1　グループ無国籍・上映会

年	月日	タイトル	上映作品	製作年	監督	会場
1973年	10月9日	ニューアクションへのパスポート（渡哲也・無頼特集）	大幹部 無頼	1968年	小沢啓一	福原国際東映
			無頼より大幹部	1968年	舛田利雄	
			無頼 人斬り五郎	1968年	小沢啓一	
			無頼　黒匕首	1968年	小沢啓一	
			無頼　殺（ばら）せ	1969年	小沢啓一	
	11月22日	頑張れ！日本男児 野坂昭如黒眼鏡遁走曲	とむらい師たち	1968年	三隅研次	福原国際東映
			遊び	1971年	増村保造	
			エロ事師たちより 人類学入門	1966年	今村昌平	
			喜劇 頑張れ！日本男児	1970年	石田勝心	
			スクラップ集団	1968年	田坂具隆	
1974年	1月14日	ウエスタンカーニバル いつか聞いたグループサウンズ	ザ・タイガース 世界はボクらを待っている	1968年	和田嘉訓	福原国際東映
			進め！ジャガーズ 敵前上陸	1968年	前田陽一	
			帰って来たヨッパライ	1968年	大島渚	
			ザ・スパイダースの大進撃	1968年	中平康	
			落葉とくちづけ	1968年	斎藤耕一	
	3月20日	はみだしおんなの子守唄　緑魔子 三月とキネマ	盲獣	1969年	増村保造	福原国際東映
			二匹の牝犬	1964年	渡辺裕介	
			銭ゲバ	1970年	和田嘉訓	
			喜劇　女は男のふるさとヨ	1971年	森崎東	
			吹けば飛ぶよな男だが	1968年	山田洋次	
	5月2日	地球爆破作戦 焼跡願望怪獣派宣言 怪獣たちの血が許さない	ゴジラ	1954年	本多猪四郎	福原国際東映
			ゴジラの逆襲	1955年	小田基義	
			空の大怪獣 ラドン	1956年	本多猪四郎	
			モスラ	1961年	本多猪四郎	
			三大怪獣　地球最大の決戦	1964年	本多猪四郎	
	9月21日	喜劇新思想体系	何かいいことないか子猫チャン	1965年	クライブ・ドナー	神戸元町映劇
			カトマンズの男	1965年	フィリップ・ド・ブロカ	
			地上最大の脱出作戦	1966年	ブレーク・エドワーズ	
			ローマで起った奇妙な出来事	1966年	リチャード・レスター	
	10月9日	鈴木清順全仕事－清順の光と影	野獣の青春	1963年	鈴木清順	福原国際東映
			関東無宿	1963年	鈴木清順	
			けんかえれじい	1966年	鈴木清順	
			春婦傳	1965年	鈴木清順	
			木乃伊の恋 ※「恐怖劇場アンバランス」	1969年	鈴木清順	
			TVCM数本			

ゴジラのファンや子供たちも詰めかけた。筆者が行なった村上へのインタビューによると、当時は、アニメや特撮映画をリバイバル公開以外に名画座や自主上映で観る機会はほとんどなかったとのことである。

少し期間が空き同年九月、当時洋画三本立ての上映をしていた神戸元町映劇に場所を移し、山上たつひこの同名漫画から取られた「喜劇新思想大系」というタイトルの外国映画のオールナイト上映が行われる。そして翌月、福原に戻って開催されたのが鈴木清順監督の特集である。『野獣の青春』（一九六三〔昭和三八〕年）、『関東無宿』（一九六三〔昭和三八〕年）、『けんかえれじい』（一九六六〔昭和四一〕年）、『春婦傳』（一九六五〔昭和四〇〕年）とテレビで演出した『木乃伊の恋』（一九六九〔昭和四四〕年）、さらに監督が日活を解雇された後に手掛けたいくつかのＣＭ作品が上映された。清順本人も福原国際東映を訪れて講演を行ない、その模様の一部が、後に大森一樹が監督する『暗くなるまで待てない！』（一九七五〔昭和五〇〕年）に収録される。

さて、右記から明らかなように〈無国籍〉が上映した作品は、主に一九六〇年代に邦画各社が製作したプログラム

図1　『暗くなるまで待てない！』における鈴木清順監督の講演シーン（提供：大森一樹）

ピクチュアに占められている。「プログラムピクチュア」とは、一九五〇年代以降の日本の映画興行で行われてきた、長編作品二本から三本立てのプログラムを維持するため、次々と製作された商業映画群を指す。また、鈴木清順は特権的に扱われているが、基本的に監督を中心に置いたプログラミングではなく、過去に量産された映画を、いかに新たな視点で組み合わせるかという点に軸足が置かれている。磯本治昭は、「無国籍は、いわゆる自主上映グループというても当時の中では傾向がちごうてたでしょ。組み合わせの面白さとか、エンターテイメント指向」とその立ち位置を語っている（大森　一九七八）。このような作品選定の背景には、単にそれらの映画を観たかったという理由だけではなく、かつての支配的な映画の評価に対する〈無国籍〉の批判的スタンスが認められる。事実、当時収録されたメンバーの座談会では、「映画の価値が今のところ、政治性とか社会性とか芸術性がある映画しか認められてないでしょ。僕はそうじゃなくて娯楽映画を僕らの力で陽のあたる場所に出したいというのがある」という発言がある（「おちこぼれている映画に陽をあてる正義の味方 無国籍」『神戸青春街図』有文社、一九七五年）。

次にこうした彼らのプログラムピクチュアへの関心や〈無国籍〉の活動に至る経緯を、より詳しく確認したい。

◎――プログラムピクチュアと新開地の発見

前節で〈無国籍〉のメンバーとも関係の深い映画館として、三宮にあった阪急文化劇場の名前を挙げた。当初は一九五〇（昭和二五）年にオープンし、一九六二（昭和三七）年から阪急会館の階上に移転、ATG系の映画や名作のリバイバル上映などをしていた映画館である。冒頭で引用した〈プラネット映画資料図書館〉の安井喜雄も神戸出身であり、阪急文化でオーソン・ウェルズやセルゲイ・エイゼンシュテイン、あるいはイングマール・ベルイマンやアンドレイ・タルコフスキーの映画にも初めて接したことから、神戸の映画ファンにとって「映画の学校」だったと語っている（安井　一九九五）。毎月発行されていた『アートシネマ神戸グループ』という会報には、のちの〈無国籍〉のメンバーが執筆した評論なども掲載された。つまり一九六〇年代から七〇年代の神戸の映画文化を検討する上で、阪急文化はきわめて重要な場所だった。

しかし、七〇年代に入り映画産業がますます斜陽化する過程で、当時の映画ファンの関心も、徐々に別の場所に移行していく。その一つが、前節の〈無国籍〉のプログラムにも認められた、過去の「B級」や「添え物」と呼ばれたプログラムピクチュアの再評価だった。これらは〈無国籍〉のメンバーにとっても、それまでATGなどの芸術映画や個人映画、あるいは政治的な映画などに傾倒した時期に見落とされた映画群であり、西村隆は、当時のプログラムピクチュアを、

「商業映画の中の一つのゲットー」だったと表現している(西村 一九八〇)。また、阪急文化のプログラム自体も映画ファンの関心に合わせるかたちで、七〇年代初頭から変化していったようだ。当時の情報誌を参照すると、既にATG作品のみならず、「女性映画」や「ニューシネマ」を上映し、一九七二(昭和四七)年からは「日本名画フェスティバル・キネマ旬報ベスト10大会」などを取り入れ、多彩な番組編成を行なっていたとある(『プレイガイドジャーナル』一九七三年二月号)。

こうした変容は、神戸の映画ファンに限られたものではない。一九六〇年代末から続いていた鈴木清順の映画への熱狂的支持や日活ニューアクションに対する再評価の流れは既に存在していた。たとえば、一九七二(昭和四七)年から池袋・文芸坐の土曜オールナイトにおける日活映画の連続回顧上映も大きな盛り上がりをみせていた。超満員の文芸坐では、鈴木清順の全作品が上映され、さらに藤田敏八、長谷部安春、沢田幸弘といった若手監督を映画ファンが発見していく。〈無国籍〉の村上や大森も、『キネマ旬報』の読者投稿欄などで知り合った(当時は投稿者の住所も掲載されていた)東京の友人の家を泊まり歩き、文芸坐のオールナイトなどに通ったらしい。やがて、東京以外の地域にもその熱狂が急速に波及する。たとえば、京都の一乗寺にあった京一会館でも、オールナイトの上映や映画監督の講演会などを次々と企画し、プログラム作りに学生などの要望も加えて盛り上がりをみせた(『プレイガイドジャーナル』一九七三年三月号)。一方、一九七一(昭和四六)年からはじまった「日活ロマンポルノ」も(いわばプログラムピクチュアを延命させるかのように）神代辰巳、曽根中生、田中登、小沼勝といった新人監督や専属俳優を輩出し、当時の映画ファンを魅了した。

〈無国籍〉のメンバーもまた、見逃していた日活作品を関西でも追いかけていくが、そのうちに神戸では新開地にあった二番館や三番館で、しばしば彼らの観たい作品が上映されていることに気づく。新開地周辺は、戦前から多くの映画館が立ち並んでいたが、戦後は三宮に映画街の中心が移っていた。それでも一九七〇年代初頭の新開地周辺には、いまだ大小一〇以上の映画館が存在し、神戸シネマや新公園劇場（現在のパルシネマしんこうえん）、新開地劇場、新劇会館（現在のCinema KOBE）、湊川温泉劇場などで三本立て、四本立ての上映が行われていた。また、ロマンポルノ作品も新開地の神戸名画で封切られていたため、村上たちも夢中で通ったという。

〈無国籍〉の拠点にもなる福原国際東映について詳しく触れておこう。こちらは、終戦後の一九四七（昭和二二）年にまず神戸東宝映画劇場という東宝の封切館として開館し、その後改称して、太平商事という会社が経営していた。一九七〇年代には、邦画五本立て興行を行なっており、他府県からも

図2 福原国際東映（提供：神戸映画資料館）

学生や映画ファンが訪れていたとの証言もある。当時『キネマ旬報』で福原国際東映の記事を書いた埜藤哉によると、支配人室には京一会館の番組表が貼ってあり、他地域の名画座のプログラムまで強く意識していた様子がうかがえたという（埜藤 一九七三）。

ところで、当時こうした名画座のプログラムのほとんどが、創刊されたばかりの情報誌には、いまだ掲載されていなかった。関西で発行されていた『プレイガイドジャーナル』（一九七一年創刊）を紐解くと、福原国際東映の上映情報が掲載されるのは一九七三年七月号からである。そのため村上たちは、新開地に行くたび街を歩き回り、名画座などの入り口に書かれた予定をメモしていた。

さっき言ったような二番館、三番館で三本立てで古い映画を上映していたり、ロマンポルノの少し前のやつを上映していたりするようなところは、映画館に行って、映画館の前で来週の予定をメモして帰ってくる。僕はそれを集計表という統計をとるような紙に一覧表にして、それこそ後の『ぴあ』の映画館の表みたいなやつを自分で作っていた（大阪府立文化情報センター 二〇〇八）。

重要なことは、〈無国籍〉のメンバーが低料金で観られるそれらのプログラムを目当てに、新開地周辺の映画館に通うなかで、既に再発見が進められていた日活の映画のみではなく、邦画各社のプログラムピクチュアの魅力を発見していったことだ。筆者が行ったインタビューで村上は、当時新開地で観た映画として、東映の深作欣二や中島貞夫、石井輝男による現代やくざもの、松竹の森﨑東や前田陽一の喜劇、東宝の福田純や須川栄三のスパイアクション、大映の三隅研次、増村保造らの時代劇、また新公園劇場や新劇会館などの洋画系映画館で観たバート・ケネディやドン・シーゲルの西部劇や戦争映画、スパイアクションが特に印象深かったと語ってくれた。

こうした新開地周辺のローカルな映画館の番組が、前節で確認した〈無国籍〉の上映活動にも大きく影響を与えているのである。それは当時の東京の映画ファンたちによる新しい文化が、単純に他の地域にも伝播したわけではない、ということを示している。むしろ、文芸坐や京一会館の盛り上がりに、全国からやってきた映画ファンたちが接した後、それぞれの地域に戻って、各地の映画館と番組の魅力を再発見していったという実情がある。そして、文字通り街を歩き回り、プログラムをメモするなかで、次第に若い映画ファンたちが映画館と街への想いを募らせ、神戸でもオールナイトの上映会を開催する流れに発展したのである。

◎――映画（館）と都市の蘇生

以上から明らかなように、新開地周辺の映画館と〈無国籍〉というグループの誕生には、密接な関係がある。だが、それは三宮ではなく、新開地に行けば観たかった映画が上映されていたという理由だけでは説明が足りない、もう少し踏み込んだ議論を必要とするように思われる。というのも、湊川公園にあった神戸タワーが解体された一九六八（昭和四三）年には、神戸高速鉄道の開業に伴い、阪神や阪急、山陽や神鉄の路線が結ばれ、新開地はかつてのターミナル駅としての役割を失っていった。また、川崎重工が工場を移転・縮小させ、かつて人々が行き交うなかで生まれていた街の活況が途絶えていった時代でもある。もともと新開地は、海運労働者などを集める寄せ場であり、簡易宿泊所が並ぶ街だが、日雇いの仕事も激減していく。一部の映画ファンを除けば、前記の新開地の映画館の観客の多くも仕事のない労働者たちだったはずであり、劇場の一部は仮眠所としても機能したはずだ。そして、七〇年代中頃には、戦前からあった相生座や松竹座が消え、一九七八（昭和五三）年には聚楽館もなくなった。

一九七〇年代から八〇年代の新開地を捉える上で、写真家・松元省平による次の言葉は示唆的である。

置き去りにされた街。それが新開地だ。聚楽館や、それに続く映画館、演劇場がほとんど姿を消した今、新開地界隈は名実ともに過去の街になった。パチンコ屋やゲームセンター、あるいはわずかに残っている映画館、そして福原の花街などが別な意味での賑やかさをとどめているが、アーケードにはもはや人通りも少なく、昔の名残も消えかかっている。

だが、そこには街の素顔があった。人びとの営みや男たちの生の吐息を、私は感じることができる（松元　一九九三）。

この衰退する街と人々が放つ空気を〈無国籍〉のメンバーたちも吸い込みながら映画館に通い、上映のために新開地や福原を歩いたに違いない。かつてロラン・バルトは、映画館に入る前から観客が街の雰囲気や広告などが形成する「映画状況」に飲み込まれており、映画館から出たあともその余韻に浸って都市を彷徨することの魅惑を記述した（バルト　一九八四）。〈無国籍〉のメンバーもまた映画作品だけでなく、映画館や周囲の歓楽街とそこを行き交う人々が生み出す「映画状況」に魅せられ、新開地に赴いたのではないだろうか。

改めていえば、当時は「自主上映」というと多目的ホールや喫茶店、ライブハウスなどを会場にした上映会が数多く行われていた。しかし、繰り返すが〈無国籍〉の場合は、新開地という街やそこで上映されてきた映画に影響を受け、映画館でのオールナイトにこだわった上映活動を展開した。その理由としては、自主上映で映画館を利用するメリットが確かにあり、たとえばフィルム代が映画館向けの低料金で借りられること、さらに地域の興行協会などから目をつけられずに済むなど、複数の利点が考慮されていたと思われる。だが、当時の〈無国籍〉のメンバーの発言を読むと、「映画館」という場所や「オールナイト」という形式について、意見が分かれている箇所もあるが、その中には、前記のような理由とは違う企図も認められるのである。

たとえば大森一樹は、自分たち映画ファンも封切時に目を向けていなかったプログラムピクチュアの埋もれた力を「蘇生」させる空間は、「映画館」でなければならないと述べている（大森一九七五）。大森たちにとっては、一度消えた過去の膨大な映画のいわば「死後の生」を、独自のプログラミングを通じて再評価することが重要であった。そして、そのための空間は、本来上映を想定していた「映画館」でなければならない。この執着は、大森や〈無国籍〉のメンバーたちにとっての映画受容が、上映される作品だけでなく、上映空間の性質によって二重化された経験であったことを示してもいる。だが、大森のいう「蘇生」の対象は、過去の映画だけではなく、消えていく映画館、そして新開地という都市のなかでの人々の営みそのものでもあった、と拡張して捉えることもできるのではないか。

〈無国籍〉が製作の母体となった『暗くなるまで待てない！』でも、青春の終わりや学生運動の終わりといった主題と共に、かつてあった映画文化の終焉が強調されていた。特に映画後半、閉館した吹田大映が登場する場面が象徴的である。この映画館は、大映倒産後もしばらく大映と日活の旧作を上映していたほか、関西大学の〈シネファイブ〉というグループが企画に参加するなど、若い映画ファンたちの支持を集めていた劇場のようだ（『プレイガイドジャー

図３　『暗くなるまで待てない！』で映し出される吹田大映（提供：大森一樹）

ナル』一九七三年一月号）。要するに、かつて街中に存在していた映画館とそこで育まれていた映画文化の終焉に立ち会っているという感覚が、〈無国籍〉の活動に濃密に反映されているようにみえる。そして、実際にそれは後に情報誌がさらに浸透し、ビデオが普及し、新しい映画文化のかたちが定着するなかで失われた。第9章で詳述するが、こうした後の時代に本格的に始まる映画鑑賞の形態は、日常から切り離され、ある種のイベントやパーソナルな関心のなかで、映画を消費する文化として定着していく。これに対して村上知彦は、街の映画館で映画を観る経験と人々の生活が密接だった時代を、次のように回顧している。

昼間、いろいろな楽しいことや、めげること、腹のたつことがあって、そんな一日を丸ごとかかえて、夕暮れ時の映画館へもぐりこむ。そして映画を観ながら、あの役者は今日会った誰それに似てるなとか、そうかあの時はこうすりゃよかったんだとか、そういえば今日誰かもこのセリフとおんなじようなことを言ってたなあとか、身の回りのさまざまな出来事のことを考える。〝映画を観る〟というのは、ぼくの場合、要するにそういうことだ（村上　一九八九）。

〈無国籍〉の活動は、村上が記す日常と映画文化が密着し、何気なく入った街の映画館で、日々の暮らしを見つめ直すような経験が、まさに失われる過渡的な時代に現れた。新開地と映画産業がともに衰退していく過程に立ち会うなかで、若い映画ファンたちも自主上映を通じて都市でアクションを起こし、あるいは消えた映画館の廃墟にカメラを向け、映画と街とをかつて結んでいた紐帯を再発見しようと試みたのではなかったか。もちろん、それは現在の文化施設やミニシアターなどが取り組む、地域の活性化やコミュニティに貢献するといった意識に基づく上映活動とは違う。ただ、映画ファンたちの「観たい映画を自分たちの手で上映したい」という趣味的にもみえる自主上映が、新開地という「置き去りにされた街」に深く根差した活動であった点は、強調せねばならない。都市に媒介された映画経験、あるいは日常と映画文化の繋がりをどのように「蘇生」させるのかという問いが、彼らの上映活動の根底に抱えられていたように思える。

◎——結び

本章では、〈無国籍〉の上映プログラムを概観した上で、彼らが文芸坐などのオールナイト上映に影響を受けながら、新開地周辺の映画館を再発見する体験を通じて、映画に対する関心を広げていった経緯に触れてきた。また、その上映活動が、過去のプログラムピクチュアの再評価のみならず、映画を観る経験と都市空間との繋がりを意識した活動だったことを示した。いまこうした過去のローカルな上映活動の役割を振り返るとき、われわれの個別化された映画鑑賞のあり方や、都市からも日常の暮らしからも切り離されたかにみえる映画経験を相対化してくれる視座を得られるように思う。

付言すれば、〈無国籍〉の上映活動は一九七四（昭和四九）年には終了しているが、その後に大森一樹や村上知彦、西村隆、高木敬三たちがはじめる〈プレイバック〉の活動では、同時代の自主映画が主に上映されており、大阪にあった三越劇場、神戸学生センター、京都会館別館ホールなど、京阪神地域をまたいで上映会を開催し、機関誌『ぺえぱあばっく』も発行された。その取り組みは、東京で原将人や大久保賢一たちがはじめていた〈シネマエクスプレスウェイ〉の活動からも影響を受けたものであり、第一回の上映会は、一九七五（昭和五〇）年一二月二八日に三越劇場で行われた「8ミリ映画の新しい波・75年新作展」だった。その後、西村がはじめた〈六甲シネマテーク〉の活動でも、六甲にかつてあった喫茶アローで主に上映会が行われ、自主映画作家らを数多く紹介していった。〈無国籍〉のプログラムとは真逆にもみえるこうした上映活動の新たな展開は、彼らの取り組みが、そもそも商業映画や非商業映画といった区分に位置付けられない、映画というメディアとの向き合い方に基づくことを示している。

もちろん、〈無国籍〉や〈プレイバック〉が他の地域の名画座や上映グループから影響を受けているように、当時の彼らの活動を孤立した試みとして捉えるべきではない。同時期の別の地域、関西であれば京一会館や大阪の吹田や新世界の映画館などの周辺で、どのように若い映画ファンを巻き込んだ文化が形成されたのかといった点と〈無国籍〉の試みを比較し、検証する作業が今後必要になるだろう。その作業が、映画産業の翳りの時代に、インディペンデントな文化が花開いたというだけでなく、そのムーブメントと各地の映画館との繋がりを浮かび上がらせるはずだ。

付記：本稿は、ＪＳＰＳ科研費（17K13374）による研究成果の一部である。〈無国籍〉の活動の調査を進めるにあたり、大森一樹氏、村上知彦氏には、インタビューにご協力いただき、当時の貴重な資料も拝見させていただく機会を得た。記して感謝いたします。

◎コラム13

映画書誌学者・辻恭平

二〇〇九（平成二一）年七月に刊行された『映画基本書目　大正・昭和・平成』（日外アソシエーツ）には、一万一五五五点の映画図書が収録されている。本書での収録が、実際に発行された数を果してどれほど反映しているかはともかく、その後の約一〇年間に発行されたものを加えれば、日本の映画図書は一万数千というような膨大な数になろうか。その数の多さ、或いは初期の文献蒐集が困難なこともあるからなのか、戦後に著された映画図書に関する信頼出来る書誌は、一冊しかない。辻恭平の『事典　映画の図書』（一九八九年、凱風社。二〇〇九年に『卓上版』として再刊）である。

　辻恭平は、一九〇五（明治三八）年二月一五日、神戸の御影に生まれた。上京して早稲田高等学院から早大へと進み、卒業後は東宝の前身であるP・C・Lに入社する。敗戦後は東宝争議を経て新東宝に移り、一九六〇（昭和三五）年に演技部長という要職の地位で定年退職する。その後は、岩波映画の嘱託等を続けるが、この間、二〇歳を過ぎた頃から映

『事典　映画の図書』

画文献の蒐集をも続け、一九六八（昭和四三）年に、当時のフィルムライブラリー助成協議会にその全冊を譲渡するときには、その数も一二〇〇冊を数える量になっていた。が、手放すのと入れ違いに、映画図書の記録を思い立って「映画書誌」の調査と執筆を始めるのである。だがしかし、書誌情報の採録には「日本目録規則」という、簡単には理解し難い決まりがある。辻は、国会図書館に通いつめ、専門家の指導を受けてその習得に取り組む。そして、助手も使わずに、調査、採録を始めるが、作業を進めて一〇年が経過した頃、この規則が、当初は「１９６５年版」だったものが、一九七七（昭和五二）年に「新版　予備版」に改訂されていたのを知る。辻は、それまでの原稿の全てを廃棄して、新たな規則に則って作業を再開する。

　時代はしかし、インターネットなどの登場以前である。辻は、国会図書館はじめ、全国の都道府県立図書館五七館、市立図書館約一〇館、その他、専門機関や博物館など全てに直接出向いて、所蔵する映画図書を調査したのである。しかも、検索端末などもないから、蔵書カードを繰るか、蔵書目録を調べるという方法である。そのため、国会図書館だけでも二〇〇回以上という調査をする。

　ひたすら地道な作業を重ね、冒頭で紹介した通り、一九八九（平成元）年に、辻は『事典　映画の図書』の刊行に漕ぎ着ける。作業を始めて二〇年が経過していた。収録する六七五六冊全てが、辻が実際に手に取って調べたものである。まさに、映画書誌の「金字塔」の完成であった。と同時に、映画書誌学者としての辻の到達点でもあった。上梓から七年

持明院前の辻恭平（左）と、華枝夫人（右）。1975（昭和50）年9月23日撮影（提供：福士やす代［辻恭平・長女］）

余り過ぎた一九九七（平成九）年二月一〇日、老衰により静かに自宅で息を引き取った。享年九一。今は、兵庫県加東市栄枝の菩提寺である持明院に眠る。辻恭平もまた、神戸が生んだ偉大な映画人の一人、であった。

（本地陽彦）

◉第8章 伊丹グリーン劇場における特撮映画ファンの共同体

板倉史明

兵庫県伊丹市の阪急伊丹駅から歩いて五分ほどのところに、伊丹グリーン劇場（以下、グリーン劇場と略記）と伊丹ローズ劇場（以下、ローズ劇場）というふたつの映画館があった。そこは一九六八（昭和四三）年に現在の阪急伊丹駅へ移動するまで、阪急電鉄の前身である京阪神急行電鉄の伊丹駅があった場所で、一九七〇（昭和四五）年四月二十六日に開館し、二〇〇二（平成一四）年に閉館した東宝系の映画館である（図1）。ふたつのシアター（グリーン劇場とローズ劇場）のあいだに映写室が一室だけ設置され、その映写室から双方のシアターのスクリーンに映写するという効率的な設計（当時「双子劇場」と呼称）で、当時の日本では非常に画期的なものであった。開館当初のローズ劇場の客席数は一八六席、グリーン劇場は一九八席であり、それほど大きな映画館ではない。しかしこのグリーン劇場は、一九八三（昭和五八）年から一九九〇年代初頭までの約一〇年間、関西における「特撮映画ファンのメッカ」として機能した重要な場であり、特に週末に行われた特撮映画のオールナイト上映には、関西のみならず全国各地から特撮ファンたちが詰めかけた。また、一九八四（昭和五九）年以降はアマチュア映画作家たちによる特撮映画コンテスト「グリーンリボン賞」もあわせて毎年開催され、一九九四（平成六）年まで実施された。近年、当時のグリーン劇場に集まった特撮ファンたちの熱気を振り返り、彼らの活動を歴史的に位置づけようとする動きもでてきている。二〇一八（平成三〇）年一〇月に発売された特撮ファンのための雑誌である『特撮秘宝』には、当時グリーン劇場に足しげく通ったファンたちが座談会を開いて当時を熱く語っている。

グリーン劇場における特撮ファン文化の盛り上がりは、当時の新聞やテレビなどでもしばしば取り上げられるほど注目されていた。一九八三年一二月七日の『朝日新聞』では、グリーン劇場に集まる観客について、「見に来る方も並のファンではない。映画のはじめやクライマックスでは大きな拍手が起こり、画面の怪

図1　開館当初のグリーン劇場の様子。右下が映写室（『キネマ旬報』1974年9月下旬号より引用）

獣と一心同体にならんばかりの熱狂的な雰囲気。オールナイトで四本上映した後、一番拍手の多い作品をアンコール上映する。夜九時に始まって、全部終わるのは朝七時。［中略］初対面の人たちが自慢の怪獣人形を見せあったり、夢中で話し込んでいますよ」と記録されている。ここに集まっていた観客層について、グリーン劇場の支配人だった山富真治氏は、「こうしたファンは十代から二十代の高校、大学生が中心で、彼らの勉強ぶりたるや舌を巻くほどである。」と指摘している（山富真治「三度の飯よりゴジラ様」『日本経済新聞』一九八四年四月二五日、三二）。

以下、本章では、一九八〇年代のグリーン劇場における特撮映画ファンの活動について、三つの点を解説したい。第一に、一九七〇年代後半から日本で盛り上がる特撮ファンの動きを、グリーン劇場における特撮ファンの活動の歴史に接続して概説する。第二に、グリーン劇場における上映作品の番組編成（プログラミング）の特徴を考察することによって、一九八〇年代前半における「特撮」という映画ジャンルのカテゴリーの歴史性を考察する。最後に、当時の特撮オールナイト上映時における観客の歓声を具体的に分析することによって、グリーン劇場に集まった特撮ファンたちが、どのような映画の場面に注目し、どのような声を映画館内であげていたのかという点を、会話分析（conversation analysis）の概念や映画学における受容研究の成果を活用しながら考察し、観客の歓声の種類と役割を分析する。これらの考察によって、一九八〇年代に兵庫県でうまれた自主的な映画上映活動と映画観客の文化のひとつの具体例を解明することができるであろう。

◎——伊丹グリーン劇場における特撮ファン文化の成立

伊丹市のグリーン劇場における特撮ファン文化を考える際に、全国レベルにおける同時代の特撮文化の大きな流れを確認しておく必要があるだろう。この節では一九七〇年代中期から一九八〇年代にかけての特撮ファン文化およびグリーン劇場の活動内容について、特筆すべき事項を時系列にまとめたい。

一九七五（昭和五〇）年の東京で、特撮ファンの同人グループである「怪獣倶楽部」が設立され、その後の特撮ファン文化の基礎が作られた。「怪獣倶楽部」の設立やその活動については、二〇一七（平成二九）年に『怪獣倶楽部――空想特撮青春記』という四回連続テレビドラマとして放送された（氷川竜介『アニメ怪獣ＳＦ青春期』ＩＲＤ工房、二〇一七年。中島紳介「ＰＵＦＦと怪獣倶楽部の時代」『まんだらけＺＥＮＢＵ』連載、二〇一一年〜）。一九七九（昭和五四）年、日本ではじめての日本の特撮専門書である『大特撮――日本特撮映画史』（有文社）が刊行され、その後の特撮ファンたちのバイブルとなった。本を編集したのは関西のメンバーを中心とする「コロッサス」という集団で、のちに『宇宙船』の表紙イラストを描いたイラストレーターの開田裕治や、サブカルチャーに詳しいコラムニストの竹内義和、のちにグリーン劇場の活動に関わった人物としては、映画ポスターのコレクターとして知られる佐竹則廸や、〝怪獣博士〟として知られることもコンサルタントの原坂一郎らが参加していた。一九八〇（昭和五五）年になると、初の特撮専門雑誌である『宇宙船』（朝日ソノラマ）が創刊された。当初は季刊誌だったが、一九八四年六月号以降、隔月刊誌となってさらに人気を博した。

一九八二（昭和五七）年七月に、大阪の興行街である新世界にあった東宝敷島劇場において、特撮映画のオールナイト上映が実施され、多くの観客を集めた。『ゴジラ』（一九五四［昭和二九］年）、『地球防衛軍』（一九五七［昭和三二］年）、『大怪獣バラン』（一九五八［昭和三三］年）、『フランケンシュタインの怪獣　サンダ対ガイラ』（一九六六［昭和四一］年）などが上映されたが、三六〇席の劇場に八〇〇人もの特撮ファンが詰めかけてしまい、東宝敷島劇場側は途中から入場制限をしたため、入れなかったファンたちが映画館の前で騒ぎはじめ、結果的に警官が出動する騒ぎとなった（『日本経済新聞』一九八四年四月二五日）。翌一九八三年二月にも東宝敷島劇場で特撮オールナイト上映が開催され、また尼崎東宝でも同時期に特撮のオールナイト上映が行われ、関西における特撮ファンたちが集う場が形成された。

一九八三年四月三〇日に東宝敷島劇場が閉館し、東宝敷島劇場の支配人だった山富真治が伊丹ローズ・グリーン劇場へ異動した。実はこの山富真治が、グリーン劇場における特撮ファン文化を生み出すもっとも重要な人物であった。山富がグリーン劇場に移って三か月後の一九八三年七月から、特撮映画のオールナイト上映がはじまり、以降、一九八八（昭和六三）年までの五年間に五〇回ほどの特撮映画のオールナイト上映が実施された。上映のあいまに特撮作品のポスターやグッズなどのオークションや、特撮関係者のトークショーも行われた。特に特撮関係者としては、プロデューサーの田中友幸、映画監督の本多猪四郎、特撮映画の音楽を数多く作曲した伊福部昭、東宝歴代特技監督の有川貞昌、中野昭慶、川北紘一、特撮作品に数多く出演した佐原健二、大村千吉、着ぐるみで「ゴジラ」を演じたスーツアクターの中島春雄や映画音楽作曲家・佐藤勝などの講演が実施された（図2）。

　特撮上映会のプログラムは山富が特撮史に残る主要二〇〇本の上映を目指して編成された。一九八四年になるとグリーン劇場のスタッフと有志が、特撮ファンのためのファンクラブ「ファイブG」を設立し、会報『ファイブG通信』を発行して会員同士の交友を深めた。なおファイブGにおける五つの「G」とは、ゴジラ、ガメラ、ギララ、ガッパの頭文字の「G」と、グリーン劇場の頭文字「G」）を合わせて創案したものである。『ファイブG通信』は一九八九（平成元）年までに三〇号以上が発行された（図3・図4）。

図2　俳優・佐原健二氏ゲスト来館時の開場風景（1986.11.22）

一九八四年九月、アマチュアによる特撮映画コンテストである「グリーンリボン賞」がはじめて開催された。計二五本のフィルムの応募があり、受賞作品の上映会が開催された。なお、グランプリを受賞しても賞金はもらえなかったが、アマチュア作家たちが制作した八ミリフィルムが、グリーン劇場という商業映画館の大きなスクリーンに映写され、同じ関心を持つ特撮ファンに見てもらえるという賞金以上の大きな栄誉を獲得することができた（図5）。以降、グリーンリボン賞は一九九三年まで毎年実施された。アマチュアによる特撮映画の制作は徐々に盛り上がりを見せ、一九八七（昭和六二）年には伊丹市の公的な助成を受けながら映画祭が開催されるまでに発展した。一九八七年、伊丹市は文化行政の一環として「劇場都市」を宣言し、さまざまな文化芸術活動を推進したが、そのうちのひとつが「第一回伊丹映画祭」の開催であり、グリーン

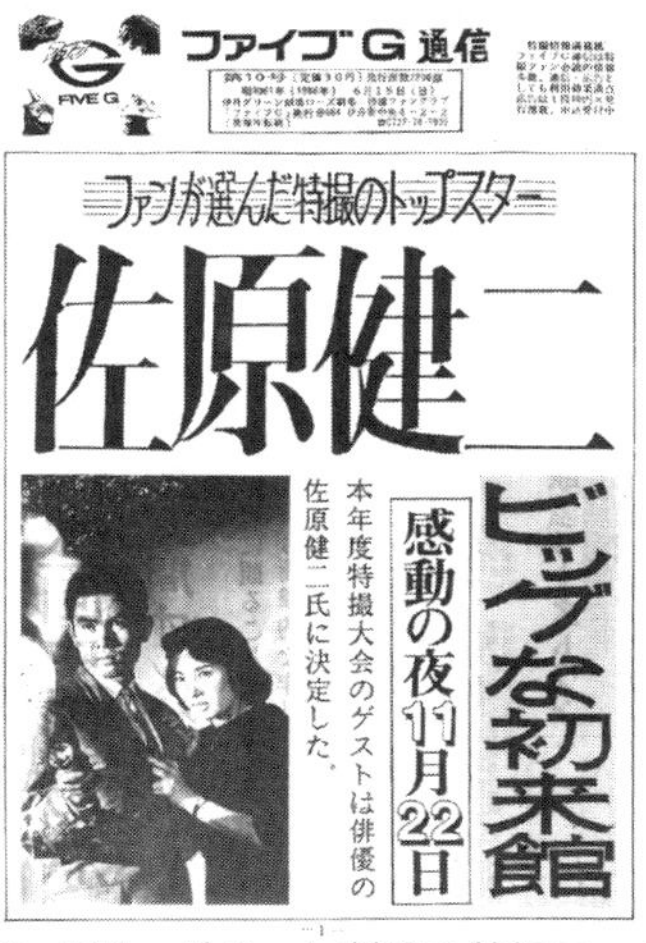
ファイブG通信
FIVE G
ファンが選んだ特撮のトップスター
佐原健二
ビッグな初来館
感動の夜11月22日
本年度特撮大会のゲストは俳優の佐原健二氏に決定した。

ファイブG通信
FIVE G
本多監督来館号
至宝
本多猪四郎監督
日本特撮界の至宝　本多猪四郎監督が遂に〝特撮のメッカ〟伊丹グリーン劇場の最後のゲストに登場することになった。
最後を飾るビッグゲスト
10月22日来館

図3・図4　グリーン劇場の特撮ファンクラブ「ファイブG」の会報『ファイブG通信』の表紙

リボン賞もこの伊丹映画祭のプログラムのひとつとして実施された。さらに一九九〇（平成二）年には、伊丹市制施行五〇周年記念企画として、伊丹市が一六ミリフィルムで長篇劇映画を制作する助成に乗り出した。それらの作品は、過去のグリーンリボン賞受賞者たちが監督を担当することとなり、『ひとけたの夏』（岡秀樹監督）、『ぷるぷるパニック!!　妖精大混乱』（今井聡監督）、『ラブレター』（西尻幸嗣・内田勇治監督）などが制作された。

　このように大規模になったグリーンリボン賞であったが、受賞した映画監督や特撮ファンのなかには、その後プロへの道へ進んだ人たちもいた。岡秀樹は、二〇一二（平成二四）年に劇場公開された『ウルトラマンサーガ』を監督し、さらにはインドネシアの特撮ヒーローテレビ番組『ガルーダの戦士ビマ』（二〇一三［平成二五］年放送）の監督も担当した。また、マンガ『ポケットモンスター　ＳＰＥＣＩＡＬ』を執筆している山本サトシも、グリーン劇場に集まっていた特撮ファンのひとりであり、特撮大会のチラシのイラストを描くという点では外部スタッフ

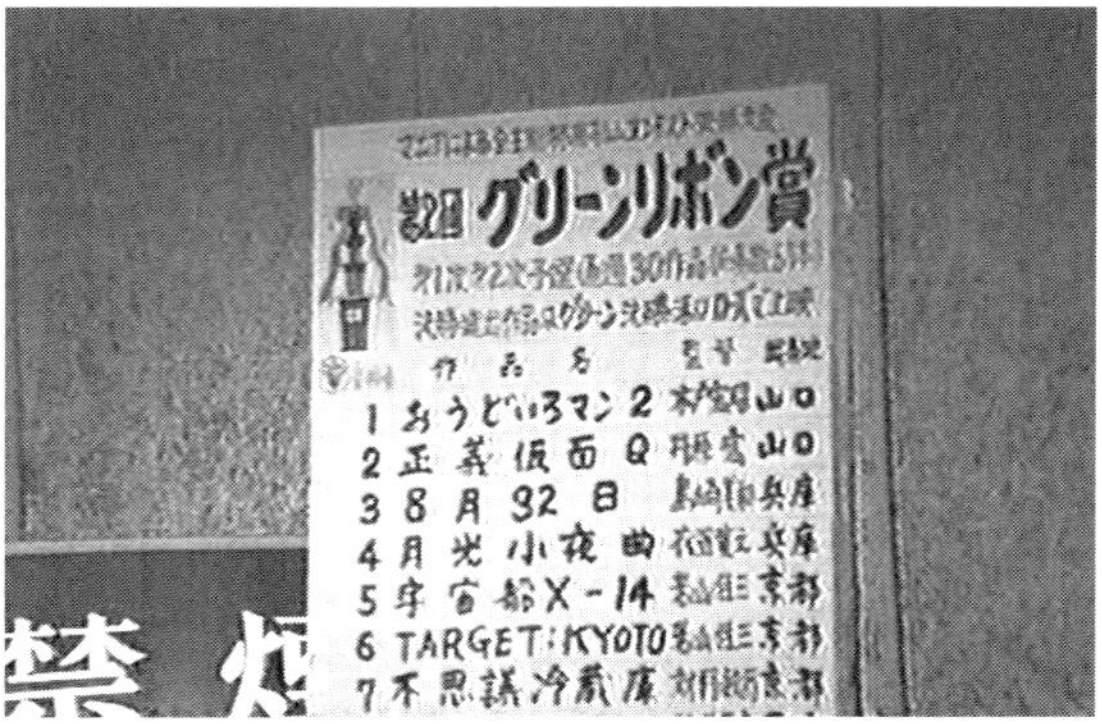

図5　第2回グリーンリボン賞決勝大会開催時における予選通過作品の一覧看板（1986.11.22）

のひとりでもあった。このように、一九八〇年代の伊丹に花開いたグリーン劇場における特撮ファン文化は、現代の特撮文化やポピュラー文化の土台を作っているといえる。

◎———特撮映画というジャンル

現在「特撮」ということばからイメージされるのは、ゴジラやガメラといった怪獣ものの映画や、ウルトラマンシリーズや、仮面ライダーといったヒーローもののテレビ番組、そしてスタッフでいえば〝特撮の神様〟である円谷英二を思い浮かべるだろう。特撮はよく知られるように、もともとはトリック撮影のことを指す「特殊撮影」の略称で、一九五〇年代末から一九六〇年代にかけて日本で一般に使われるようになった。現在では、デジタル映像による特殊効果はＶＦＸと呼ばれており、特撮ということばは、現在において、一時代前に映画フィルムによってアナログ的な特殊撮影や着ぐるみを使った作品に対して使われる、限定的なジャンル・カテゴリーであるといえる。

また、現在の私達が「特撮」という言葉を使うときに、ホラー映画やＳＦ映画、戦争映画などの言葉はあまり連想されることはないだろう。つまり、時代によってジャンルの名前とそれが指し示す作品群の関係は常に変化しており、ジャンルの境界線も常に引かれ直しが行われている流動的なものであることがわかる。

グリーン劇場の特撮上映とファン文化が歴史的に興味深い理由のひとつは、一九七〇年代末から一九八〇年代前半における「特撮」というジャンル・カテゴリーの変化をとらえられるという、ジャンル論的な研究の価値である。吉本たいまつ氏の『おたくの起源』(二〇〇九年)によると、一九七〇年代までは巨大なSFファンの共同体があったのだが、一九七〇年代末から一九八〇年代初頭にかけて、SFファンの母体から、マンガ、アニメ、特撮などのファンがそれぞれ分離していったと指摘している。実際一九七八(昭和五三)年にSF映像の専門誌『スターログ(日本版)』が創刊され、同年にアニメ専門誌『アニメージュ』も創刊される。一九八〇年にホラー映画の専門雑誌『ホラーワールド』が創刊され(ただしわずか二号で休止)、同じ一九八〇年には先述した特撮の専門誌である『宇宙船』が創刊された。

たしかに各専門誌の創刊年を確認すれば。吉本たいまつの指摘は間違ってないことがわかる。ただし注意しなければならないのは、各ジャンルの分化は急速に起こったのではなく、一九七〇年代末から一九八〇年代初頭にかけて、各ジャンルがゆっくりと細分化していったといえる。たとえば、『ホラーワールド』創刊号の表紙をみると、「ホラー、SF、ファンタジー映画雑誌」と英語で記されており、同誌「編集後記」においても、みずからの雑誌を「日本で初めての怪奇SF専門誌の登場です」とカテゴライズしている。『スターログ(日本版)』創刊号も「SF映画、TV、アニメ、コミックアート誌」という副題が表紙に記載されており、『宇宙船』もまた、表紙のキャッチーコピーは「八〇年代をリードするヴィジュアルSF世代の雑誌!!」なのである。な

図6、7　グリーン劇場における特撮オールナイト上映のチラシ

ぜか『アニメージュ』だけは、「選び抜いたアニメ情報マガジン」という表現方法であり、他のジャンルから距離を取ろうとしている特徴がある。

　ではより具体的に、特撮ジャンルがほかのジャンルから独立しようとする過渡期において、それ以前の特撮作品が一般的にどのようにみられていたのかを考察してみよう。雑誌『宇宙船』の編集を創刊から担当していた聖咲奇《ひじりさき》は、一九七九年の書籍『大特撮――日本特撮映画史』の巻末に文章をよせており、この本が出版されたことの意義を次のように指摘する。「永い間（日本の映画史を考えると、これは本当に永い間だ）、特撮＝怪獣＝子供だましの図式は、人々の心の底にこびりついていた」（聖咲奇「スゴイ特撮ドラマの足音が聞こえる……」、ページ数記載なし）。聖の解説から読み取れるのは、子ども向けと思われてきた「怪獣映画」というカテゴリーを、特殊撮影＝特撮という価値中立的に見える映像技術によって定義しなおし、日本映画の歴史のなかに位置づけなおすこと、それが『大特撮――日本特撮映画史』の役割だったといえる。

ここまでの議論をまとめると、一九七〇年代末にＳＦファンの共同体からさまざまなジャンルが枝分かれして細分化されはじめた。「特撮」という言葉の使用は、怪獣映画という子供向けのジャンル名から意識的に差別化しようとするファンたちの戦略として理解できる。当時「特撮」というカテゴリーに含まれていた作品は、現在のわたしたちが想像するものとは異なり、特殊メイクなどに工夫をこらしたホラー映画や怪談映画、そして戦争映画やスペクタクル映画、ＳＦ映画なども含まれるより幅広いカテゴリーであった。このことはグリーン劇場におけるプログラミングをみても確認することができる。（図6・7、カラー口絵⑭⑮を参照されたい。）

◎――特撮ファンの反応分析

当時のグリーン劇場に集まった特撮ファンが特撮作品を見るときの特徴を、残された音声資料から考察したい。グリーン劇場における特撮映画の上映会は、主に土曜の夜から日曜の朝にかけてのオールナイト上映という特殊な興行形態をとっていた。土曜の深夜、関西の特撮ファンたちが、伊丹のグリーン劇場にあつまり、過去の特撮映画を一緒に見たのである。一九八〇年代前半は、ビデオデッキがまだ多くの家庭に普及していない時期であり、また、いまのようにインターネットや携帯電話も普及していない時代である。そのような時代に、特撮ファンたちは、同じ趣味を持つ同士とのつながりや情報に飢えていた。したがってグリーン劇場は、単に特撮映画を見るためだけの空間ではなく、特撮ファン同士が直接あって、自分たちの趣味を思う存分語り合うことのできる重要な空間だったといえる。

グリーン劇場で特撮映画が上映されるとき、現代の映画館において主流になっている映画鑑賞のマナーとは異なる鑑賞方法が実践されていた。上映中に手をたたき、歓声を上げ、映画作品の細部に注目して驚き、笑い、そして主題歌が流れると手拍子を打ち、一緒に歌う人まで現れるという、非常にダイナミックな映画鑑賞体験である。現在の〝声出し上映〟につながる鑑賞体験ともいえよう)。

一九八四年一二月一五日（土）に、グリーン劇場において、「年忘れ奇想天外！爆笑特撮大会」という企画名で、『スーパージャイアンツ　怪星人の魔城』（石井輝男、一九五七年）が上映された。（図8参照）。

　これはスーパージャイアンツ・シリーズ全九作中の第三作目にあたるもので、当時グリーン劇場にかよっていた特撮ファンのひとりである加島愛市郎氏が、当時上映中の映画館内の歓声をカセットテープで録音しており、そのときのグリーン劇場における特撮ファンの反応が克明に記録されている。本稿ではその録音素材に対応する映画の場面を特定し、各場面における観客の反応を分析した。

　注目したいのはふたつの場面である。ひとつ目は、冒頭のタイトルクレジット画面

図8　『スーパージャイアンツ　怪星人の魔城』が上映されたオールナイト上映のチラシ（1984年）

である。ふたつ目の場面は、映画開始後一二分ほど経過したあたりで、スーパージャイアンツと敵の怪星人カピアがはじめて橋のふもとで戦う場面である。

まず、オールナイト上映企画のタイトルが「爆笑特撮大会」であるので、上映作の一本である「スーパージャイアンツ」シリーズは、明確に〝笑い〟の対象として選ばれている。主演の宇津井健は当時すでにベテラン俳優で、テレビドラマなどで真面目な役として出演することが多かった。その宇津井健がそれより三〇年ほど前に特撮もののヒーローとし出演していたことが（そして奇妙なコスチュームをまとっていたことが）笑いを誘ったことは確かであろう。「スーパージャイアンツ」シリーズは、すでに雑誌『宇宙船』第六号（一九八一年春号）で八頁にわたって全作品が紹介されていた。つまりグリーン劇場に参集した多くの特撮ファンにとって、「スーパージャイアンツ」シリーズは雑誌のスチール写真や活字情報としては知っているが、実際の映画作品はまだ見たことがない作品だった。そのためグリーン劇場の特撮ファンたちは、どんな映画なのだろうと期待に胸を膨らませていた文脈が想像できる。

まずタイトルクレジット部分の特徴を確認しよう。冒頭の製作会社である新東宝のトレードマークが映し出されると、大きな拍手が起こる。そして『スーパージャイアンツ　怪星人の魔城』というタイトルが映し出されると、会場から大きな拍手と笑いが同時に起こる（0：00：14）。そのタイトルに被って画面中央の背景に、全身タイツ姿にも見える特徴的なコスチュームを着た宇津井健が写っていることに対する喜びもその笑い声に含まれているかもしれない。また、クレジット中、音楽を担当している「渡辺宙明」の名前が画面上に出てきたときにも、「おおっ！」という称賛の声とともに、小さな拍手が起こる（0：00：43）。渡辺宙明は特撮ファンにはなじみの作曲家であり、テレビ特撮『人造人間キカイダー』をはじめ、『秘密戦隊ゴレンジャー』等スーパー戦隊シリーズものの音楽を数多く担当した作曲家であった。

ふたつ目の場面であるスーパージャイアンツと怪星人カピアとの戦いの場面を確認してみよう（0:13:29-0:16:11）。ここでは逆回転撮影やスローモーション撮影、そして怪星人カピアが口からビームを発射するときには合成技術が使用されており、さらに電子楽器を使った近未来的な音楽も入っており、ふんだんに特撮技術が披露されている点において特撮ファン好みの場面といえる。観客が笑う箇所に共通しているのは、現実の戦いではけっしてありえないような〝無意味〟で〝過剰な〟アクションが確認できたとき（生死をかけた戦いであるにもかかわらず、二人は無駄にバク転［後方転回］を競い合う）や、人工的に加工した印象が強い特撮表現が映し出されたとき（カピア星人の口から吐かれるビーム）に、観客の笑いが起こっている。

大塚英志は、『おたくの精神史――一九八〇年代論』（二〇一六［平成二八］年）において、おたくの特徴として「受け手の過剰な読み」を指摘している。さらに、マンガや映画で描かれる「虚構の世界」を、「現実世界と同等の統辞で成り立っているのだと見なす思考と、それを出発点とする想像力のあり方こそが「おたく」表現の本質である」とも指摘している（大塚　二〇〇四、二〇一四）。グリーン劇場に深夜あつまった特撮ファンたちは、大塚の指摘するような物語の直線的な展開から逸脱する瞬間（バク転）や、効率的に観客に情報をつたえようとする要素から逸脱する細部（特に特撮技術の細部の質）に注目し、不自然さや意味の過剰さを発見し、笑いによって共有するという楽しみ方をグリーン劇場内で実践していたといえる。一九八四年のグリーン劇場における特撮映画の楽しみ方を一般化することは難しいが、このような観客の反応が記録されたカセットテープは、初期のおたく的な楽しみ方が克明に記録された貴重な音声資料だといえよう。

◎——承認欲求と共感——拍手と笑い声の機能

ではグリーン劇場における多種の歓声を、社会学の一分野である会話分析の用語や映画学の概念を使って読み解いてゆこう。会話分析の専門家・アトキンソンによると、会話をしている時の肯定的な反応として、称賛・声援・笑いがあり、否定的な反応として、ブーイング、ひやかし、やじること、があるという（Atkinson and Heritage 1984, p.371.）。この分類でいえば、スーパージャイアンツの観客の歓声は、主に笑いと称賛からなりたっている。クレジット画面においてタイトルが映し出されたり、音楽担当の渡辺宙明の名が表示されたときには、拍手と「おーっ！」という称賛の声が聞こえてきた。

では、これらの笑いや拍手はいったい何を意味していたのだろうか。映画学における観客の受容研究、特に歴史的な受容研究を長年進めているジャネット・スタイガーは、『メディア・レセプション・スタディーズ』という二〇〇五（平成一七）年に執筆した本において、ファン同士の会話の特徴を、次の五種類に分類した（Staiger 2005, pp.107-108）。

1　批評 commentary　満足・不満足などの感想を言い合う
2　推測 speculation　ゴシップや作品外の情報を提示する
3　要求 request　自分が知らない情報を他のファンに求める
4　拡散 diffusion　情報を広める
5　承認 recognition　＊左記参照

スタイガーの説明によると、5の承認とは、「〃本当の〃ファンであれば知っているであろう知識の深さを同定するキャッチフレーズや内部情報を使うこと」であり、それは「誰がこのファン共同体に属しているのか、いないのかというシステム、あるいはファンの知識のレベルを構築するような採点のシステムを生み出すような会話」（p.108）である。グリーン劇場で『スーパージャイアンツ　怪星人の魔城』を見ていた時に館内に響いていた笑いと拍手は、5の承認が表現されたものと位置付けることができる。「特撮ファンであれば〃当然〃知っている渡辺宙明というスタッフの名前を私は知っているぞ」、ということを拍手によって他の観客に対してアピールし、他の観客に私が本当のファンであることを「承認」してもらう。また、映画館内で拍手を共有することによって、特撮ファン同士の心理的な連帯感と一体感が強化される効果もあっただろう。さらに笑いについても、「私はこの特撮表現の細部に気が付いたぞ」、「この現実と虚構の矛盾に気が付いたぞ」、ということをほかの観客に示し、その笑い声を通じて自身の知識を「承認」してもらう機能を果たしていたといえる。

◎――最後に

グリーン劇場の特撮ファンは、複数の歓声や拍手を生み出すことによって、他の観客に対してさまざまな情報を発信し、特撮映画の面白さを共有していた。またファン同士で、これ知ってるよ、という知識の共有、面白さを理解しているということ、この一体感を高めるために、拍手をしたり、歓声をあげた。いかに映画作品や関係したスタッフ・キャストのことを細部まで知っているか、ということが重要であり、それらの人物が尊敬の対象であったとすれば、それを知ってるよと誇示し、承認してもらう機能があった。それは、映画の物語の展開と直接関係のない映像や特撮の細部に注目することによって生み出されるものでもあり、このような特撮ファン文化の特徴は、現在につながる〝おたく文化〟の源流として位置づけることができる。

謝辞――インタビューに快く応じてくださり、当時の貴重な資料や映像を閲覧させていただいたグリーン劇場元支配人の山富真治さん、研究のきっかけをつくってくださった岸本通彦さん、当時の映画館内の録音素材をご提供くださった加島愛市郎さん、二〇一六年一一月一三日に神戸映画資料館で開催したグリーン劇場に関する研究会と上映会にご協力くださった皆様に感謝申し上げます。

◎コラム14

神戸の映画雑誌

フィルムだけが映画じゃない。映画にはシナリオがあり、機材がある。街頭を飾るポスターがあり、チラシがある。作り手と観客をつなぐ雑誌や新聞の記事がある。「ノンフィルム資料は映画そのものではないが、私たちの生活文化の一部。正しい評価が必要だ」と岡田秀則・国立映画アーカイブ主任研究員は語る。映画雑誌は、大半が失われた戦前の日本映画の「生々しい証言者」だと岡田主任研究員は表現する。そこには作品データのみならず、監督やスターの声、場面の写真や観客の反応、興行成績やゴシップまで雑多なものが詰まっている。

「恐るべきは最近活動写真界雑誌乱興の事」とは、一九二三（大正一二）年に関東大震災で西宮・香櫨園に編集部を移す『キネマ旬報』の同年五月一日号の記事。撮影所は「日に数十人の速成記者がブロマイド原版取りの写真屋さんを引具《ひきぐ》して楽屋裏ばなしの種取りに行く」にぎわいだったという。

神戸・新開地でブロマイド屋といえば、千代之座の隣の、淀川長治がひいきにした東夢《あづまむ》外堂《がいどう》。後に『キネマ旬報』直営の神戸映画堂となるが、東夢外堂内の「影繪社」は一九二一（大正一〇）年、高級映画雑誌『影繪』を創刊する。「本邦唯一の外国映画専門雑誌」を自任し、愛映家の研究心を鼓舞した。その影繪社から業界誌『キネマ・ニュース』が一九二六（大正一五）年に創刊。同誌で映画評論家・筈見《はずみ》恒夫が編集者のキャリアをスタートさせている。

『キネマ・ニュース』について、当時神戸にいた字幕翻訳家・清水俊二《しゅんじ》は、映画ジャーナリズムでは「問題にされていなかった」と書く。ただし映画評論家・岡田真吉によると、『キネマ旬報』の対抗誌として「旬報に関係のある人々からはかなり冷い眼で見られていた」(『筈見恒夫』)というから、割り引いて聞くべきだろう。震災後、神戸には洋画の日本支社、京阪神には邦画の撮影所が集中。各社は「まず両誌に新作の予告宣伝広告をする。内容も権威があり、全国の映画ファンに愛読された」と独ウーファ輸入元・神戸太洋商工の浅原隆三は回想している(『営業マンの見た映画業界の思い出と現流』)。

神戸で発行されていた映画雑誌（神戸映画資料館、森下明彦蔵）

『キネマ・ニュース』で人気を呼んだのは色刷りの折り込み広告だったが、撮影所通信などの記事や案内も興味深い。

「阪東妻三郎の時代劇が神戸在住画家・ヒンリヒセン夫人の紹介により欧州輸出」(四〇号)、「ソビエトのソフキノ映画配給を神戸・

フレザー商会のクレーン氏が獲得」（四〇号）、「中華民国映画の唯一の配給会社『七星影片洋行』が神戸に設立され『椿姫』を輸入」（三八号）といった情報は、神戸映画史の一断面だ。太洋商工が合併した東西映画社、在米日系移民が設立した桑港興行の関連会社スター・フィルム、松竹座代理店の高橋商会、セシル・B・デミルら独立映画製作者の配給組織である米PDC（プロデューサーズ・ディストリビューティング・コーポレーション）社の関西配給を手掛けたメトロポリタン映画社など、神戸の中小の配給会社や配給系統の変遷もたどれる。アニメーション監督の政岡憲三が自身の「呑平プロダクション」で初監督した童話劇『貝の宮殿』（一九二七［昭和二］年）のロケを但馬の香住や淡路島で行ったこと（一六号）や、神戸の詩人・能登秀夫が帝国キネマ作品『藻草』（『沈黙の人』［同年］として公開か）の脚本を自ら謄写版で発行したこと（二九号）も分かる。

約二〇〇人もの映画人を同人とする『映画生活』、前衛詩人らの研究誌『映画無限』、元町の写真商・本庄商会の『写真と活動』…。神戸では戦前、約三〇種類もの映画雑誌が発行され、映画館のプログラムやファン手作りのパンフレットも盛んだった。

「ノンフィルム資料の地方性は地元の誇り。郷土史としての映画史は重要だ」と岡田主任研究員。神戸映画資料館では、国立映画アーカイブにもない資料が目覚めの時を待っている。

（田中真治）

◉第9章

ミニシアター／シネコンからその先へ
――震災以前と以降の神戸の映画上映空間

田中晋平

◎――はじめに

本章では、一九八〇年代以降の震災を経ていった神戸の街で、既存の映画館含め、多様な映画を上映する空間がどのように確保されてきたかをたどりつつ、地域に映画文化を新たに根付かせる試みを検討する。本書を読み進めてきた人々は、日本で初めてキネトスコープが一般公開された経緯や戦前の新開地の様子などに触れ、神戸が映画と深い繋がりをもつ都市であることを確認できたはずだ。しかし、神戸の街が今日まで、「映画の灯」を絶やさずにきたかと問われれば、どうだろう。

本書末尾に掲載した一九五八（昭和三三）年と二〇一八（平成三〇）年の神戸市全体の映画館マップを比較してほしい。一九五八年の神戸市の人口はおよそ一〇六万人、市内には映画館が八五館存在していた。二〇一八年の人口は一五二万人だが、既に映画館は、成人映画館や神戸映画資料館も合わせて一二館。内三館は、商業施設などと連接した複合映画館＝シネマコンプレックスのため、スクリーンの数でカウントすると四二スクリーンだが、かつて映画館が街の至るところにあった時代とは大きく異なる状況であるのは間違いない。

現在では、映画の制作・上映もフィルムからデジタルにほぼ移行した。その受容方法もＤＶＤやブルーレイ、インターネットによる映像配信サービスの登場など、ますます多様化が進む（「ポストメディウム状況」とも呼ばれる）。ただ、こうした映像環境に至る以前から、映画受容のありようは、既に一九八〇～九〇年代には大きく変容していた。本章で扱う神戸のミニシアターやシネコンはその変容の帰結として現れた場所であり、必ずしも確固とした定義や地域社会のなかでの役割を与えられているわけではなく、いわば「仮設」の空間として維持されてきたといえる。「仮設」であるゆえ、観客の欲望や時代の変化にフレキシブルに対応できる面もあるが、かつてのように人々の生活や日常と強く結びついた映画文化は失われていった。このような見通しをもって議論を進めたい。

具体的には、まず一九九〇（平成二）年前後の神戸でミニシアター、そして、シネコンが設立された時代に遡り、その文化的背景を検討する。次に阪神・淡路大震災が、神戸の映画興行に与えた被害、および当時の映画上映を通じた復興への営みを取り上げる。最後に現在の映像視聴環境を踏まえて、地域に根差した映画館の活動や課題、さらにフィルム・アーカイブが果たす役割に触れたい。

◎——ミニシアター／シネコンの時代

第7章で記したように、一九六〇～七〇年代の神戸では次々と映画館が閉館していった。その一方、〈グループ無国籍〉の自主上映のように、映画ファンたちによる活動は盛り上がりをみせる。一九七〇年代後半の三村照雄たちによる〈神戸映画ファンクラブ〉も、神戸まつりにオールナイト上映を朝日会館で行うなどの活動を経て、「神戸ポートアイランド博覧会（ポートピア'81）」で映画フェスティバルを開催するまでに至る。一九五〇（昭和二五）年の結成から上映活動を続けてきた〈神戸映画サークル〉も、一九七二（昭和四七）年から毎月芸術的に優れた作品を上映しようという「市民映画劇場」をはじめている。またこの時代は、一九七六（昭和五一）年の「湯布院映画祭」を皮切りに、地域映画祭が全国に出現しはじめ、やがて東京や広島、山形、ゆうばりなどでは大規模な国際映画祭も開催されていく。神戸では、一九八八（昭和六三）年から「KOBE国際映画祭」が開催、さらに新開地では「文化・芸術の街」として地域を活性化させようとする「アートビレッジ構想」の一環として、一九九一（平成三）年から「ダウンタウン映画祭」が開催された。

こうした流れのなかで、一九八〇年代末頃から神戸の映画館にも変化の徴候が現れる。一九九一（平成三）年に雑誌『神戸っ子』の映画特集に掲載された小林義正の記事では、映画館が「量から質の時代に変化している」とある（小林　一九九一）。具体的には、三宮のアサヒシネマが単館系ロードショーの専門館であるアサヒシネマ３をオープンしたこと、また成人映画館だったロッポニカ三宮がプログラムを変更し、同様に単館系作品の上映を開始したこと、さらにはパルシネマしんこうえんの設備拡充や旧新聞会館の劇場の改装なども挙げられている。言い換えるなら、「量から質の時代」への映画文化の変容を象徴的に示す出来事として、ここでは「ミニシアター」の出現が挙げられている。

詳述すると、まず一九八〇年代初頭の東京で、「ミニシアターブーム」と呼ばれる現象が起きていた。一九八一（昭和五六）年のシネマスクエアとうきゅうや一九八二（昭和五七）年に欧日協会による上映活動から生まれたユーロスペースなどが起点とされる（一九七四［昭和四九］年から映画館として活動してきた岩波ホールまで遡る見方もある）。この時代のミニシアターは、それまで既存の映画館では掛からず、かろうじて自主上映などを通じて観られていた、ヨーロッパ映画やアジア映画、アメリカのインディペンデント映画などを中心にした番組編成で注目された。さらに、豪華な椅子などの設備や（映画作品を集中して鑑賞するための）完全入替制といった規則の導入も話題を呼ぶ。「良質」とされる作品とそれを上映する環境が、映画体験に新しい価値を付与したのだ（ただし、以下で詳述するように、八〇年代のブームの時代とは異なるタイプのミニシアターものちに登場する）。

アサヒシネマ３やロッポニカ三宮があったことで、神戸の映画ファンたちも、たとえば当時大ヒットしたパーシー・アドロン監督の『バグダットカフェ』（一九八七［昭和六二］年）や田壮壮《ティエン・チュアンチュアン》の『青い凧』（一九九三［平成五］年）などを観る場所を得た（それまでは単館系作品を観るために、大阪などまで移動していただろう）。ただ、こうした映画受容の変化を象徴するミニシアターのような場所が、全国で同時期に設立されたわけではなく、前記の神戸の事例のように、地方都市ではむしろ一九八〇年代末以降に登場したことに注意を払いたい。このズレに着目するのは、その後日本全国にオープンするシネマコンプレックスとミニシアターの設立時期が、地方では重なっている点を浮彫にするためである。首都圏では、八〇年代初頭にミニシアターブームが到来し、その後一九九〇年代前半にシネコンが登場することから、両者とその映画文化のありようを時代的にも区分する認識が一般にある。だが、それは東京偏重の歴史理解ではないだろうか。

具体例として、一九九二（平成四）年にＪＲ神戸駅海側に位置するハーバーランドの商業施設内に同時に誕生した、シネモザイクとａｂシネマという映画館を挙げたい。興味深いのが、オープン当時に両館を紹介した情報誌を参照すると、スクリーン四つを備えた前者はシネマコンプレックスとして、スクリーンが二つある後者はミニシアターとして紹介されていることである（『ぴあ関西版』一〇巻二二号［通巻二四三号］、一九九二年一〇月二二日）。同じ記事でシネモザイクは、カップルからファミリーまでの幅広い年齢層をターゲットにしているとされ、ａｂシネマの方は、女性が一人でもゆっくり映画に親しめるおしゃれな映画館だとの説明がある。二館の差異を強調しつつも、ハーバーランドに生まれたシネコンとミニシアターが同列に、魅力的な場所として紹介されているのだ。厳密には現在のシネコンの場合、六以上のスクリーンを備えていることが基準であり、シネモザイクは当てはまらないともいえるが、少なくともミニシアターとシネコン（と呼ばれる空間）が、ほぼ時間差なく、地方都市に登場する事態は、両者の性質に共通する映画文化全体の変容を反映しているのではないか。

一言でいうとその変化とは、映画鑑賞がハーバーランドのような生活圏からは切り離されたエリアで、個人的な趣味や休日にカップルや家族で作品を消費する行為として一般化していったことである。逆に失われたのは、かつて映画館が街のさまざまな場所に立ち、人々が生活のパターンのなかで娯楽として映画を受容していた文化といえる（第7章も参照）。そこで観客たちは、映画の物語や登場人物と自身の暮らしを重ねることで、日常を別の角度から眺めるような経験も得てきたはずだ。より正確には、それは映画受容の空間だけではなく、映画製作とその批評までを含めて起きた文化の変容でもある。映画研究者の長谷正人はそれを「映画のポストモダン化」と呼ぶ。

八〇年代の優れた映画作品は、私たちの暮らしとの結びつきを失って、純粋な記号とイメージの体験として自律化して行ったように思う。映画を観るという経験自体が、暮らしの営みからは切り離された一種のオタク的経験へと変化していったのである。こうした映画文化のポストモダン化に際しては先述したように、映画作品を社会的意味から切り離して、画面の表層を読み取らせるようにした蓮實重彦的な映画批評や、暮らしから切り離されたイベント的な映画鑑賞を可能にしたミニシアターなどの鑑賞条件も大きな役割を果たしただろう。（長谷　二〇一七）

長谷は指摘していないが、ミニシアターでアート系の映画を消費し、おしゃれなイベントに参加した感覚を得ることと、シネコンの快適な座席や大きなスクリーンで（家庭の視聴環境では実現できない）迫力ある映像や音響に身を浸すことは、既に暮らしと切り離された場所でのイメージ体験という意味では、同じものだろう。あるいは冒頭で述べた映画祭などの非日常的な上映イベントの出現をここに加えてもよいはずだ。

もちろん、こうした変化にミニシアターやシネコンが対応したことで、映画館から足が遠のいた観客を取り戻した面を強調することもできる。しかし、それはもはや映画館が人々の生活や社会との関係性から遊離した場所であり、地に足が着いていない「仮設」の空間である証左でもある。ただ、そのようなミニシアター／シネコンの時代の只中で、周知の通り神戸の街は、阪神・淡路大震災で被害を受けた。この震災が神戸の映画上映に与えた影響について次に検討せねばならない。

◎——阪神・淡路大震災と映画上映

一九九五（平成七）年一月一七日午前五時四六分、兵庫県淡路島北部を震源とするマグニチュード七・三の地震が発生。六四〇〇人を超える人命が失われ、都市に甚大な被害がもたらされた。経済と生活のインフラだけでなく、文化の基盤もまた徹底的な打撃を受ける。他の文化施設同様、神戸の映画館も震災によって壊滅状態となった。三宮駅前にあった神戸新聞会館は、建物の基礎まで大きなダメージを受け、そのまま取り壊される。同じく神戸を代表する建造物だった阪急会館も、震災でビルの壁面が崩れ、直後には映画館の赤い座席が無残にもあらわにされていた。神戸国際会館のなかの国際松竹と国際にっかつは地下にあったため被害は軽微だったが、建物自体のダメージが大きかったため解体される。

むろん、これら大劇場だけが被害を受けたわけではない。一九九五（平成七）年一月二一日に発売された『ぴあ関西版』

図1　震災直後の阪急会館（提供：神戸新聞社）

の映画欄の情報を確認すると、神戸市内だけでなく兵庫県内の多くの映画館で上映のスケジュールが「未定」と記され、空白に占められている。そして、次号を確認すると被災した映画館の情報自体が誌面から消える。この不在からも、当時の映画館の被災状況と都市が受けたダメージが想像されねばならない。

大災害の事後には、常に文化や芸術の価値や役割が根底的に問われる。とりわけ映画の場合、震災をいかに表象するかという問題だけでなく、それを上映する空間が失われてしまうことで、映画体験の価値、映画館そのものの存在意義まで問い直される。『映画新聞』という媒体で、震災後にいち早く神戸の街と映画館の被害状況を取材し、後に大阪と兵庫で映画館経営をはじめる景山理は、その廃墟を前にしてある問いが浮かんだという。

「映画は必要なのか」。神戸の街を歩いていたとき、この思いが去来していた。映画によって、人々に生きる喜びや感動を体験していただくことこそ、映画が存在することの大きな理由なのではないか。少なくとも僕自身にとってはそうだった。映画が生きる希望を与えてくれたし、人生をどれほど豊かにしてくれたことか。ならば、これを天職としよう。震災で苦しまれたり心を閉ざされたりした方々へ、映画の持つ力でなんらかの支えになろう。そう考えた僕は、この宝塚の映画館「シネ・ピピア」の経営を引き受けることにしたのだった。
そして、今もその問いと格闘している。（景山　二〇一〇）

多くの映画関係者にも浮かんだはずのその問いに応じるように、復旧した映画館では、行政から支援もないなか、無料の上映会が行われた。『神戸とシネマの一世紀』に経緯も含め詳述されているが、まず須磨にあった板宿東宝で、次に先述のハーバーランドのａｂシネマや三宮のアサヒシネマでも上映が再開され、連日たくさんの観客が訪れた。パルシネマしんこうえんも震災で映写機が倒れるなど被害を受けたが、三月中旬に黒澤明の『七人の侍』（一九五四［昭和二九］年）で上映を再開している。休業期間にも常連客らが訪れ、パルシネマの入り口に貼られた紙に再開を待ち望む人々が書き込みをしたり、留守番電話やハガキでも励ましの言葉が寄せられた（本書所収の小山康之氏インタビューを参照）。多くの映画館を失ったオーエス株式会社も、映写機を小学校などに持ち込むかたちで巡回上映を行ったという。北野にある演劇が主体の新神戸オリエンタル劇場や、音楽ホールだった神戸朝日ホールも映画上映の場となった。文字通り「仮設」の空間で、映画は震災後の神戸の人々に届けられたのだといえる。なお一九九五（平成七）年一二月二八日には、新たな映画館として三宮シネ・フェニックスがオープンし、その収入の一部が震災復興本部に寄付された。

震災の一年後に開催された「神戸１００年映画祭」では、「人間復興」というキーワードが掲げられ、映画作品の上映だけではなく、海外からアンジェイ・ワイダやダニエル・シュミット、陳凱歌《チュン・カイコー》や楊徳昌《エドワード・ヤン》など多くの映画人が神戸を訪れた。一九九〇（平成二）年にイラン北西部で起きた大地震後の被災地を『そして人生は続く』（一九九二［平成四］年）で描いたアッバス・キアロスタミも来日している。映画祭のレポートによると、キアロスタミは、長田の街を歩きながら、かつてイランで観た情景を思い出したと語り、次のような言葉を残したという。

私が現地［イランの被災地］ですぐ見たのは死体を埋めている姿だ。人間は壊れてしまったものを早く隠そうとする。それが現実で、芸術家の仕事は現実を、本当の事実を見せることだ。私は死よりも現実的な生、一生懸命生きている人を撮りたかった。なぜなら、命はどこからでも芽を出すが、死は土に覆われてしまうから。（中島　一九九六、［　］内引用者）

震災において映画が直視せねばならないのは、失われたものや死者たちの記憶だけでなく、その苦難を生き抜こうとする人間の姿、「死よりも現実的な生」である。そのキアロスタミのいう生者の営みは、映画が撮影すべき対象であるだけではなく、まさに仮設の空間で、途方に暮れた人々を励まし、支えた上映活動自体を指してもいるはずだ。

景山が「映画は必要なのか」という問いと「今も格闘している」と述べていたように、阪神・淡路大震災は、直後に映画の役割をゼロから考え直させる機会となっただけではなく、同じ問いを現在まで投げかけ続けていると捉えられる。それは、前節で述べた映画が生活から切り離され、非日常的な体験を提供していたポストモダン化への疑念としても受けとめられるだろう。家族や友人を亡くした人々、職場や家を失った人たち、あるいは住居も財産もなかった者も含めた被災者に「必要な」映画とは何か。それは過酷な状況を一時的に忘却させてくれる作品だけでなく、観る者の境遇と時に重なりながら、喜びや勇気を届ける、そのような映画体験の可能性を示唆していたはずだ。しかし、神戸の街が復興を遂げる過程で、震災時に去来したその問いの重みが、徐々に薄れていったことも確かだろう。震災の後に再開できたほとんどの映画館もやがて閉館していった。アサヒシネマも、abシネマも（後に同じ場所に入ったシネカノン神戸も）、板宿東宝も、シネモザイクも、そして、シネ・フェニックスも、いまはもうない。それは直接的な震災の影響だけではなく、震災前から進んでいた映画離れを含めて考慮すべき喪失である。やがて本格的なシネコンの進出がはじまる。

◎――新しい地域の映画文化のために

一九九三（平成五）年にワーナー・マイカル・シネマズ海老名（現イオンシネマ海老名）が誕生し、さらに全国各地にシネコンが建設されていった。震災後の神戸に生まれた最初のシネコンは、六甲アイランドに一九九七（平成九）年にオープンしたＭＯＶＩＸ六甲である（同年明石にもワーナー・マイカル・シネマズ明石が誕生）。その後、二一世紀に入ってから震災で企業が移転していった跡地に生まれたＨＡＴ神戸で、二〇〇五（平成一七）年に１０９シネマズＨＡＴ神戸がオープン。二〇〇六（平成一八）年には、神戸新聞会館のあった場所にOSシネマズミント神戸が開館し、二〇一三（平成二五）年にOSシネマズ神戸ハーバーランドもオープンする。このように神戸では震災の影響とシネコンの設立が直接的に結びついているが、全国でもシネコンは増加の一途を辿る。二〇一六（平成二八）年には、日本の総スクリーン数三四七二のうち、三〇四五スクリーンをシネコンが占めた。およそ全国の九割のスクリーンが、ヒットを見込める話題作や大規模な予算の映画に割かれている状況だといってもよい。

だが、現在は冒頭でも触れたようにネット配信などにまで映像の受容方法が広がり、もはや時間的にも空間的にも制約されない時代である。だからこそ映画館独自の鑑賞経験を提供するため、3Dや4Dの体感型アトラクションというべき上映形態なども導入されてきた。その意味でいえば、シネコンもまた決して文化的・経済的に安定した基盤をもった場所などではなく、メディアや都市環境の変動への対応を迫られてきた、あくまで「仮設」の空間である。事実、神戸市中心部にシネコンが誕生した影響も受けて、二〇一〇（平成二二）年にはMOVIX六甲が閉館した。

さて、このような流れの背後で、一九九六（平成八）年から毎年全国の映画上映の関係者が集まって開催される「映画上映ネットワーク会議」の活動がはじまっている（その後名称を変更し、二〇〇七（平成一九）年からは「全国コミュニティシネマ会議」として活動）。同会議で、欧州の事例を参考にしつつ、ミニシアター、映画祭、美術館・アートセンター、自主上映団体などのそれぞれの上映活動が、経済的な収益よりも文化的価値を優先して行われているという意味で、「公共上映」として捉えられるという考えが唱えられる。二〇〇三（平成一五）年発表の「コミュニティシネマ憲章」には、次の項目が掲げられており、各地域の上映活動における一つの指針となった。

・上映環境の地域格差の是正と上映作品の多様性の確保
・多様なコミュニティに対する多様な上映機会の提供
・メディアリテラシーの向上など教育的使命を実現すること
・地域に対する貢献

具体的な試みとしては、同会議を推進した国際文化交流推進協会＝エースジャパンが、そのネットワークを生かし、全国の美術館や公共ホールで、海外の映像作家のレトロスペクティブなど、巡回上映を行ってきた。高知県立美術館や愛知芸術文化センター、そして、神戸アートビレッジセンター（以下、ＫＡＶＣ）などが、その巡回先として重要な役割を果たす。新開地に一九九六（平成八）年にオープンしたＫＡＶＣは、美術やダンス、音楽の制作・発表の場としても機能してきたが、設立時からシアターで映画上映が行われ、「ぴあフィルムフェスティバル」や「爆音映画祭 ｉｎ 関西」などの催しも実施されてきた。さらに映像作家の小池照男、山元るりこ、櫻井篤史たちが講師をつとめた「ＫＡＶＣ映像ワークショップ」も開催され、若い映画の作り手たちを育成・輩出した。

コミュニティシネマが掲げる「地域に対する貢献」と重なる活動として、一九九〇年代後半から二〇〇〇年代にかけて全国で開館した、独立系のミニシアターの存在も挙げねばならない。これらはミニシアターブームの時代の劇場とは異なり、たとえば映画館がなくなった街で、地域住民が映画館を再生、あるいは新たに設立した動きなどを指す（埼玉県の深谷で二〇〇二［平成一四］年にオープンした深谷シネマ、二〇〇八［平成二〇］年にかつて尾道にあった映画館を市民が再生させたシネマ尾道など）。神戸でも二〇一〇（平成二二）年に市民の有志で元町映画館が設立された。同館も映画の興行だけでなく、付近にある南京町などとも協力した特集上映の開催や、映画監督の池谷薫によるドキュメンタリー塾などを実施している。さらに映画人口の高齢化への対策として、元町映画館では、学生による関西で公開される映画の宣伝隊「映画チア部」の活動を呼びかけている。「え〜がな五〇〇」という学生が五〇〇円で映画を観れる機会なども提供し、他の関西の映画館とも協働して取り組みを広げている。

こうした割引制度のように、関西の各ミニシアターはしばしば連動した活動を展開してきた（その契機の一つに、二〇一三［平成二五］年に京阪神の映画館五館で開催された「濱口竜介プロスペクティブ」の成功があった）。近年の上映のデジタル化に対応し、標準規格であるＤＣＰ（デジタルシネマパッケージ）を導入する際も、関西の映画館関係者が集まって勉強会を開いたという。また「関西次世代映画ショーケース」というプロジェクトでも、従来の自主映画の配給、すなわち東京のミニシアターで成功した後、地方でも上映するというプロセスとは異なる、関西から積極的に見て欲しいインディペンデント映画をブランディングし、発信する試みに着手している。

具体的には、大阪の釜ヶ崎を舞台に一六ミリフィルムで撮られた劇映画である佐藤零郎監督『月夜釜合戦』（二〇一七［平成二九］年）、小田香監督『鉱 ARAGANE』（二〇一五［平成二七］年）などが推薦作品に挙げられた。

現状こうしたミニシアターの活動や美術館、公共ホール、地域の映画祭などの映画上映が、シネコンだけでは実現されない、多様な映画を観る選択肢を担保している。ただし、先述のコミュニティシネマが掲げた項目の重要性を考慮しつつ、危惧すべき点も挙げねばなるまい。そのひとつに、シネコンでかかる映画が「娯楽」としてその「経済的価値」から捉えられ、ミニシアターや文化施設で保護すべき映画が「芸術」や「文化的価値」をもつ作品と見做されるようなかたちで、いわば映画が二極化されていく事態がある。たとえば今後、後者で上映される映画の製作と鑑賞の場を保護し、既存映画館や名画座などが助成金で運営されるという未来が開かれているのかもしれない（フランスなど、諸外国でその流れは進行している）。しかし、芸術・文化として映画の地位を格上げするだけでは、映画と一般の観客との接点をさらに奪う結果にも繋がりかねない。換言するなら、多様な映画とその上映の場を保護するという姿勢から、時に失われかねないのも、やはり映画とわれわれの生活をいかに結び直せるのかという問いだろう。そして、それは震災後の廃墟で発せられた、「映画は必要なのか」というつぶやきにも重なる。予め文化的価値が認められた作品だから上映するという態度には、本当のところその作品がなぜ、誰に必要なのかが見失われる危険が孕まれている。果たして芸術的に優れた映画として上映されるどれだけの作品に、キアロスタミが語った生命の力と映画の力が映し出されているだろうか。

簡単に有効な解決策は見当たらないが、少なくとも映画文化をより身近なものとして、もう一度各地域のコミュニティや生活圏のなかで育む可能性を模索するのであれば、それは街の映画館やミニシアターなどの上映施設だけで取り組む課題ではないことも視野に含めねばなるまい。たとえば、映画のフィルムや関連資料を収集・保存する「フィルム・アーカイブ」と呼ばれる施設にも、大きな役割が与えられているはずだ。

二〇〇七（平成一九）年、神戸市長田区に神戸映画資料館が開館した。もともと館長である安井喜雄が、大阪で一九七四（昭和四九）年に仲間と設立した〈プラネット映画資料図書館〉の収集してきた資料が母体となり、現在は約一万八〇〇〇本の映画フィルムを所蔵する民間の施設である。これまでに貴重なフィルムが多く資料館から発見されてきたが、映画の本やチラシ、ポスター、美術やカメラ、映写機などの機材を含めた、いわゆる「ノンフィルム資料」も大量に所蔵している。上映設備もあり、国内外の貴重な作品を上映、「神戸の映画・大探索」など神戸でロケが行われた映画の上映や研究会も積極的に実施してきた。

神戸映画資料館は、映画資料の整理・保存・活用を進める上で「市民参加型のアーカイブ」という言葉を掲げてきた。たとえば、映画のチラシ整理には、世代の異なるボランティアの方々が参加する。フィルムの調査や整理・保存作業などは技術や知識が必要となるが、特にノンフィルムのチラシやポスターの整理作業は、誰でも気軽に参加できる利点がある。もちろん大学などの研究機関と協働し、専門的な知見を通じてフィルムの調査プロジェクトを進め、大きな成果も得てきたが、ローカルな映画文化を発掘する作業には、非専門家や愛好家を含めた人々の協力が不可欠となる。本書巻末に掲載した「神戸映画館マップ」も、同館を拠点として神戸映像アーカイブ実行委員会により二〇一七（平成二九）年度からはじめられたプロジェクトであり、市民からもワークショップなどを通じて情報やノンフィルムを募り、制作が進められてきた。こうしたマップを介して、シネコンに行った経験しかない若者にも、かつての盛り場や生活圏にあった映画館の記憶に、いわば身体感覚としてアクセスできる機会が得られる。地図はいま自分たちが暮らしている地域や通勤している場所の近辺など、至るところにかつて映画館が存在していた事実を伝えてくれるメディアになる。マップを手にして、劇場の痕跡を辿って街を歩き、日常と映画文化との間に穿たれた距離に変容が生じる場合もあるだろう。資料館では現在映画館マップを用いたワークショップや街歩きも開催している。

図2　神戸映画資料館におけるワークショップの様子：「映画館の思い出を地図に貼ろう！」2018（平成30）年2月18日（提供：神戸映画資料館）

　前記はささやかな試みである。だが、フィルム・アーカイブが抱える映画フィルムやノンフィルムが、単に過去の歴史資料として保存される必要があるだけでなく、各地で映画が人々の暮らしと密着していた時代のモノとその手触りを、次世代に継承するために活用できることは確かだろう。映画を「仮設」の文化から、日常と地域に根を張りめぐらせた文化に向け、再起動させるヒントは、このような活動の内にも胚胎されているはずだ。

◎──おわりに

足早に一九八〇年代後半から震災を挟み、現在に至る神戸の映画上映について概観してきた。まずミニシアターとシネコンの時代が、神戸を含む地方都市では重なるという論点を提示し、ポストモダン化の過程で失われた暮らしと映画との接点を、震災という出来事が問い直させる契機にもなりえたと論じた。だからこそ、（シネコンがスクリーン数の九割を占める状況下で）各地域で観られる映画の多様性を求めることは不可欠だが、そのような活動のなかで「芸術・文化的価値」などの言葉が使用されている文脈にも注意深くありたい。そして、神戸でのミニシアターや文化施設の取り組みに加え、あえて最後にフィルム・アーカイブの活動を挙げ、その所蔵資料を活用し、身体感覚として現在に過去の映画文化を呼び起こす可能性を示唆した。

もちろん、本章で触れた活動以外にも、映画文化を活性化させるためのさまざまな試みがはじまっていることを言い添えねばならない。たとえば、観客が上映中に歓声をあげるなどのスタイルで盛り上がる応援上映や映画以外の舞台やコンサート、スポーツイベントなどの収録・中継作品を上映するＯＤＳ（other digital source）も、映画館の活用方法を再認識させてくれる試みとして注目できる。また、若い映画観客の創造という課題に加えて、今後どのように映画上映者やアートマネージャーを育成するのかという問いも検討されはじめている。さらにいうなら、「経済的価値」と「文化的価値」という区分に収まらない、むしろその中間と呼ぶべき場所を切り開いてきた街の映画館の歴史も、改めて掘り起こされねばならない。まさに人々の暮らしに寄り添う場所として、映画館を維持してきた実例がそこには見いだせる。本章に続き、ぜひ新開地にあるパルシネマしんこうえんの小山康之氏のインタビューを読み進めてほしい。

◉インタビュー

パルシネマしんこうえん　オーナー　小山康之さん

◎――「新公園劇場」と新開地の賑わい

――「パルシネマしんこうえん」は、湊川公園の半地下にある、洋画二本立ての映画を低料金で観せてくれる映画館です。戦後最初に出来た頃は、湊川公園の上に「公園劇場」という名前で建っていたと伺ったんですが。

小山――私が小さい頃ですけれど、元々天井川を埋めた盛土の公園で南側に円形の劇場と小さな劇場がありました。その大きな方の劇場がお芝居、今で言う大衆演劇をやってたんです。それを私の両親が借金をして買い取って（笑）、しばらく芝居と寄席の公演を続けた後に映画がブームになってきたので映画館に変更し、松竹、東映や大映の封切が済んだ映画を上映してたということです。一九六八（昭和四三）年から一九七〇（昭和四五）年に神戸市の整備計画で公園を土台から改修して、翌一九七一（昭和四六）年に「新公園劇場」が出来た訳です。外壁がコンクリートの公園の擁壁を兼ねていて見栄えは悪いですけど。私は「新公園劇場」のオープンのときに応援に行って、二ヵ月ほど映写をしたり色々やりました。それからしばらく離れて、また劇場に戻ってからはこの仕事を三五、六年ほど続けました。始めて間もなく一九八六（昭和六一）年一〇月には映画ファンに親しみを持ってもらおうと思い、仲間という意味の〃パル〃を付けて「パルシネマしんこうえん」（以下　パルシネマ）に改称したんですね。三年前からすべてを長男に任せ、現在リタイアの身です。

――子供の頃に小山さんが体験された新開地の賑わいや雰囲気についてお聞きしたいのですが。

小山――小学生の途中ぐらいからの記憶ですが、ご存知の方もいると思いますけど川崎重工とかがあって、大勢の人が新開地を行ったり来たりしていました。繁華街でしたので、いい部分とそうでない部分がありましたが、とにかく人波が絶えない感じで、当時は三宮より賑やかだったですね。春陽軒とか今でも豚マンを売ってくれてますけど、食べるところなんかもいっぱいあって芝居小屋もありました。公園劇場も最初芝居をしてたときは、色んな一座が順番に来てたりして、その後一時期寄席もやってました。芝居小屋から映画館に変わった所は、他にもあります。戦後の、今考えると本当に厳しい時代に、やはり映

図1　公園劇場（提供：小山康之）

画というのは最大で、極端にいえば唯一の娯楽だったんです。それが新開地にたくさんあって、二〇近く映画館が集まっていました。色んな変遷を経て、徐々に三宮のほうが新しく開発、整備されていき、だんだん新開地のほうは下火になっていったということです。

私が覚えてるのは、たとえば公園劇場でしたら、昔の言葉で紋日のお正月とかお盆とか日曜日にお客さんがいっぱいになりまして、ドアが閉まらない状態で観てるということも多かったです。キネマクラブや聚楽館などでは洋画を、あと一時期東映が第二東映まで作って、二通りの番組を週替わりで上映していました。人気スターの片岡千恵蔵とか市川右太衛門とかあの人たちが華々しく活躍して、そこへ若手の中村錦之助たちが出てきた、そういう時代ですね。もちろん裕次郎なんかもね。

――そのようなかつての新開地の賑わいが下火になったあとに、小山さんは映画館を受け継いだわけですよね。

小山――そうですね（笑）。別の仕事をしてたんですが、時々は劇場の様子も見てました。

――小山さんは新公園劇場時代から、番組編成を行っていたのですか。

小山――正確には私が引き継いだ時からですね。開館時にバート・ランカスター主演の『大反撃』

（一九六九［昭和四四］年）を掛けたのを覚えていますが、最初はアクション映画ばっかりやってたんです。当時はどちらかというと新開地は男の街でしたから、戦争もの、西部劇、アクション映画がやはり多かった。また公開される洋画自体にそういうジャンルの作品が多かったですし。それをずっとやっていくなかで、少しずつほかの映画もしたいということで私が番組を変えていったんです。

以前は、三宮にビック映劇という人気の映画館がありまして、そこでは非常にポピュラーな洋画を二本立てでやっておられました。新開地には、新劇会館（現在のCinema KOBE）がいわゆる封切りが済んだあとに二本立てで上映する二番館でした。新公園劇場が後からできたので新劇会館のあと、昔でいう三番目の上映をしてたわけです。二番と似たような番組編成になってあまり面白くないし、もっといろんな映画も掛けたいということで方向を変えて行ったんです。でもと言うかやはりと言うか最初はなかなか難しいところがありましたね。

――一九八〇年代には、「ミニシアター」が話題に上るようになって、単館系と呼ばれる作品が現れます。パルシネマは、ミニシアターという位置付けではありませんが、そのブームがプログラムに影響を与えた面もあったのでしょうか。

小山――単館系の映画がポツポツと現れる前から、既に自分としてはアクションばかりではなく、もう少しほかの映画もという思いで、「名作シリーズ」と銘打って昔の映画を引っ張り出して上映していました。『アラビアのロレンス』(一九六二［昭和三七］年)を久しぶりに上映したり。『俺たちに明日はない』(一九六七［昭和四二］年)と『ミッドナイト・エクスプレス』(一九七八［昭和五三］年)を上映すると、それまでパルシネマへ来なかった若いお客さんが来られたんです。それで勇気づけられましたね。「レディース・ウィーク」というのも作って、最初に『戦場のメリークリスマス』(一九八三［昭和五八］年)と何かをやりました。二度目に『熊座の淡き星影』(一九六五［昭和四〇］年)をヴィスコンティの二本立てでやりたいと東宝東和の人に言ったら、女性向きの映画をウチでやるのが信じられなかったみたいで驚かれましたね。

そこから少しずつ上映する映画を広げていくときに単館系の作品は大変助かりました。特に岩波ホールで最初やり出して、それから恵比寿のガーデンシネマがオープンした時、一気に単館系ミニシアターという言葉が広がって、あちこちでアート系と呼ばれる映画が上映できるきっかけになったと思います。神戸では三宮のアサヒシネマさんが一スクリーン増設して最初にそういう単館系の映画を上映されて、それからずっと後ですがシネ・リーブルさんが開館されました。

そういう映画をパルシネマでは基本的にロードショーが済んで、三ヵ月から五ヵ月、半年ぐらい後に上映するかたちをとってます。たまに関西あるいは神戸で掛からなかった映画でも、いいという評判を耳にしたらサンプル・ビデオを配給会社から取り寄せ確認してから上映したりもします。これは私の基本方針なんですけど、単館系あるいはメジャー系を問わず「観て、選ぶ」。必ず観ます。観ないで掛けたことはないです。というのも、映画会社からはプレス・シートとかいろんな資料が送られてくるわけですが、当然ながらみんなエエことが書いてあります。基本エエこと、セールス・ポイントが（笑）。それで傲慢かも知れませんけれども、自分が観て「ああこれはお客さんに観てほしいな」と思うのをピックアップして、二本組み合わせていくという作業をずっと続けてきましたね。

◎――パルシネマのスタイルを確立

――そうやってプログラムを徐々に変化させていくなかで、新公園劇場の時代から徐々に観客層も変わっていったのでしょうか。また館内の雰囲気作りなどについては、どのような工夫をされたのですか。

小山――新公園劇場の初期からほとんどが男性客で女性客は本当にパラパラだったんですが、少しずつ増えていきました。当時は、正直なところ館内でタバコを吸う人もいました。ウチだけじゃなくロードショー館でも時々見かけてはいましたが、それはもう絶対アカンと。だからもう、一人ずつ上映中であろうが注意して歩きました。あと、徐々にですが増えてきた女性客から、男性が多いので何となく落ち着かないということで、女性席を作りまして、椅子の背もたれの白カバーの有る無しで区別するようにして始めました。最初は、真ん中より少し前寄りと後ろ寄り一列ずつぐらいだったんですが、今や逆に女性のほうが多いぐらいです。たまに女性客が圧倒的に多い場合はちょっと困るんですね。正直もうなくてもいいのかなとも思ったりしましたが、やっぱり女性席がいいという方も結構おられるので今は三分の一ぐらい、あとは一般席にしています。
それとやはり静かに観てもらいたい。一切音を立てるなという話ではなく、やっぱりある程度は落ち着いて観てほしいんです。そういう音とか携帯電話ですね、控えていただくようにというお願いを前に立って言うようになりました。昔の映画館は多くの人が上映途中に場内に入ったり、出て行ったり普通にするわけです。どこの劇場もそうで、観たとこまできたら帰る。前を「すんませんすんません」って通っていったり、途中から入れば当然その逆が起きます。「あっあそこ空いとるな」とか「空いてない」とかそんなことを言いながら入ってくる人もいたわけです。アート系映画が広がってからかな、そういうのはほぼ無くなりましたね。今は本編上映が始まったら、初めのうちはこちらで案内をするようにしています。これは私の持論なんですけど、日本に入って来る洋画の質的レベルは、世界から集めてきますので、やはり平均すると高いわけです。昔の邦画と違って、〝アタマ〟を見逃したら話の進行がわからへんという作品が結構あります。どうしてもと言う場合は途中からでも入っていただくんですけども、「後ろのほうでお願いします」と。そしてこれもお客さんに強要はできませんが、エンド・クレジットが終わるまで、最後まで観てほしいということは絶えず、場内で皆さんにお話してました。余韻を楽しんでほしいんですね。これも皆さんに周知してある程度お互いに気を付けていただくようになるまでには、一〇年以上かかりました。

――いまのお話で、本当に長い時間をかけて、お客さんとの関係を築いてきた映画館だということがわかりました。そのパルシネマの歴史で最も大きな出来事が、一九九五（平成七）年の阪神・淡路大震災だったと思います。

小山――あの時は突然未明に起こされて、えーっ！ということに。電車も止まってますし、仕方なく車でパルシネマに向かったら大渋滞で着いたのがお昼過ぎでした。長田のほうも上沢も、炎と煙がすごいことになっていたのが見えてダメかもと思いました。近づくと公園から東側は火災がなかったんです。それで劇場の前にいったら形がちゃんとあって。これも本当に幸いなことに、ウチは映画館の上に何ものってないんです。公園のいわゆる基礎の中にあって、その上に土がのってるだけで重いものがなかったんですね。壁に少しヒビは入ってましたけど、非常にしっかりしたコンクリート造りだったので、劇場は潰れてなかったです。それだけはまずホッとしました。それで中へ入ったら映写機は倒れてるわ、プリント（フィルム）が全部棚から飛び出してたり。自販機も全然違うとこに動いていたし、エアコンのパイプが外れていたり、その他いろいろと。まず電気、それから水道が復旧しないと上映が出来ないなというのは感覚的にわかりました。そこからは、いつになったら出来るかなと思いつつ少しずつ整理、修復をしました。

電車も途中までしか来てないとか、バスは行列作らな乗られへんという状態で、もう夕方の四時五時になったら皆さん帰り支度なんです。本当に勇気付けられたのは、私が映画館のドアに「電気と水道が来ましたら再開します」と「期日は未定ですが」と書いて一応貼り出したら、そこにいっぱいみんなが書き込んでくれてたんですよね。「がんばってください！」とか「再開を楽しみにしてます」とか。それは自分でもすごく感動しました。正直、地震といろんな対応のことで頭はそこまで回ってなかったんですが、皆さんがそんなに心配してくれてるのかと思って。それからもう貼り紙の空きスペースがいっぱいになってきたんで、別の紙を貼って自由に書いていただけるようにしました。それが三枚、ポスターの裏に線で区切って自由に書いて貰いました。あんな嬉しかったことはそうですね、二つのうちの一つかな？（笑）。二ヵ月後に東宝さんとか映画会社と話して、プリントを出してもらって上映始めたんです。

――その励ましの言葉は、映画を観たかっただけではなくて、パルシネマという場所がもし失われたら、と考えたら皆さん声を挙げずにいられなかったということだと思います。再開して最初に上映したのが、黒澤明の『七人の侍』（一九五四［昭和二九］年）ですね。何故『七人の侍』だったのでしょうか。

小山――理由は簡単に言えば二つです。しっかりした内容で勇気をもらえそうな映画だというのがひとつ。もちろん『七人の侍』は娯楽性充分で、観てると楽しい。あとひとつはこれも私の持論ですが洋画専門館でスタートして、ずっと洋画を上映してきましたが、日本の映画にしっかりしてほしいと絶えず言ってきました。もっといい映画が出てほしい。というのは我々日本人なんで、宗教や習慣にしろ自分達のものなのでバックグラウンドが分かりますよね。海外の映画の場合は、特に宗教とか民族の話とか出て来ますと、やはり分かり辛い部分があります。ある程度は

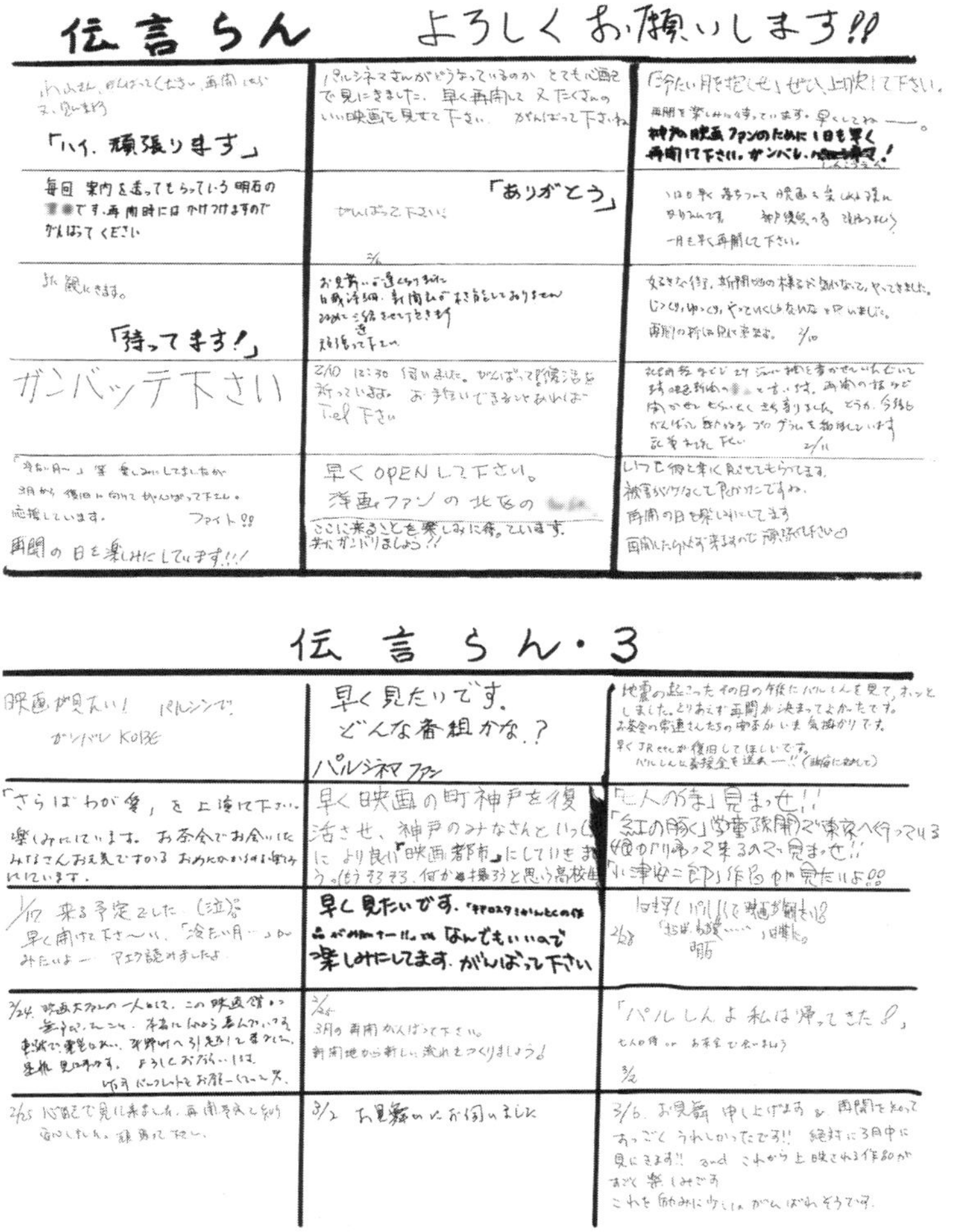

図2　震災後に掲げられた「伝言らん」（提供・小山康之）

判るんですけど、本当に理解してるのかなと思ったりする。そういう意味でも再開して上映するのは、日本の映画がいいなと思ったというのがありますね。ちょっと余談になりますが、今は日本の映画のほうが興行的に元気です。ただ、この日本の映画の元気さは私が期待してたものとはちょっと違うんですけどね。

――日本映画が（小山さんの思う通りに）良くなれば、洋画を観るお客さんも増えるし、映画文化全体が活性化するはずだということですね。

小山――そうです。映画をもっと色んな人、幅の広い年齢層にも観てもらえる、そして映画鑑賞がもっと習慣になると嬉しいです。

もちろん、震災の年は前年度に比べて相当なダウンでした。それでも二年、三年と経つうち徐々にお客さんが戻ってきて、何とかパルシネマを続けていけるレベルにはなってます。基本的に儲かる商売ではないんですが黒字になったり赤字になったりするなかで、多少なりともやっぱり利益が出ないと設備の更新とかそういう方にお金が回らない。そのためには、お客さんが落ち着いて映画を観れるとかいろんな意味合いで喜んでもらって、いっぺん来たらまた来てくれるという状態にしたいな、と。

今は少ないですけど、最初の二〇年ぐらいは、「長いこと来たかったけど場所が場所なんでよう行かなかった」と言われることが結構あったんです。その中で一番悲しかったんが、「来たかったんですけど、人に新開地は危ないとこやから行くなと言われた」という言葉（笑）。これは悲しかったね。確かに多少ガラが良くないという部分はあるかも知れませんけれども、少なくとも危ないということはないと思います。三宮でも酔っ払いに絡まれることはあるんで。

――震災後、神戸にも本格的にシネコンの進出がはじまります。先程は単館系作品がパルシネマのプログラムの幅を広げてくれた面について伺いましたが、シネコンのことはどのように意識されてきたのでしょうか。

小山――正直なところシネコンができることについては、あまり深く考えたことはなかったですね。基本的に、いろんな場所やメディアで映画を観るチャンスが増えるというのはいいことだと思います。そういう意味では、別にシネコンが出来たからウチのお客さんが減るとかそういうのはないだろうなと思ってたし、実際になかったと思います。ただ、ハーバーランドが出来て、そこにシネモザイクと神戸ａｂシネマが出来たときは、お客さんが少し減りました。というのは、やっぱり皆さん神戸初の大きなショッピング・エリアに魅せられて出掛けていくんで、そちらの方で時間を使うようになる。二、三年は、客足が落ちましたね。それは映画館のせいというよりは、ハーバーランドという目新しい場所のせいだったと思います。

数年前にｕｍｉｅに変わって確かに人出は増えてますが、様子を見ているところこちらに影響はないですね。ですから、たとえばミニシアターがいっぱい出来た時も、一番多いときは三宮アサヒシネマやａｂシネマもあればシネ・リーブルもあるという状態でしたけど、やっぱり映画を観るチャンスというのはあればあるほど悪くはないと思うんです。ただ、余りにもたくさんの映画が出て、どれがいい映画なのか、あるいは観たい映画なのか、というのを、お客さんが分からなくなるのではないかなという思いはちょっとありました。

どこでも「この映画はいいよ」「この映画はいいよ」って宣伝するわけですから、お客さん側が本当にいい映画をどれだけ上手く見つけられるのか、というのは気になりました。それで逆にパルシネマのウリは二本立てで安いというのもあるんですけど、それ以上に一本これを観たいなと思って来られた方が、ついでにもう一本観られたときに「こちらのほうが意外と良かった」、「ついでに観て良かった」という声が結構多い。私はほとんど休憩時間の前後は、劇場におりますので、お客さんと顔を合わせるんです。そのときに「良かった」とか「面白かった」とかいろんな声が聞けるんです。アンケートに書いてくれる方もいます。やっぱり嬉しいですし、そういうふうに映画を見つけてほしいんですね。だから番組作るときは、結構な時間使ってああでもないこうでもないって言ってものすごい考えます。考え過ぎて訳わからんようになるときもあるんですけれども（笑）。

図3　パルシネマしんこうえん（提供：小山康之）

基本的には一年通して何らかの関連性を持たせて、この二本を続けて観てもらっても違和感がないという番組にしてきたつもりです。それで、たまにどうしてもまとめられなくて、全く関係のない映画を二本セットにしたら、あるお客さんから「これはどういう関係があるんでしょうか?」とか言われて(笑)。「いやァすんません。これはちょっと幕の内的な組み合わせなんですけど、まあ楽しんでもらえたら」という感じですね。映画は大きな意味で娯楽なので。それが社会的な問題を扱っていて真剣な映画であっても、やっぱり観て良かったなと思えたら、広い意味で娯楽だとは思います。芸術でもあり娯楽でもありますね。ちなみに昔の公園劇場で三本立てで掛けてた映画は一時間半ぐらいの気楽なものが圧倒的に多かったです。

◎――生活の一部に映画鑑賞を

――本当に大事なお話です。かつては二本立て、三本立てで偶然に面白い映画を発見するという体験が、より能動的に映画を観るきっかけのひとつにもなっていたのではないでしょうか。いま休憩時間にお客さんと小山さんが顔を合わせているという話もありましたが、パルシネマでは「アットホームな映画館」というのをキーワードにされています。一方でミニシアターやシネコンの文化は、映画を非日常的な体験として提供している面が強いと思いますが、パルシネマは、むしろ神戸の街の中で、映画文化を日常的なものとして根付かせる場所を、地道に続けられてきた印象があるのですが。

小山――二通りの考えができると思うんです。私は映画鑑賞を生活の一部に入れてほしいなと思います。日本では映画館に行くのは全人口で言うと一年に平均一・五回なんですね。値段の差もあると思いますけど、アメリカだとだいたい五、六回。日本で映画館に通う人が全人口の仮に四分の一ぐらいと推定すると一人当たり六回ぐらいになります。パルも本当に毎月のように来てくれる方も多く、またほぼ毎番組来られる方が一年に何人か出てくるんです。「一年間全番組制覇しました」と私に言ってくる人もいます（笑）。「今年は一回だけ来れませんでした」とかいう方も必ず数人おられます。そこまでいかなくても、たとえばヒット作だけ一年に一、二回観るとかではなくて、自分の生活のパターンの中に映画鑑賞というのを入れてほしいなという気持ちは強いです。

一方で、仰ったように「日常でない」というのは、やはり映画館のこの限られた空間の中で映画だけに集中して観ますよね。いっぽう日常生活の中で映画を観ようと思ったら今ビデオでも何でも観れるわけです。実際、同じ画も観れるし音も聞けるので内容的には分かるわけです。でも内容が分かるのと、映画をどのように受け止めるかは別だと思うんですね。よく映画館で観ると大きなスクリーンで迫力があると言われますけれども、それだけではないんですね。もちろん迫力があるんですが私が一番大事だと思うのは、映画を観て、いかに心に入ってくるか。どれだけ心に残るかが大切だと思ってるんです。だからパルとしては、出来るだけそういう映画を選びたい。もちろん私はコメディやサスペンスも大好きなので、面白い映画も上映します。そういうふうに、その人の生活のパターンの中に映画鑑賞を入れてほしいし、この非日常の空間も楽しんでほしいなと思っています。なので作品選定とかそういうものも含めてですけど、出来るだけお客さんには親しみを持ってもらえるよう心がけています。スタッフにも、とにかくパルに親しみを持ってもらうように、と言っています。

　私のこのちょっとラフな喋り方ですけど、実はお客さんともこのように話してます。何故かと言いますと、いわゆる丁寧過ぎる言葉だとどうしてもお客さんとの間に薄い膜というか隙間が出来るような気がするんですね。あくまでもお客さんでお金を戴いてるんですけども、出来るだけ近い位置で、「対等」という言葉が正しいかどうか分かりませんが、フランクにお話し出来たらなと思ってます。私はあまり、よく店員さんがお客さんに使うような丁寧な言い方はしないですね。できるだけ普通に話すようにしています。

——ひとつの映画館、パルシネマしんこうえんという場所にずっと通われている方々のお話を伺うと、映画だけじゃなくて、映画館に対する思い入れを育てることも「映画」と「日常」の関係を作り直すことなのかな、と思えてきますね。

小山——そうですね。ウチに対して、「パルシネマでかかる映画だから安心して観れる」って言ってくれるお客さんもいます。でも、もちろん皆さんがそうではないわけです。やっぱり「観たい映画だけ」、あるいは「見逃したから来ました」ということは結構言われますし、それはそれでO

Kです。奈良とかからも来られますよ。何故かというと、あちらでロードショーが済んだら再上映する劇場がないわけです。しかもシネコンさんでも、ものすごいスクリーン数が多いところは、一スクリーンでちょっとマイナーだったり、ミニシアター系の映画も上映されますけど、やはり全然カバーしきれません。だから奈良の場合は、大阪まで出て来ないと観れない。そういう方が大阪で見逃したら、今度は神戸まで来てくれるんです。姫路の方も来られます。すごいのは、四国とか山陰地方の方も泊まりがけで来られますよ。楽日に来られて二本観て、神戸駅近くのホテルに泊まられて、次の初日の映画観て帰られるんですね。そこまでしてくれるのか、と思って聞いたときはびっくりしましたが、嬉しかったです。

※公開研究会「映画から見る神戸とひょうご」（二〇一八年三月三日・神戸映画資料館）での収録をもとに構成。聞き手・構成：田中晋平／テープ起こし：岸本通彦

◉第10章

絵葉書に見る神戸の映画史

石戸信也

◎――絵葉書の黎明

近代港都である神戸は二〇一七（平成二九）年に開港一五〇年を迎え、翌年には兵庫県政一五〇年を迎えた。神戸の古写真、そして「都市の記憶」を伝える絵葉書といったアーカイブ諸資料の収集、分析、評価、保存、活用が重要である。本稿では、ヴィジュアルな景観情報を伝達するメディアとしての戦前の神戸の絵葉書と、神戸の映画史との相関関係を見てみたい。

近代郵便制度は、「近代郵便の父」ローランド・ヒル（一七九五年～一八七九年）により、イギリスで誕生した（図1）。

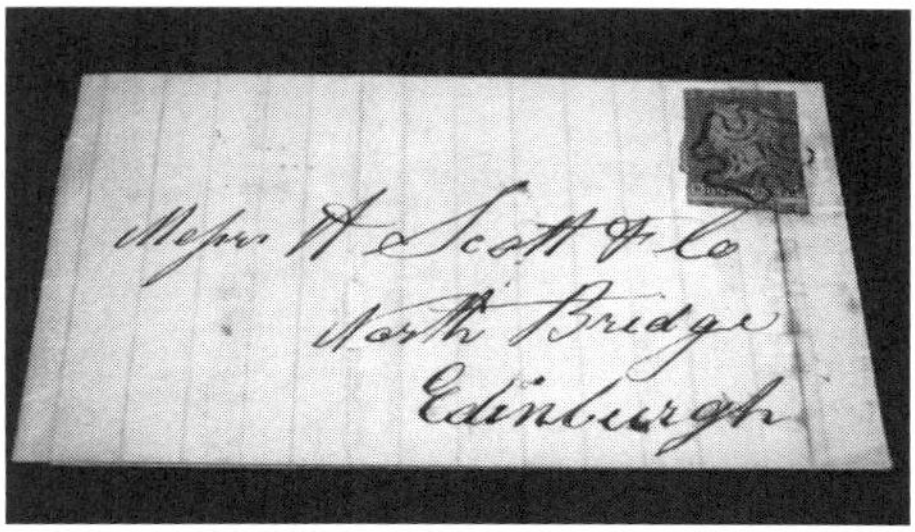

図1　エジンバラの封書（1944年年4月12日）。スコットランドの羊毛業者の請求書。レッドペニー切手。イギリスでの近代郵便制度誕生直後の資料（石戸コレクション）

彼の考案で、一八四〇年五月一日には、世界最初の切手である「ペニー・ブラック」がロンドンで販売された。さらにアメリカ、フランスが切手を発行し、日本も一八七一（明治四）年の郵便創業により切手を発行する（図2）。一八六九（明治二）年には世界初の官製葉書がオーストリア＝ハンガリー帝国で作成されるなど郵便制度は広まり、一八七〇年代には、たとえ紙面一部に絵をデザインしたものであれ、絵葉書といえるものがヨーロッパで制作されている。

日本では一八七二（明治五）年の郵便制度の全国的実施、一八七三（明治六）年の郵便国営化と料金の全国均一化をへて、一八七五（明治八）年には外国郵便の取扱いが開始され、一八七七（明治一〇）年には万国郵便連合に加盟した。[1] 日本語の葉書（ハガキ）とは、元来、タラヨウの葉に字が書けたからで、今も神戸市内の郵便局の前にこのタラヨウを「郵便局の木」として植えて

図2　日本最初の切手。手彫の竜文切手（神戸消印。銭二百文）・1871年、及び郵便創始五十年記念絵葉書（1921年）（ともに石戸コレクション）

いる所がある。一九〇一（明治三四）年の新開地誕生と同じ頃、すなわち前年の一九〇〇（明治三三）年、葉書をすでに使用していた近代日本の郵便史上、大きな変化が生まれた。前島密（一八三五［天保六］年〜一九一九［大正八］年）による郵便制度開始により、一八七三（明治六）年には官製葉書が出ていたが、一九〇〇（明治三三）年一〇月一日の郵便法改正（郵便規則十八条施行）で私製葉書が法的に認可されたのである。約九センチメートル×約一四センチメートルの長方形を基本とし、多くの情報とデザインをこの「掌中《しょうちゅう》の世界」に記録した絵葉書は各地で生産され、多くの人々を魅了した。(2)

また最初の官製絵葉書は一九〇二（明治三五）年の「万国郵便連合加盟二五年祝典記念」（六種一組。五銭）であった。私製絵葉書認可の頃には渡欧した日本人がイギリスをはじめ絵葉書の流行したヨーロッパで豊かなデザインにふれていた。(3) 一九〇四（明治三七）年〜一九〇五（明治三八）年の日露戦争時には「戦役記念絵葉書」という石版絵葉書（石版石を加工し、平版印刷したもの）のシリーズが人気を呼び、大量に発行されたという。実際は多くの犠牲者を出していた戦争でも、国内で絵葉書は「戦勝」のイメージ作りに大きな役割を演じ、逓信省発行のこれらの国策的な絵葉書は、ひとつの重要なメディアとしてプロパガンダに使用され、海外にも日本の戦勝をPRした。慰問用の私製絵葉書をはじめ、絵葉書は大流行した。この大流行を背景に雑誌『ハガキ文学』が一九〇四［明治三七］年一〇月に発行され、一九〇六（明治三九）年の最後の官製絵葉書が発売されたときには、東京では殺到した人々により負傷者まで出た。その騒動は国内外に知られ、神田郵便局前で絵葉書を求める長蛇の列の光景の写真が絵葉書になるぐらいであった。たとえば『日本絵葉書思潮』(樋畑雪湖著、一九三六年)の序文で、六甲に海南荘を有していた下村海南(一八七五〔明治八〕年〜一九五七〔昭和三二〕年。政治家・ジャーナリスト)は「日露戦役の紀年絵葉書の大繁昌大人気はまざまざと記憶にある」と語り、「さらに紀年切手や紀年絵葉書の顧客が郵便局窓口に殺到する。とても尋常な事では手に入らない。」状態で、甲子園の中等学校野球大会の入場券の申込のようだという。「あの当時の高潮した絵葉書の人気は到底今日では一寸想像がつかないと思う」と述べていることからも明治末期の絵葉書の人気の高さがうかがえるのである(復刻版、岩崎美術社、一九八三年)。

開港地の神戸でも市田左右太《そうた》の市田写真館など多くの写真館が誕生していたが、やがて、大判手彩色写真のスタンプにも残る深澤写真館など写真師による明治二〇年代以降のアルバム用(土産用)の手彩色写真だけでなく、さらに絵葉書の製造販売業者も出現する。これは写真館、文具商、印刷業などの複数の業種が絵葉書の世界に参入したということであった。ライオンのマークが目印の元町の栄屋や、切手欄が錨の絵になっているAKANISHI、また市田、光村、丸善、石戸楠正堂、東亜堂など多くの絵葉書業者が活動し、横浜の業者や、切手欄が鳩の絵の和歌山の大正堂などが神戸の絵葉書を製造する場合もあった。神戸市が発行する場合は、切手欄が市章のデザインになるなどして発行者を明確にした。航路の拡大や鉄道開通で増加していた神戸への旅行者の土産となった絵葉書は、開港地の名所を網羅し、古典的名所と近代都市の景観が混在していた。特に古典的名所としては布引滝・須磨・舞子・有馬温泉であり、近代的名所としては湊川神社・外国人居留地・兵庫大仏・元町・メリケン波止場・湊川新開地・横浜写真の影響と考えられる諏訪山からの鳥瞰図的な眺望・神戸港からの眺望・六甲山などである。

◎――日本の絵葉書とは何か

絵葉書の画像のテーマは各地の風景をはじめ、多彩である。また形態も多種である。[4] 木版、石版、手描き、手彩色、モノクロやカラーの多色印刷など各種生産され、海外での評価も高い。著名な海外コレクターの日本絵葉書コレクションも知られている。[5]

特に一九〇〇(明治三三)年に認可された日本の絵葉書の美しさは、一枚一枚、手作業で丁寧に彩色(着色)された手彩色絵葉書にあり、日本の風景や風俗・生活を伝え、美術品とも言うべき美しさで今日に伝わる。神戸・横浜などに来日した外国人にとって絵葉書は、この両港の外国人居留地はもちろん、箱根、日光、長崎、有馬など各地から故国に出す良い通信手段として、そして日本の異国情緒を伝える土産として、販売されていた写真とともに歓迎された。たとえば、神戸に一八九八(明治三一)年に来たポルトガル領事モラエスは、母国の妹に神戸などの絵葉書を数百枚も送っている(『モラエスの絵葉書書簡』ヴェンセスラウ・デ・モラエス、岡村多希子訳、彩流社、一九九四年)。国内では一九〇四(明治三七)年頃から『ハガキ文学』などの絵葉書雑誌が次々と誕生した。

当初、宛名欄に通信を書けなかったため、絵や写真の余白に文字を書いてしまい画面が汚れてしまうことから、やがて宛名欄の下三分の一の部分に通信文が書けるようになった。これが神戸開港五〇周年の頃の一九一八（大正七）年には、宛名欄の下二分の一まで書けるように拡大した。第一回「みなとの祭」が開催された一九三三（昭和八）年には、宛名欄に表記されている「郵便はかき」の文字が、「郵便はがき」に変わる。実逓便（実際に郵便に使用された葉書）の消印だけでなく、未使用の場合でもこのような文字や形態の変化からその葉書が製造された時代判定に活用される。また絵葉書下のキャプションや数字（製造番号）、切手欄などのデザインによってその葉書の製造者を特定することもできる。たとえばライオン印は元町の栄屋、ハガキの「キ」の字がトンボの絵で表現されているのは東京銀座上方屋の系譜のトンボヤといった判断である。

◎――絵葉書の色彩表現

絵葉書の色彩表現は江戸時代からの伝統を継承しつつも、印刷技術の進歩で変化していった。名所（名勝）を表現し、旅の情報を伝達したのは、江戸時代であれば『摂津名所図会』（一七九六［寛政八］年）の絵や、『名所江戸百景』といった浮世絵だったが、明治に入り、二代長谷川貞信の『摂州神戸海岸繁栄図』（一八七一［明治四］年）などの錦絵や、三代広重の「布引の滝」を描いた府県名所図絵（一八七七年頃）などが多数生まれ、江戸期の伝統的な景観表現の中に、新しい時代の風物や人々を記録した。そしてこれらの景観表現は絵葉書に継承される。一八八九（明治二二）年の新橋―神戸間開通など鉄道網の拡大は、神戸の名所の絵（布引の滝、湊川神社、神戸海岸之図）を銅版彩色地図に入れたりするが、明治三〇年代には各地で石版の名所絵シリーズが流行した中で、『神戸名所十二景』（一八九八［明治三一］年。林基春画）が出版される。[6] 同時期の神戸の名所であり、来日外国人の紀行文にしばしば出てくる訪問地である。また今日も多くの観光客が訪ねるポイントと重なり、これらは後に絵葉書のテーマにもなる。しかし、まだ新開地は登場しない。[7] 青いベロ藍（紺青のこと。多く輸入されたベルリン藍をなまって「ベロ藍」と呼んだ。）の絵具を多用した浮世

図3　モノクロの単色絵葉書「神戸湊川新開地」最奥に聚楽館、右奥にグリコの看板が見える

絵・錦絵を見慣れた明治の人間にとって、青色など薄い手彩色で色付けされた名所の写真や絵葉書が美的感覚に合ったのであろう。大正期にカラー口絵③のような多色印刷、あるいは図3などのモノクロの絵葉書が量産されるまで、図4「神戸相生座」、カラー口絵①②「神戸湊川新開地」などの、まだ多色印刷ができない段階のコロタイプに手で彩色した手彩色絵葉書が中心であった。

◎――映画絵葉書の世界

江戸の伝統の延長線上の錦絵の名所絵の中に、福原の遊廓は登場するものの、当然ながら「キネマの街」神戸湊川新開地は登場しない。新開地が誕生し発展するのは、『神戸名所十二景』の三年後の一九〇一（明治三四）年を待たなけ

図4　手彩色絵葉書「神戸相生座」（石戸コレクション）

ればならない。絵葉書というものが、郵便制度、量産され消費される商品、鉄道利用による内外の旅行者の増大、といったまさに「近代」の生み出したものであるとするならば、活動写真館など多くの劇場が並び、「西の浅草」と称されるようになる一大繁華街の誕生と、神戸「名所」を「近江八景」の如く八〜一〇枚にまとめ、糸綴じ、あるいは袋（タトウ）に入れた絵葉書の中に、「神戸湊川新開地」を含むようになるのは、ともに神戸の「近代」の表象として相乗効果を生み出したのではないだろうか。

映画関連の絵葉書はコロタイプ印刷に手彩色したものから、単色やカラー（多色印刷）など多彩だが、次のように分類できる。

Ⅰ　映画館・劇場そのものを撮影したもの

Ⅱ　劇場街を景観として撮影したもの

Ⅲ　特定の映画の宣伝、プログラム（たとえば松竹座案内）、映画のシーン。また特定の俳優、女優、役者（たとえば尾上松之助）

Ⅳ　その他、記念品や関連業界（小型活動写真機、フィルムなど）、映画館などで売られた類似のブロマイド

本章で中心とするⅠの例としては図5の電気館開館一周年絵葉書（一九〇九［明治四二］年）があり、館内や映写機をテーマにする。また、Ⅱは近代建築、特に劇場建築の研究のためにも必要で、カラー口絵⑤がその例である。神戸の映画関連の絵葉書が制作された主な目的としては、や

はり、圧倒的に土産の絵葉書セットの一枚として挿入されるためのもので、「名所」としての紹介であるが、それは、映画文化の普及・宣伝と「大神戸」の繁華街の賑わいを内外にアピールする役割を果たしたに違いない。

筆者は戦前の神戸の古写真、絵葉書を収集し、この海港都市のアーカイブ画像は約五〇〇〇点以上になるが、湊川新開地など映画に関する絵葉書から五五点を抽出し、一覧にしたものが「別表」になる。日本の絵葉書史の節で概観した通り、明治後期から大正期にかけてはコロタイプに彩色した手彩色が多く、のちには多色刷や単色など多様になり、やはり、名所風景としての劇場街の景観表現が多い。カラー口絵①の手彩色絵葉書「神戸湊川新開地」では、左から湊座・有楽館・朝日館などが並ぶ様子が写るが、有楽館では看板から『強《ゴ》狸《リ》羅《ラ》』という作品を上映していることがわかる。

図5　絵葉書「湊川新開地電気館１周年記念」（石戸コレクション）

『強狸羅』は『日本映画作品事典・戦前編』(一九九六年)によれば、一九二六年六月六日に神戸有楽館で封切られた時代劇(監督:村越章二郎。主演:光岡竜三郎)だと推測できる。とすれば、この手彩色絵葉書は封切時なら大正一五年に撮影されたとわかる。このような絵葉書の中の小さな情報から(また未使用でなく、消印や私信などのある実逓便であればその情報も加味して)、絵葉書の制作された時代を特定することができる。また、劇場街は「不夜城」のごとくイルミネーションでライトアップされたが、その夜間の賑わいの絵葉書も散見する。

Ⅱのような「名所」としての劇場街の絵葉書に付されたキャプションも参考になる。たとえば、「劇場櫛比《しっぴ》せる湊川新開地の賑ひ」というのがあるが、大きな建物が並ぶ様子を「櫛比」と表現するのは、神戸のほかの絵葉書では、外国人居留地のビル・商館の並ぶ景観に対してである。たとえば、「洋館の櫛比せる京町元居留地の美観」という絵葉書がある。神戸外国人居留地は日本の中の「異国」の近代的な景観であり、その光景が木造平屋の家屋で暮らす一般の神戸市民や観光客からすれば非日常の別世界であるから、観光土産の絵葉書となった。外国人居留地という一二六区画の「異国」の中の洋風・擬洋風建築の商館やオフィスビルの「櫛比」する景観は、港都神戸を象徴する別世界であったからである。そして湊川新開地の劇場街も、活動写真、寄席、食堂、芸能やスポーツ、温泉に神戸タワーの眺望、隣接する花街の福原という非日常(ハレ)の空間であり、現実生活を忘れ去るような別世界であった。昭和初期には、新開地本通りを南側から湊座・有楽館・朝日館・菊水館・松本座・多聞座・大正座・錦座・二葉館・栄館・キネマ倶楽部・千代之座と、聚楽館方面に俯瞰する構図の絵葉書が数多く撮影された。聚楽館や松竹座、相生座も単独でよく絵葉書に登場した。新開地本通りの西側に集中して映画館や劇場が「櫛比」する景観は、居留地同様、神戸の「名所」として絵葉書の格好のテーマとなったといえる。

◎——キネマの街と絵葉書

新開地は「大劇場相生座又は浄瑠璃人形芝居等あり…」と『神戸名勝案内記』（一九一〇年）に述べられている。横溝正史の自伝的随筆では「湊座、敷島館、朝日館、菊水館、松本座、桂座、錦座、帝国館、ほかに寄席などもあったように思う。」と回想され（『横溝正史自伝的随筆集』角川書店、二〇〇二年）、大正期の神戸の戯れ歌では「朝日に輝く朝日館、水に流れる菊水館、看板で誤魔化す松本座、ええとこ、ええとこ聚楽館」となった。神戸生まれの筆者の親や祖父母がこの歌を歌っていたことを記憶している。神戸又新日報（一八八四［明治一七］年創刊）は、聚楽館を「当地第一の目抜きの場所に荘厳美麗を極むる大高楼のそびえたる様、ただでさえ美しき新開地の一部に更に華をそへたる観あり」と評した。

戦前の神戸をテーマにした蓄音機レコード（七八回転のSP盤）については『神戸新聞』に寄稿したが[8]、一九三〇（昭和五）年のレコードには新開地が歌詞に出てくる。この年の『マダム神戸』の歌詞では「ジャズに更《ふ》けゆく新開地」と歌われたが、同年の『神戸行進曲』（正岡容作詞）

では「湊川行きゃ　活動写真、手品　サーカス　河豚料理」と歌った。

同年の吉田初三郎の鳥瞰図『神戸』(神戸市役所校閲)では、「市電湊川新開地の南北一帯。旧湊川が埋立てられて新開地になったのは今では古いこと、今更新開地でもないが、其の代り、日々に新しい娯楽物を提供する市内第一の遊楽郷として大小の劇場、キネマ常設館、飲食店が櫛比し、大楠公最後の一戦当時にも劣らぬ喧々諤々ぶりを示している。」と紹介する。また、『東洋一貿易港　大神戸名所案内図』(相生橋旅館組合発行、一九三二年以前に発行)では、湊川新開地は「市電湊川新開地下車、南北十数丁に亘る市内第一の熱地古戦場なり。大小劇場、活動写真常設館、寄席、料理店、商舗両側に軒を並べ、宛然不夜城をなし、人の渦、客を呼ぶ声、噪がしき楽隊の音、殆ど耳を聾せむばかりなり。」とあり、さらに一九三五(昭和一〇)年の『神戸観光要覧』では、「神戸市中央部の一大歓楽境。東京の浅草、京都の新京極、大阪の道頓堀、千日前に殷賑雑沓を極めておる。」とした。

神戸市は神戸市観光係(一九三一〔昭和六〕年設置)を一九三四(昭和九)年に観光課に昇格して以後『神戸案内』『修学旅行は神戸へ』などを発行するが、同年連続的に『からべ』の発行を始めた。また神戸市は、モダニズム写真家の中山岩太や版画家・川西英、また画家の別車博資、神原浩など多くの芸術家を、神戸市が発行する絵葉書や広報誌に動員した。明治末から昭和初期へとあゆむ神戸の近代化は、多くの労働者を集め、同時に湊川新開地を「キネマの街」として発展させた。それは来神する観光客の土産としても神戸の絵葉書を全国に広め、湊川新開地を神戸第一の繁華街という「名所」として絵葉書の中に位置づけていったに違いない。[9] 私製絵葉書が認可される年に生まれた作家・稲垣足穂（一九〇〇［明治三三］年～一九七七［昭和五二］年）は、『星を造る人』（一九二二年）の中で、神戸の絵葉書の定番となっていた場所に言及しながら、[10]「北に紫色の山々がつらなり、そこから碧い海の方へ一帯に広がっている斜面にある都市」神戸を舞台に、魔術師による不思議な体験を描いた。その中で「それは夢でも映画でもなく」、「キネマのフィルムが切断したように」、「なんだか表現派映画のことが思い出されました」、「夜になるとあの撮影所のセットめく界隈をつつむ霧」という表現を使いながら、読者に映画文化を思い出させ、「聚楽館の前をすぎた赤電車のポールの尖端から火花がしきりにこぼれて、レールの上に緑色の光の花を咲かせた」と幻想的に描いた。[11] まさに神戸の絵葉書が記録した神戸の街の、映画の黄金時代であっただろう。

しかし、神戸の映画史と絵葉書の関係を見た場合、日中戦争などで強まる戦時体制は、両者に打撃を与えた。軍機保護法（一九三七［昭和一二］年八月改正公布）は該当地域の写真・地図・印刷物の自由な発行・出版を軍の許可なくしてはできない制限をかけており、許可される場合でも絵葉書のキャプション中に「要塞司令部第何号」と明示されていた。実際、神戸港の写真は軍事機密となり、六甲山の上から港湾や市街の様子を撮影することを禁止する立札が山上の各地に立てられたと言われる。もとより、旅行や遊興、土産購入の縮小と、印刷・紙質の低下は、絵葉書を衰退消滅させていった。一方、一九三八（昭和一三）年八月の建築制限令の強化は、劇場映画館の新築、大改造を禁止し、絵葉書が戦争鼓舞の国策プロパガンダに利用されていくのに合わせるかのように、映画館においても一九四〇（昭和一五）年一月から「文化映画」の強制上映が開始し、翌年一二月の太平洋戦争突入により、敵性国家の映画上映が禁止された。やがて神戸湊川新開地一帯は空襲で灰燼に帰し、数多くの絵葉書に記録されたキネマの街は、「都市の記憶」の彼方に追いやられ、あるいは一度は忘却されてしまうのである。

〈注〉

（1）内国通常郵便物の引受け数の概数推移は、一八七一（明治四）年の五六六が、一八七七（明治一〇）年には四六、九三四、一八八二（明治一五）年には一億、日清戦争時（一八九四［明治二七］年）には三・八億、日露戦争時（一九〇四［明治三七］年）には一〇億、関東大震災時（一九二三［大正一二］年）には三六億、世界恐慌時（一九二九［昭和四］年）には五〇億となり激増していった（一九四五［昭和二〇］年敗戦時は三〇億。最高は二〇〇一［平成一三］年の二六二億。この年、カメラ付き携帯電話「写メール」流行し、以後、郵便物減少へ）。『ふでばこ』特集・切手」四六–四七ページ 白鳳堂発行（二〇一七年）による。

（2）「絵葉書元年」のこの年以前にも賀状をはじめ私製の絵葉書は存在したが、認可後最初の絵葉書は雑誌『今世少年』（春陽堂発行）の第一巻第九号（一九〇〇年一〇月五日。石井研堂編集）の附録の「二少年シャボン玉を吹く図」といわれる。

（3）日本の私製絵葉書解禁の一〇月末にロンドンに到着した夏目漱石は、猫を擬人化したデザインで有名なルイ・ウエインの描く絵葉書にふれ、帰国後すぐに雑誌『ホトトギス』に『我輩は猫である』を発表して（一九〇五年一月号から翌年八月号まで連載）、その中にルイ・ウエイン製の絵葉書を登場させている。絵葉書は、情報伝達だけでなく、近代文学にも大きな影響を与えるのである。日本絵葉書会会報。『エハカキ』Vol.38」二一五ページ「猫が好きな人のために」林丈二（二〇一一年）。

（4）神社仏閣・都市生活・名所（名勝）・旧跡・温泉・城郭・山岳・海浜・遊園地・近代建築・駅舎・ホテル・デパート・銀行・商店・企業・学校・病院・キリスト教会・繁華街・鉄道・船舶・自動車・飛行機・浮世絵（錦絵）・美術・デザイン・芸能・風俗・祭礼・博覧会・人物・こども・遊び・植物・花・動物・スポーツ・運動会などの行事・楽器・皇室・戦争・軍隊・外地・年賀・クリスマス・記念品・災害など報道ニュース・宮武外骨の『滑稽新聞』附録など、そのジャンルはまさに「森羅万象」である。また、二連・三連といったパノラマや、変形絵葉書、透かし絵や仕掛け（からくり）、漆絵の絵葉書などもある。

（5）Anne Nishimura Morse, J. Thomas Rimer and Kendall H. Brown. *Art of the Japanese Postcard: The Leonard A. Lauder Collection at the Museum of Fine Arts, Boston* (Boston: MFA Publications, 2004). あるいは、『フィリップ・バロス　コレクション　絵はがき芸術の愉しみ展―忘れられていた小さな絵―』そごう美術館（一九九二年）など。

（6）石戸所蔵のものを見ると、蒸気船や蒸気機関車、「Kobe Meisyo」の英字のデザインの袋の中に、「和田岬和楽園」「神戸ステンショー及ヒ相生橋之景」「摩耶山之景」「湊川神社之図」「大仏之像」「居留地外国クラブ」「神戸市中及ヒ海岸」「布引雌瀧」「生田神社」「諏訪山之全景」「舞子浜及ヒ敦盛墓」「神戸福原花街」の計一二枚が入る。当然、時代的に神戸湊川新開地は無い。

　ちなみに伊藤博文銅像（大倉山公園）があるため、一九一一（明治四四）年以降大正初期と思われる未使用の『神戸みやげ』手彩色絵葉書帖（神戸栄屋商店発行）では、この大倉山公園以外に、布引雌滝、布引雄滝、生田神社、諏訪山遊園地、メリケン波止場、湊川神社、同楠公石碑、湊川古戦場、そして最後が湊川新開地の劇場街である。明らかに新開地が名所に参入する。しかし昭和七年頃までに発行されたと思われる多色絵葉書（一四枚セット）は、姫路城、須磨寺及遊園地、大倉山遊園地（伊藤公銅像）、神戸市役所、武庫離宮、別格官幣社湊川神社、明石城趾、舞子公園、布引ノ滝、諏訪山遊園地、海岸通元居留地、神戸築港ノ突堤、兵庫県庁、神戸市街の画像が含まれており、新開地が入らない例もある。多くの神戸名所絵葉書に湊川新開地の劇場街が入るが、たとえば、『神戸市営観光乗合自動車（観光バス）記念写真帖』（一九三七年）のように、「神戸名所」に湊川神社関係はもちろん、須磨寺、摩耶山天上寺、長田神社、海洋気象台、元町夜景なども入っても、湊川新開地が含まれていない例もある。時代の空気を背景に「名所」から歓楽街をはずす意図があったのかも知れない。

（7）拙稿『アーカイブとしての古絵葉書、その可能性についての一考察』の論考で、英国人A・N・ハンセル設計の神戸外国クラブを描写した、この林基春の「居留地外国クラブ」と、神戸外国クラブの手彩色写真、さらに同アングルの神戸外国クラブの手彩色絵葉書の三点を同論考に比較掲載し、名所としての近代（洋風）建築を多様な媒体で表現していたことを論じている。

（8）石戸信也「戦前神戸の蓄音機レコードの世界」神戸新聞朝刊・文化欄（二〇一七年一一月七日）。

（9）湊川も舞台にした神戸貿易製産品共進会（一九一一［明治四四］年）などを嚆矢とし海軍の観艦式や行幸、「神戸開港五〇年祭」、「大楠公六百年祭」などいわば都市の祝祭を重ねる中で市民は「大神戸」の市民としての帰属意識を強め、一九三三（昭和八）年の第一回「みなとの祭」で、その陶酔は頂点に達した。全国に配布された小磯良平が描いたポスター・絵葉書は神戸のハイカラやモダンな空気を伝えた。一九三六（昭和一一）年の出入港船舶数は開港以来最高となった。そして、阪神大水害の被害にもかかわらず、一九三九（昭和一四）年には神戸の人口が一〇〇万人を突破した。神戸の絵葉書の生産の背景には、このような都市の発展と観光宣伝の施策の相乗効果があったであろう。

（10）居留地、メリケン波止場、東遊園地、オリエンタルホテル、トアホテル、栄町、大倉山、伊藤公銅像、税関、海岸、商館、ガス燈、南京街などに言及している。

（11）稲垣足穂『星を造る人』、『婦人公論』（一九二二〔大正一一〕年）発表。和田博文『星の文学館』筑摩書房（二〇一八年）による。なお、翌一九二三年『中央公論』発表の『星を売る店』でも稲垣は「湊川新開地の入口でスター〔石戸注：戦前のタバコの銘柄。一九〇八〔明治四一〕年から一九三〇〔昭和五〕年にかけて販売された。一〇本入り〕を二箇買って…」「米国魔術家の演技がかかっている聚楽館の玄関を指した」「映画の話をして行きすぎる半ズボンの連れもあり」「朝日館のオーケストラで活劇の初めに鳴らせていたやつよ、あの曲とのあいだに共通のものを感じる」「いつか映画で観た表現派の街を歩いているようだ」といった神戸の劇場街を想起する記述をした（『ちくま日本文学全集』一九九一年による）。

	映画館名および映画関連情報	色彩	備考
	酒井、中村など役者名ののぼり	手彩色	通信文1/3
	役者名のぼり	多色	通信文1/3
	共進会	単色	福原・橋本写真館
	三の宮歌舞伎座出演	二色	神戸後藤製
	日本一・吉筒？子	手彩色	右、料亭
	敷島館など 劇団員名、西川鎌吉	手彩色	通信文1/3
	帝国館、栄館の旗。湊川勧商場	手彩色	通信文1/3
	劇団員の名前のぼり多数	手彩色	通信文1/3
	館内、映写機	二色	
	敷島館など 敷島館館主、新派喜劇良人?	単色	日の丸扇、1/3
	聚楽館	単色(紫)	錨、通信1/3
	聚楽館	単色	ライオン、1/3
	聚楽館	単色	ライオン、1/3
	菊水館など 哀の曲、佳人?の復讐	多色	錨マーク
	劇場街のライトアップ	単色	万国郵便連合
	アサヒビヤホール、天津栗、アイスクリーム、ミルクコーヒー	手彩色	栄屋ライオン
	菊水館、松本座など劇場街	青色	
	鰻まむしの旗	単色	錨マーク
	朝日館、菊水館、びっくりぜんざい	単色	ライオン、1/3
	朝日館	単色	錨マーク
	明治座	二色	開港50年印
	日本劇場	二色	開港50年印
	有楽館など		(神戸の栞)
	中央劇場 市川の役者名のぼり	単色	錨マーク
	文覚上人、日本活動写真会社	手彩色	塔、聚楽館
	朝日館など 天然色活動写真、奈良?	手彩色	栄屋ライオン
	松本座など 日活会社特約松本座	手彩色	郵便はかき
	有楽館など	多色	栄屋ライオン
	湊座など　城内天守の怪？、殺生村正？ 松竹キネマ時代映画	単色	鳩マーク
	天津栗・牛めし・メリヤス・写真・蓄音機	単色	栄屋ライオン
	有楽館など 強狸羅(ゴリラ)	手彩色	東亜等持院
	聚楽館	多色	神戸市電気局
	朝日館など 英文掲示　ONLY THE BEST PICTURES FIRST RUN FOR KWANSAI	単色	
	劇場街と映画看板	多色	栄屋商店
	有楽館など 御前大試合？、乳姉妹	単色	元町栄屋
	大正座など 萬歳と舞踊	単色	栄屋ライオン
	有楽館など 御前大試合？、乳姉妹	多色	元町栄屋
	お多福食堂、ぜんざい、グリコ塔	単色	多聞座の字
	有楽館など 乱闘劇傷魂	単色	AKANISHI
	松本座など 悪太郎獅子・街の笑くぼ	単色	栄屋ライオン
	錦座など 文芸・実録忠臣蔵	単色	錨マーク
	菊水館など 地上の星座、井伊大老	単色	栄屋ライオン
	湊座など 白藤幻の?、海山？	単色	錨マーク
	湊座など 新国劇など	単色	神戸市役所
	聚楽館上にアイススケート場 湊川伝道館、松竹（街で拾った女）	手彩色	打出の小槌印
	松本座など 悪太郎獅子・街の笑くぼ	三色	錨マーク
	菊水館など 悪太郎獅子・街の笑くぼ	単色	神戸観光記念印
	ロイド、陸軍士官学校など	単色	
	東亜朝日劇場看板等 透明騎手、忍術虎若丸など	多色	錨マーク
	聚楽館 聚楽館開場記念	多色	
	聚楽館 倫敦の?	多色	元町栄屋
	朝日館など	多色	
	聚楽館遠景	多色	
	聚楽館、大映映画新開地独占封切場・月から来た男	単色	
	テアトル神戸、雷鳴の湾 KS映画 聚楽館、真夜中の愛情、関響	単色	

別表―神戸の映画関連絵葉書リスト（石戸コレクションより）

No.	年代	絵葉書キャプション
1	明治末？	（神戸名所）楠公前
2	明治末？	THEATRE STREET OF KOBE
3	明治	神戸湊川踊演舞場
4	明治38年	尾上楽之助、片岡、嵐、中村
5	明治末？	神戸相生座
6	明治末？	神戸湊川新開地
7	明治末？	神戸湊川新開地
8	明治末？	神戸相生座
9	開館1周年	活動写真電気館
10	大正初め？	活動写真電気館（関西無二の盛況地）
11	大正初め？	神戸湊川聚楽館
12	大正初め？	神戸湊川新開地聚楽館
13	大正初め？	神戸湊川新開地聚楽館
14	大正8以降	神戸湊川新開地
15	大正	神戸夜の湊川新開地（関西唯一の不夜城）
16	大正	神戸湊川新開地
17	大正	神戸湊川新開地
18	大正初め	神戸湊川博進館屋上より見たる新開地
19	大正	劇場櫛比せる湊川新開地の賑ひ
20	大正11	神戸湊川新開地
21	大正10	聚楽館と兵庫明治座
22	大正10	相生座と日本劇場（大黒座）
23	大正14須磨消印	神戸湊川新開地
24	大正末？	神戸湊川中央劇場
25	大正	神戸湊川新開地（古戦場）
26	大正末？	神戸湊川新開地（古戦場）
27	大正末？	神戸湊川新開地
28	大正末？	神戸湊川新開地
29	大正末？	劇場櫛比せる湊川新開地の賑ひ
30	大正末？	劇場街
31	大正15	神戸湊川新開地
32	大正末？	（聚楽館前の市電、市章デザイン）
33	大正末？	神戸湊川新開地
34	大正	神戸湊川新開地（古戦場）
35	昭和初期	神戸の歓楽境新開地の雑踏
36	昭和初期	神戸の歓楽境新開地
37	昭和初期	歓楽境湊川新開地
38	昭和初期	神戸の歓楽境新開地の雑踏
39	昭和初期	（神戸名勝）神戸湊川新開地
40	昭和11年以降	（神戸）湊川新開地
41	昭和初期	神戸湊川新開地
42	昭和9年以降	劇場櫛比せる湊川新開地の賑ひ
43	昭和初期	湊川新開地の劇場の美観
44	昭和初期	湊川新開地
45	昭和9年以降	神戸湊川新開地
46	昭和11年以降	神戸湊川新開地
47	昭和11年以降	劇場櫛比せる湊川新開地の賑ひ
48	昭和3年	神戸松竹座の番組案内
49	昭和13年以降	（神戸名勝）湊川新開地の盛場
50	昭和初期	新装聚楽館全景
51	昭和初期	聚楽館映画大観客席 扇型様式の日本最初のトーキー大劇場
52	昭和初期	湊川新開地の夜景
53	戦後20年代	（神戸湊川本通）
54	昭和26年	神戸湊川新開地
55	昭和28年	（神戸）湊川新開地

（注）絵葉書を見る時の判断材料になる情報の読み解き方の一例である。神戸の湊川新開地を中心とする絵葉書は、明治から昭和にかけて、手彩色から単色・多色へと変化する。また多様なマークから、地元の元町の栄屋（ライオン）など業者が多くあったことがわかる。備考欄にあげている通り、通信文のスペースで時代が判定できたり、マークで製造（作）販売業者が判明できる。たとえば元町の栄屋はライオンのマークを下部キャプション部分や、宛名面にも入れることが多かった。

◎コラム15 「回顧する純粋映画の夕」と神戸詩人事件

一九三七（昭和一二）年四月三〇日、「回顧する純粋映画の夕」という名称の自主上映会が開催された（新開地の朝日館）。神戸の雑誌、『映画無限』を基盤とする神戸映画新人会の主催で、神戸と姫路の詩人たちの神戸詩人クラブが後援していた（双方に属していた構成員もいた）。当時前衛映画と呼ばれた『貝殻と僧侶』と『ひとで』（共に一九二八年）に加え、ロバート・フラハティ監督の『アラン』（一九三四年）との三本立て。今日の目で見ても極めて意欲的な構成であり、三〇〇名程の観客が集まった。

その三年後、治安維持法違反の容疑で関係者一〇数名が突然逮捕される。神戸詩人事件である。嫌疑の掛かった対大衆宣伝煽動活動の一つとして、この上映会も挙がっていた。冤罪であったが、検挙された人々のその後の人生は翻弄されてしまった。

この事件を長年追求している詩人の季村敏夫は、「権力の意思は、徹底した自由を希求するポエジイそのものの絶滅にあったかもしれ

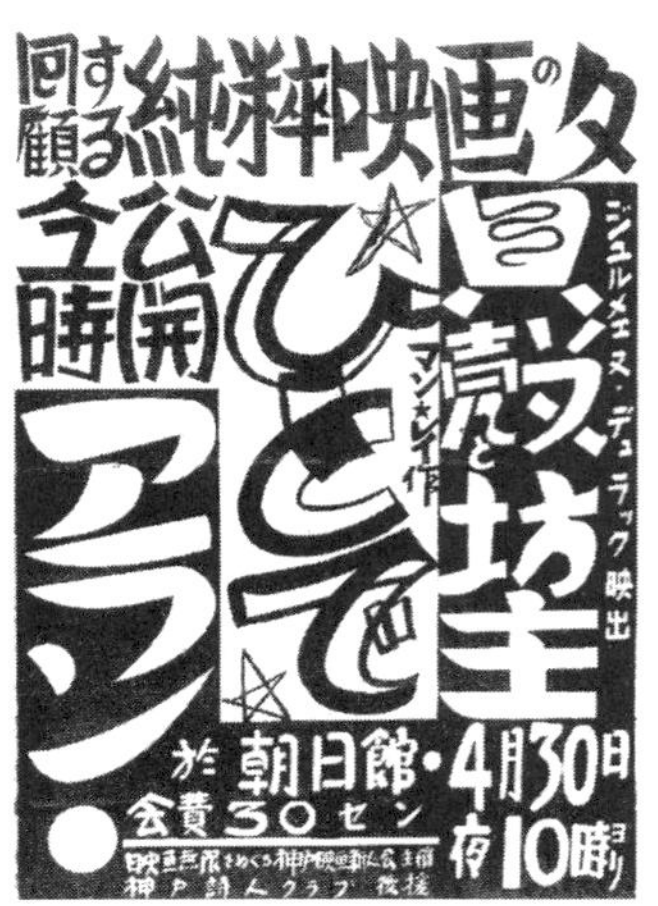

「回顧する純粋映画の夕」ポスター
（太田市立新田図書館所蔵田中資料）

ない」と書いているが（『窓の微風　モダニズム詩断層』みずのわ出版、二〇一〇年）、未だにその内実が明らかになったとは言えない。神戸の映画史における負の歴史として、記憶しておきたい。

（森下明彦）

＊映画史家の田中純一郎所蔵資料に含まれていたポスターについては、本地陽彦さんのご教示による。

◎コラム16

竹中郁とシネポエム

神戸の詩人・竹中郁《いく》は第四詩集『象牙海岸』（一九三二［昭和七］年）巻頭に五つの実験的なシネポエムを置いた。その一編、「マン・レイ氏に」と献辞のある「百貨店」から冒頭を引く。

一　開《あ》いては閉《し》まる昇降機《アサンスウル》だ。人《ひと》ひとり居《ゐ》ない。
二　床《ゆか》の上《うへ》に落《お》ちている花《はな》だ、花弁《くわべん》のない花《はな》だ。
三　階段《かいだん》を駆《か》けのぼつてゆく靴靴靴《くつくつくつ》。女《をんな》の靴《くつ》。
四　中《なか》に踵《かかと》のとれた靴《くつ》。

一から三〇までのナンバーが付けられた詩行は映画のシナリオのようだ。クローズアップ、カットバック、モンタージュ。イメージの連鎖がリズミカルな映像を喚起する。

竹中は一九二八（昭和三）年、パリの前衛映画館「ステュディオ・デ・ジュルシュリーヌ」で、マン・レイの『ひとで』（一九二八年）を見た。ヒトデを象徴に、男女の愛と別れの物語が幻影のように展開する。ロベール・デスノスの詩に映像を付けた、シュールレアリズム映画の代表的作品だ。

竹中は深い感動を書き綴った。「その夜の高級らしい観衆《けんぶつ》にもなんの事か判《わか》らぬらしく、頻《しき》りに皓笑《こうしょう》が繰りかへされたが、僕は少なくとも其の新鮮さ、今までの映画の持ち得なか

美術家の岡本唐貴（左上）らと前衛劇のまねごとをする20歳ごろの竹中郁（右上）。（神戸文学館蔵）

った世界には感心した」（「巴里たより」）。詩作の周囲には欧米やソ連のアバンギャルド映画があった。「その実験の成果は、彼の感受性にインプットされ、シネ・ポエムへの意欲を高めていった」（和田博文『テクストの交通学』）。竹中はマン・レイを訪ね、モダニズム詩の頂点へ駆け上がった。

翌一九二九（昭和四）年にスイスで開かれた国際前衛映画会議に二人の日本人が出席し、三作品を買い付けたが、日本での上映を官憲は警戒した。欧州を外遊した映画監督の鈴木重吉《しげよし》は日本芸術映画協会を一九三〇（昭和五）年に創立、『ひとで』や『貝殻と僧侶』（一九二八年）など四作品を輸入したが、検閲を通らなかった。試写を見た評論家は訳が分からないと反発した。プロレタリア映画こそ前衛映画であるという批判も噴出した。官憲は左翼的傾向を持つと誤解し、弾圧。『ひとで』は一九三三（昭和八）年の日本公開時、原形をとどめぬほど場面を削除された（西村二〇〇三年）。

神戸でも一九三七（昭和一二）年四月三〇日、新開地の朝日館で『ひとで』などが上映された。神戸大丸宣伝部が保管するフィルムを、神戸詩人クラブが持ち出し、「シュールレアリズムの革命的性格を宣伝啓蒙」したと『特

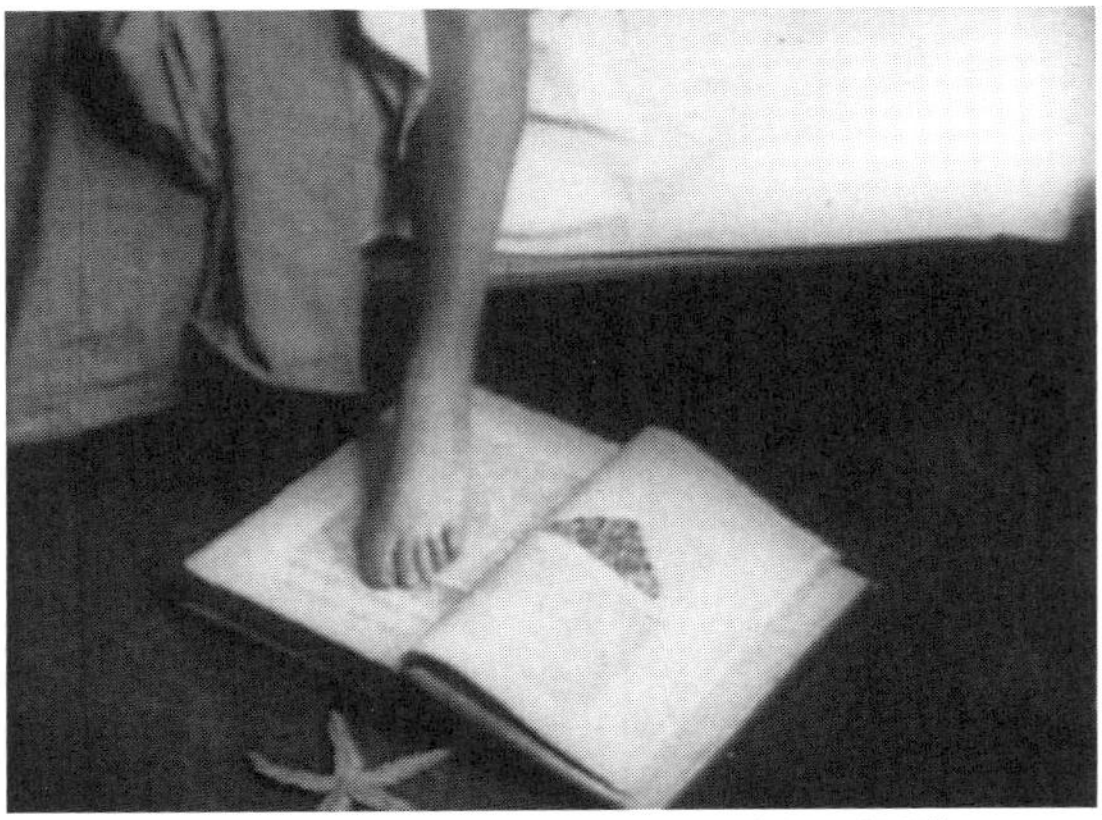

『ひとで』（1928年、マン・レイ制作・監督・撮影）
提供：神戸映画資料館

高月報』は報告する。約二〇人の若き詩人たちが一斉検挙されたのは、一九四〇（昭和一五）年三月のことだった。

　再び前衛映画が浮上するのは、一九六〇年代以降。中でも〃アングラのジューシン〃こと元『映画評論』編集長・佐藤重臣《しげちか》主宰の「黙《もっ》壷《こ》子《す》フィルムアーカイブ」がマニアを引きつけた。『ひとで』や『アンダルシアの犬』（一九二九年）を含む「ダダからシュールレアリズムまで」はプログラムの定番。「当時バイブルといわれた松本俊夫の『映像の発見』に出てきても、文章だけで分からないわけよ。重臣さんのフィルムを借り、関西でようやく見ることができた」と安井喜雄・神戸映画資料館館長は振り返る。それらの「黙壷子」フィルムは今、同館が保管する。

　竹中がパリで、「こんな映画の実験室が日本にもほしい」と書いてから一世紀。デジタル時代でも、スクリーンで見るフィルムには精神を揺さぶる魔術的な力が宿っている。

（田中真治）

◉第11章

よみがえるアマチュア制作の小型映画
——昭和初期の神戸・関西を中心に

森下明彦

◎——はじめに

映画の上映が始まる。いきなり現れたのは日本家屋の縁側を背にした、齢《よわい》三〇ばかりの着物姿の女性と子どもが二人。彼女はこちらを（カメラを）見つめながら、やや困惑気味に「また活動写真ですか」とでも言っているようである（何しろ無声なので口の動きから推測するしかない）。フィルムには傷やゴミが相応に目立つが、上下に見える四角の送り穴（パーフォレーション）は傷んでいない。やがて、三つ揃いを着た一人の男性が画面に入ってくる。どうやら女性の夫、一家の主人であると分かってくる。子どもたちは父の方を向いてしまうので、彼はカメラを見なさい、と指示する（ようである）。それで家族全員がカメラに向かって微笑む儀式が成立する。一家にとって、何かの記念すべき日なのであろうか？　突然、画面が黒くなり、白っぽくなって、また暗黒（カメラの操作の失敗か？　しかし、それを除こうとした編集の形跡はない）。景色が現れ、池でボートを漕ぐ家族が写る。もしかしてここは須磨寺かしら。カメラは何台かのボートを追って忙しく左右に動き回る。眼には生理的に少しつらい……。

もちろんこれは私の創作であるが、多くは出所不明のこうした映像に関して、私たちは直ぐにある言葉を思い浮かべる――「ホーム・ムービー」である。これまでの映画の歴史ではほとんど日が当たらなかったが、近年注目されるようになってきた。この小文では主として神戸・関西を中心としたホーム・ムービーに代表される小型映画を調べてみたい（九ミリ半とも呼ばれた九・五ミリフィルムを中心とする。より高価であるが性能も良かった、一六ミリや八ミリフィルムにも適宜言及する）。時期は戦前、特に小型映画が（やや誇張して言えば、急速に）普及していく一九二〇年代中頃から三〇年代初頭に目を向ける。大阪が「大大《だい》阪」となった頃であり、国内での都市化が急速に進んだ時期であった。社会・経済状況を改めて確認しておくと、第一次世界大戦による好景気は戦争終結後しばらくして恐慌に転じ、長期の不況が続いた。一九二七（昭和二）年には金融恐慌が起こり、四年後（一九三一［昭和六］年）には昭和恐慌となる（その後は、景気は回復に向かう）。

先ずは準備として、当該時期における小型映画全般の状況を概観しておきたい。

◎——小型映画の誕生と普及

小型映画の家庭化

映画館でかかる一般の映画、つまり標準型（三五ミリ幅のフィルムを使用）とは別に、家庭向けに開発されたのが小型映画である。どんな場合であれ、見る（映写と鑑賞）と作る（撮影と編集）の二つの局面があり、つなぐのはフィルム（映画作品）である。

フランスのパテ社が開発した、家庭向けの九・五ミリのフィルムによる「パテ・ベビー」は、小型、軽量、操作簡便、安全（難燃性）、安価（後述する）などの特色を持っていた。一九二二（大正一一）年、初めに販売されたのは映写機とフィルムであった。この国にも直ぐに輸入されたが、宣伝の中には「御家庭用活動写真」という文言を使うものもあった（「読売新聞」一九二五年八月二三日）。販売や貸出し用に多数のフィルムが作られ、今で言う「ソフト」として以後充実するようになる。映画館で封切られた作品の短縮版（標準型の縮小プリント）に加え、オリジナル作品として小型映画版が独自に制作されている。現在私たちがＤＶＤを借出して、家庭で鑑賞するのと同様である。今日まで生き残ったフィルムの中には現存していないと思われていた作品もあり、映画史の欠落を補っている。なお、家庭での映像鑑賞に関しては、その前史も忘れてはならない。樋口一葉の『たけくらべ』（一八九六［明治二九］年）に描写されているような幻燈や、あるいは玩具映画（大正中頃から）である。

さて、見るだけに飽き足らず、撮影をしたくなるのが人情というもの。一九二三（大正一二）年に撮影機が登場する。これもパテ・ベビーが先鞭を付け、間もなく日本でも市販される。本体は幅四・二センチ、奥行き八・八センチ、高さ一〇・五センチという小ささ（レンズとファインダーを除く）、六五〇グラムの軽さであった。アメリカのコダック社の一六ミリ撮影機もほぼ同時期に出現し、八ミリはやや遅れて一九三二（昭和七）年に出回る。最初の輸入から僅《わず》か数年で、この国において小型映画カメラが普及していき、見るに加えて、撮る・作る実践が大々的に行われるようになる。プロが制作する商業映画とは異なる新たな映画の誕生である。

家庭での使用を想定されていた小型映画は素人が手掛けたのであり、この点でそれをアマチュア映画と呼ぶことも多い（厳密には両者は同じではないが、本稿ではその問題は追求しない）。そのアマチュアの姿を垣間見ておきたい。まずは機器の価格を調べてみる。初期の一九二六（大正一五）年においては最安な、先述の手回し式カメラと映写機とで二一八円（約四四万円）であった。何回かの値下げ後、不況下の一九三一（昭和六）年には一二〇円（二四万円）となり、一分のフィルムは現像代と合わせて一円四〇銭（二八〇〇円）掛かった（吉川　一九二六、『日本パテーシネ』一九三一年一一月、その他を参照。括弧内の金額は当時の一円が現在の二〇〇〇円に相当する［岩瀬　二〇〇六］と仮定し換算）。高額なことは否定出来ない。

小型映画の機器の月賦販売も行なわれていた。パテ・ベビーのさる新聞広告では、「官公吏、銀行員、会社員、教員、医師、実業家等」については保証人不要とされている（『東京朝日新聞』一九三〇年一月一六日夕刊）。ここに挙げられた職種から、小型映画の主な愛好者とはこの国全般で進む資本主義の発達と都市化と共に増加した新中間層であり、ホワイトカラー（サラリーマン）であると示唆されよう。ある程度金銭的な余裕があり、月賦で購入するなら何とかなるという人々である。格差社会と言われた戦前、この時期の月収の基準値は一〇〇円とされている（岩瀬彰前掲書参照）。ぎりぎり、あるいはそれ以下の生活を強いられていた就農者や都市の労働者にとっては、一家の写真ですら晴れの日に写真館で撮影してもらう他なかったのが実際であり、まして映画機械は高嶺の花であったろう。誰でも扱えるものではなかった。

このような社会環境の中、それでも小型映画は普及していった。

小型映画の社会化

家庭の中で楽しんでいた同好の人たちが集まって、情報交換や作品批評を行い、上映会を開催するための組織が設立される。小型映画の家庭化が進む中で、方向を逆にする社会化への第一歩である。一九二六（大正一五）年秋頃、大阪に小型映画の愛好家が集まった「ベビー・キネマ・クラブ」が発足し、翌年から機関誌『ベビーキネマ』を発刊し始める（図1）（東京でも大阪のクラブ誕生直後に「東京ベビーキネマ倶楽部」が設立され、その後一九二〇年代後半、全国に次々とクラブが設立されるようになる）。一九三一（昭和六）年には全土（植民地を含む）で六三のクラブが存在していた（『日本パテーシネ』一九三一年六月）。大阪や東京のクラブは、後にクラブの統括機関としての連盟に姿を変え、機関誌発行を継続する（両者は一九三四［昭和九］年三月に合同し、機関誌も統合される）。掲載される内容はシナリオ、論考、作品写真と解説、技術情報、報告・連絡など様々ある。

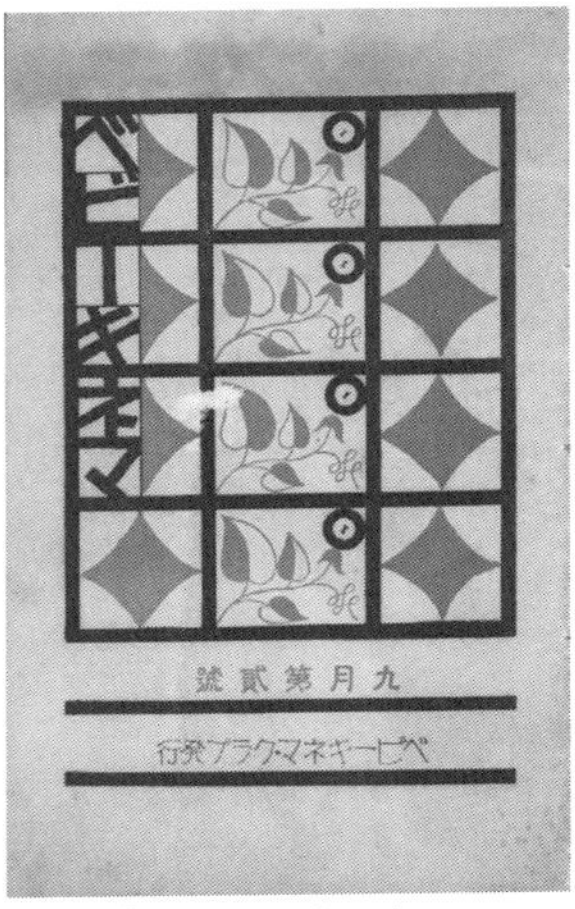

図1　『ベビーキネマ』（1927年9月／表紙）

なお、クラブの維持、機関誌の発行、次に見るコンテストの開催などは、経費的にも人的にも、映画機器・材料の製造会社や販売代理店の後ろ盾に多くを負っている。彼らからすれば一つの販売戦略と言えようが、それに留まらない大きな視野を持っていた。とはいえ、後には九・五ミリ、一六ミリ、八ミリという三つの規格同士の勢力争い（使用者の囲い込み）とでも呼べる様相を呈するようにもなっていった。

クラブの役割であるが、ベビー・キネマ・クラブの規約を一部引用しておきたい（『ベビーキネマ』一九二七年九月）。

［前略］

一、目的は家庭の娯楽として活動写真の普及及発達を旨とする

一、クラブは左記より成りたつ
顧問　クラブを指導援助される篤志家を推薦する
同人　撮影機を持ち自ら取扱う人
会友　同好者にして同人の伴侶となりクラブを助ける人
一、クラブの仕事として撮影競技会、試写会、鑑賞会、研究会見学及出版其他を行う
一、同人の用いる撮影機は何であっても差支へない［後略］

以下、いくつかの項目について言及する。

クラブの基本活動は、先に引用した規約にあるように、会員や他の参加者の、あるいは、既成映画の作品上映と研究や懇談を主としていた。しかし、以下で見るコンテストの場合も含め、観客数が数百名に上る大規模な公開上映会もしばしば開催されていた。社会へ向けた行動と言えよう。名古屋のポスターの写真を掲載する（図2）。アベル・ガンスの『ナポレオン』の九・五ミリ版が一九二九［昭和四］年二月頃から日本の市場に出回り、それを上映している）。

図2　『パテーベビー映写会』ポスター（名古屋／1920年代後半以降）

この場合、小型映画も映画である以上、一般の興行映画と同じように法律の適用を受けていた（初期にはほとんど問題にされず、「使用者側も、［検閲を課す］内務省側も放任のままですごしてきた」ようである［西村 一九四一］。作品の検閲（一九二五［大正一四］年七月一日施行の内務省令、「活動写真「フィルム」検閲規則」により、初めて全国的に検閲が一元化された）と、所轄の警察に興行願を出さねばならなかった（東京では一九二一［大正一〇］年七月に改訂された、警視庁令「興行場及興行取締規則」）。有料の場合、さらに税金の関係で市区町村長に興行届と終了後の申告書を提出する必要があった。こうした形で小型映画の場合といえども、社会的規制の対象となっていた（家庭の中だけで鑑賞する場合は不要であった））。

作品を募集し、優劣を付けるというコンテストが開催されるようになった。東京ベビーキネマ倶楽部が発足を記念して開いたのが、この国で最初であった（一九二六［大正一五］年一〇月三日）。他方、大阪で初めて開催されたのは、一九二九（昭和四）年一一月末日締切の全関西パテー

図3　入選作品映写会（1930年3月29日）
（『ベビーキネマ』1930年4月）

キネマ連盟創立記念の作品募集である（図3）。毎年開催され、後には年二回となった。

コンテストは人々の抱く映画観が顕在化する場である。実作を見ることが出来、かつ、それが順序付け（価値付け）られる（優秀作品は雑誌で紹介されるだけでなく、複製プリントが作られて全国で上映され、場合によっては販売もされた）。その入選作品を分析したり、審査員、受賞者の言葉を見ていくと、小型映画の実情が分かってくる。後ほど、この点について触れる予定である。

小型映画への社会的認知

上述のように小型映画の内部から社会へと出て行く動向が認められた。同時期にはまた外部から小型映画へと向かう実践もあった。一つはジャーナリズムからの注目であり、大手の映画雑誌、『キネマ旬報』はその中に「小型映画研究」という欄を設けた（一九二九［昭和四］年一月一日号からであるが、毎号記事が掲載されるようになったのは同年八月二一日号以降）。クラブが刊行する機関誌ではなく、一般誌として初めて出版されたのが、海外との連携を謳った『日

図4　『アマチュア・ムービース』
（1928年8月／表紙／右端切れ）

本アマチュア・シネマ・リーグ』が発行する、『アマチュア・ムービース』(図4)である(一九二八〔昭和三〕年八月)。リーグ主催のコンテスト発表会(一九二九〔昭和四〕年六月二九日)は、初めてパテ・ベビーと一六ミリの両者を対象としたものであった(一等は手島増次『午後から朝まで』(一九二九年/一六ミリ))。

一九二八(昭和三)年八月に、映画会社が集まり、素人による小型映画の上映会が興行を妨げる恐れがあるので、当局に取締を陳情することが協議された。詳細が不明であるが、興行界が小型映画に対して行動を起こした点、その社会化への対応現象と看做すべきであろう(『ベビーシネマ』一九二八年一一月)。他方、翌年、評判を呼んだ外国製の記録映画のフィルムが盗まれ、密かに作成された一六ミリ・プリントが百本ほど売却されたという事件が起こった。「最近十六ミリの映画が家庭に普及され」た結果であるとし、映画会社各社が協議を行った(『キネマ旬報』一九二九年三月一一日号)。今日で言う違法コピーであるが、こうした形でも小型映画が社会化していった。

一九二九(昭和四)年二月二日に創立された、映画史上に名高い、略称「プロキノ」と呼ばれる「日本プロレタリア映画同盟」も忘れてはならない。その一員であった佐々元十は、既に一九二七(昭和二)年五月一日、パテ・ベビーにより第八回東京メーデーを撮影していた。佐々は翌年、「玩具・武器——撮影機」(『戦旗』一九二八〔昭和三〕年六月)を発表し、「従来ブルジョアの高価な或いは安価な玩具」であった小型撮影機と映写機を活用した、映画の「日常的持ち込み」

を主張する。左翼的立場からの「映画行動」を旗印に、一九三〇（昭和五）年五月三一日には「第一回プロレタリア映画の夕」を開催するなどの運動を続けた。この動きは一九三四（昭和九）年初頭までに弾圧を受け、組織的な活動は停止した。

パテ・ベビーは裁判にも使われた。新聞記事には、「これは我国初めての活動写真を法廷に利用した最新法廷戦術のトップを切るものである」と報道されている（『福岡日日新聞』一九三〇年一二月四日）。他にも教育の現場や学術分野での小型映画の活用など、紹介したい事例は多々あるが先を急ぎたい。

最後に視野を海外にまで伸ばしてみる。この国の作品群が海外のコンテストに出品、受賞し、賞賛を集めるようになる――それは意外に早く訪れた。一九三〇（昭和五）年一一月に審査が行われた、アメリカで開催されたパテ社主催のコンテストであった。塚本閤治を含め五名が出品し、全員が入賞した（『ベビーシネマ』一九三〇〔昭和五〕年一二月）。その後もフランス、ハンガリーやスイスなどでの国際コンテストに多数の作品が参加した。

◎――神戸・関西の小型映画の実践

以上、機材の総称としての小型映画、その担い手であるアマチュアの姿、そして社会の状況に関して検討してきた。ここで仮のまとめを行っておくなら、新たな装置である小型映画を拠り所に、それにふさわしいあり方を追求しながら、新しい映画文化の創出が目指されていた、となるであろう。一つの「文化運動」である（詳述は別に譲りたい）。いずれにせよ、小型映画は当初の想定を超えた広がりを示すようになった。

この節では、本題である神戸・関西において実際に作られた映画を具体的に検討していく。前節までの時期限定（一九三〇年代初頭まで）は外すことにもなる。これまでにやり過ごしてきたいくつかの問題を改めて考察し、一般化も図っていきたい。

森紅

戦前の小型映画作家の代表格は東京なら荻野茂二であり、関西では大阪の森紅《もりくれない》と言える。その森の多数のフィルム群が数年前に神戸市の神戸映画資料館から発見された。多様な傾向を見せる森の仕事を概観するのは簡単には出来ないが、ここでは三つの事例を考えたい。

一つは三角や四角、円と言った幾何形態だけを使用したアニメーションの制作を再三試みた点であろう。市販のレコードの楽曲に合わせてコマ撮影で作られた、『扇光楽　ヴォルガの舟唄』（一九三二［昭和七］年）（図5）、『旋律』、『千鳥の曲』（一九三三［昭和八］年）である（先に名前を挙げた荻野茂二にも、同じような方向性を感じさせる『開花』、『表現』、『リズム』があるが、いずれも一九三五［昭和一〇］年制作で森紅の仕事より遅い）。単純な図形による視覚的音楽を志向する作品は、商業映画を手掛けていた監督の誰もが挑戦することはなかった。この点で、森紅の仕事は極めて特異であり、アマチュアの手掛けた小型映画の貢献の重要性を証拠立てていると考えられる。

第二に、もちろん森紅も家族を撮影したホーム・ムービーを数多く制作している。中には編集の妙を見せた『台所の戯曲』（一九三五〔昭和一〇〕年）などがあるが、特にここで言及したいのは第五回日本写真美術展での入選作、息子たちを被写体にした『私の子供』（一九三〇〔昭和五〕年）である。幼児ではあるが、放尿場面が検閲で削除となったことを機関誌に書き連ねている（『ベビーキネマ』一九三一〔昭和六〕年一月）。喧嘩で相手を泣かした後に、「虚心坦々〔ママ〕そこへ小便をするということが、如何にも子供らしさが出されている」との自負があった。自らの「平凡な」映画が入選したのも、子どもらしさの表現において、この小便の映像が与《あずか》ったからである。つまり削除が行われたことにより、「最早あの画は骨抜きされたも同然」と落胆する。自作への矜持を保ち、検閲に対する憤りが表明されている一例として紹介しておきたい。

最後に、小型映画では早い時期から当時の新技術、トーキーに関して、レコード・トーキーが多々試みられて

図5　森紅『扇光楽　ヴォルガの舟唄』1932年）
（提供：神戸映画資料館）

きた。森紅の『開会の挨拶』（一九三〇年代後半と推測）は、「ホノマトン」という、録音が可能なレコードを利用している。同時録音の試みとして、管見の限り類例を見ないものである。

坂本為之

全関西の連盟の第四回のコンテストに三等入選した坂本為之《ためゆき》（一九三〇年代後年以降は兵庫県在住）の『お房の母』（一九三二［昭和七］年）は、削除ではなく検閲却下の裁定であった。全編上映が出来ないので、坂本は自ら粗筋を記し、読者に訴えている（『パテーキネマ』一九三三［昭和八］年一月）。家庭内の女性に関して、左翼的な視点からの問題提起を行ったようである。しかし、コンテスト作品を批評する座談会のある出席者からは「小型映画として私の持論からはこうした作品は否定する」といった厳しい意見も出ている（『パテーキネマ』一九三三［昭和八］年一月）。

幸い坂本に関しては影絵のアニメーション『ガランドウの太鼓』（一九三四［昭和九］年／神戸映画資料館所蔵。ただし、一部欠）が残されている。後に一九四一［昭和一六］年、彼はプロとして、淡路の人形芝居を記録した映画を演出している（田中　一九七九）。このようなアマチュアからプロへの移行は他にも田中喜次や荒井和五郎などの例があり、珍しくはない。これも上段で考察した小型映画の社会化の一つの例と考えても良いであろう。坂本は戦後は小型映画の指導者として活動を続けていった。

手塚粲、椎原治、小出楢重、吉原治良、貴志康一、北尾鐐之助

森や坂本に加えて本稿で注目したいのは、丹平写真倶楽部（一九三〇［昭和五］年二月設立）に所属し、写真を手掛けていた手塚粲《ゆたか》や椎原治である。彼らは安井仲治とともに大戦直前に神戸に逃れてきたユダヤ人を撮影した組写真、『流氓ユダヤ』（一九四一［昭和一六］年）で名高いが、両者共に小型映画をも手掛けていた。また、画家の小出楢重も映画制作を楽しんでいた。映画を作るところを撮影した映画などを残している。吉原治良も八〇本あまりの一六ミリフィルムを遺しているが、中には意欲的な造形実験の成果と目される作品もある。あるいは、貴志康一。彼は中井正一や辻部政太郎ほかと一緒に色彩映画や前衛映画（映画詩）の実験を行っていた（現存していない）。後に貴志はフィルムを携えてドイツに渡り、二本の作品、『鏡』（一九三三［昭和八］年）と『春』（一九三四［昭和九］年）を完成させた。これらは標準型の三五ミリで撮影された作品であるが、個人制作であることから、この小文でも言及した。

さらに大阪毎日新聞社の北尾鐐之助を忘れてはならないであろう（関西一円の紀行随筆家としても知られている）。自らも小型映画を実作し、また鈴木陽との共著『小型映画の研究』（創元社、一九三〇年）や『小型映画の知識』（創元社、一九三二年）を上梓している。前者には当時輸入されたばかりの前衛映画の紹介も含まれているなど、入門書としては少しばかり異色である。当時撮影係主任であった北尾自身が監督し、大阪毎日新聞社が制作した『新聞時代』（一九二九年／た

だし、三五ミリ）は、「報道の機械化」の視点から新聞の製作過程を記述しただけでなく、「監督も撮影も皆素人の手に」よったものであった（『映画教育』一九二九年四月。この作品は残存していないようである）。

山本弘之、紙谷和三郎

神戸では小型映画のクラブは当初、一九二九（昭和四）年二月から三月に掛けて二つ設立された。同じ年の九月両者は合同し、「神戸ベビーシネマ協会」が設立される。他の都市の例を踏襲したかのように、事務所を神戸又新日報社内に置いた。地元新聞社が乗り出して来ることにも、小型映画への社会からの注目がうかがえる。第一回事業として、協会創立記念大映写会を一〇月二四日、神戸市基督教青年会館にて開催した。以後も、同会館やトアロードのカフェーパウリスタで例会を開くなどの活動を行っている。

小型映画の初期から各所で開催されたコンテストへの常連作家としては山本弘之が挙げられる。関西の連盟創立を記念して大阪で初めて開催されたコンテストでは、一等を受賞した。その作品、『球』（一九三〇［昭和五］年）（図6）は現時点では見ることがかなわないのであるが、野球をする子どもを捉えた劇映画である。本人の書いた撮影雑記からは、二〇名あまりの子どもたちを集めた場面もあり、中々撮影に苦心したようである（『ベビーキネマ』一九三〇年四月）。審査員の一人、映画監督の村田實は登場人物の演技が巧みであるとし、「自然、真実、粗朴な、子供の世界それ自身がもっている真実に感激させられる」と書いている（『ベビーキネマ』一九三〇年三月）。おそらくこれには、一般の商業映画においても未だに芝居調の演技から抜け出ていなかった当時の状況が背景にあるのでは、と推察される。

他にも紙谷和三郎の名前を挙げたい（残念ながら紙谷の作品も見つからない）。東京のクラブの会友でもあり、機関誌に自らの小型映画との関わりを寄稿している。子どもの頃、玩具映画の虜になり、その後、中学五年の時にパテ・ベビーの映写機と画フィルムを購入して夢中になった。その結果、高校受験に失敗、上京し大学の法学部予科に入学、さらにはカメラも入手したという（一九二四［大正一三］年頃か。『日本パテーシネ』一九三一年一〇月、一九三二年一月）。紙谷の歩みは、これまでこの小文で述べてきた小型映画の進展とよく符合するものであり、またその担い手としての大学生の存在を気付かせてくれる。

図6　山本弘之『球』（1930年）
（『ベビーキネマ』1930年4月）

小型映画の題材・内容

神戸には他にも須磨の家庭シネマ同好会や神戸ジャイアント・ベビー・キネマ・リーグがあった（他に姫路にも一つあり。『日本パテーシネ』一九三一［昭和六］年六月）。後者は「大人のアクションよりも子供達のそれの方が、如何なる場合に於ても自然だと御考えになっておられる審査員方」に反旗を翻し（グループ名称が一種の当てこすりとなっている）、劇映画制作に邁進したいと表明する。次回作は「思い切りカブれて」、旧居留地や南京街でロケを行う積もりと報告している（『日本パテーシネ』一九三一年一二月）（図7・8）。

この点については説明の必要がある。当時の批評やコンテストの選評を見ていくと、アマチュア（素人）の作る小型映画がどのようなものと認められていたかが分かる。それは新しく誕生したものであり、映画館にかかる金儲けを目的とする商業映画（商品）とは違い、自由であり、思い通りに誰の干渉もなく作ることが出来る。本道はプロ（職業映画人）の扱わない記録（実写）であり、興行映画の主流としての劇映画ではない

図7　神戸ジャイアント・ベビー・キネマ・リーグ『Men Without Women』制作中（『日本パテーシネ』1931年3月）

――こうした観念は「小型映画ならでは」、ないし、「アマチュア映画ならでは」という独自性を主張するようになる。そうしてある種の規範となり、生み出される作品（の内容）に影響を与えることになる。パテ・ベビーの名称がいみじくも示すような「子ども」というものが、小型映画を象徴するものとなったのである（森紅の作品が一つの例となる）。おそらくこれは、私たちが今日「ホーム・ムービー」に抱くイメージと重なると思われる（私は未だ資料の博捜を終えていない段階であるので、「ホーム・ムービー」という用語は戦前では使われていなかった、と推測するしかない。それでも子どもを含めた、映画の題材・被写体に関して判断するなら、実質的には既に存在していたと言えるであろう）。

図8　神戸ジャイアント・ベビー・キネマ・リーグ『裏切り』制作中（「日本パテーシネ」1931年12月）

　他方、理解を困難にしているのは、短編で筋も簡単なのがほとんどであると推測されるにせよ、劇映画も当時多数制作されていたことである（後にはコンテストの一部門ともなる）。先述の山本弘之作品のように、最高賞を勝ち取っていたものもある。ここでは立ち入った考察は行わない。アマチュアの制作した小型映画を記録か劇かという二分論で考えるのではなく、両者が入り交じった多義的な映像として受け止めなくてはならない、とだけ述べておきたい。

いずれにしても、先の神戸の集団の考えは、「子ども」にも「劇映画」にも反応していた点で（残念ながら作品の詳細も不明であるが）、言及すべきと判断したわけである。規範となったものへの抗いや反発が創作に駆り立てる、とここでは素朴に考えておく。戦前の小型映画の作り手にも（単なるひねくれであったとしても）、そうした事態が生じていたと考えたい。何よりも自由な（ただし戦前の、天皇を頂点とした家父長制の社会体制下、検閲も存在していたので、「限られた」と言わざるを得ないが）制作が希求されていたことは確かであろう。

池長孟

先を続けよう。『聖フランシスコ・ザヴィエル像』（江戸時代初期）などを収集し、戦前は個人美術館を開館していた池長孟《はじめ》は、一九三七（昭和一二）年から翌年に掛けて一六ミリの撮影機を持ち、各所をカラー映画として記録していた（カラー口絵④参照）（色彩は小型映画が早かった。周知の通り、三五ミリの標準型にあってはこの国の一番手は一九五一［昭和二六］年の『カルメン故郷に帰る』であり、大分遅い）。池長孟の映像は神戸市立博物館にて視聴可能（ビデオ版）である。

桝田和三郎

小型映画を担った人たちが主に新中間層であったことを先に見たが、最後に紹介する桝田和三郎はその好例であろう。会社勤めの傍ら映画趣味を娯しみ、鑑賞に留まらず、パンフレットや映画文献を収集し、また神戸発の映画雑誌、『キネマ・ニュース』の同人でもあった。一九三三（昭和八）年頃から初めはパテ・ベビーで制作を開始し、後には一六ミリに移行した。多くはタイトルを付し、きちんと編集された映像群（合計七時間を超える）は、主として家族との日々や旅行を写したものであるが、合わせて当時の神戸の街の姿が記録されている（図9）。カラー・フィルムを使用し、祇園祭や天神祭をまとめた作品、『夏祭』（一九三〇年代後半）もある。膨大な時間に及ぶ作品制作を続けていたのであるが、桝田和三郎はクラブに所属した形跡がない。さらにコンテストにも出品していないようである（撮影会には参加していた）。全ての映像が家庭内で作られ、家庭内で見られるだけであった（フィルムも家族が保存し、今日まで継承された）。他方、これまで検討してきた事例のように、私たちは機関誌に記載された

図9　桝田和三郎『大神戸　序篇　縦貫高架線』（1933年）（提供：桝田輝郎）

コンテスト受賞作品や様々な言説などを拠り所に、戦前の状況を垣間見ていることが多い。それはむしろ特例と言ってよい。このような家庭を出ることがなかった映画――さらには（この小文の冒頭で私が空想したような）作り手の名前も、撮影場所や被写体、日時も分からないフィルム断片（撮りっぱなしで、編集すらされていない）が膨大に存在していて、それが今日あちこちで発掘されている。このような場合、当時のコンテストや言説に名前を見出すことはほとんど望み薄であり、作者の同定は困難である、と言ってよい。そうした映像群は「作者（作家）」を根拠に考究していく方法を取れず、どのように扱っていくかが今後の問題となってこよう。

小型映画の意味

ホーム・ムービーとして家族の日常（日々の暮らし）、ないし、非日常（祭りや行事、旅行）の出来事を映画に納める――それは、既に人々に共有されていたであろう子どもの誕生から成長の記録を写真で残すことの延長線上にあると言えるであろう。その映画版が生まれたわけである。この点に関して、小型映画の普及期である一九二七年に書かれた大阪の映画評論家、寺川信の小文、「ベビー・キネマは職業映画より勝れざる可らず」を取り上げたい。寺川はパテ・ベビーが実力を養った時には映画会社の制作する映画以上に「文化価値」のあるものが作られると予想する。小型映画が扱うのは劇ではなく、記録（実写）である。「土俗や年中行事と言うものは都会、地方を通じて年々に亡びに向っているもの」であり、「それを精確に生きて保存するのは映画より他にない」とする。富豪や名家と言った階級的な上流性にこだわらない。例えば大阪近郊のサラリーマンの家庭で麻雀を楽しんでいるのを撮影したとしたら、

昭和二年九月頃の大阪の近郊の中流家庭の細君、娘、少年の服装や、動作、座敷、建築様式、其他風俗史や文化史上の資料として二三十年後には、貴重な意味を持つものとなる

と説く（『ベビーキネマ』一九二七年一〇月）。

先にも見た劇映画への嫌悪がここにも現れている点はさておき、今日的なアーカイヴ（ズ）的な思想がうかがわれることに注意しておきたい。

以上、神戸・関西のアマチュアの制作になる小型映画の実践を垣間見てきた。いわゆる「ホーム・ムービー」に留まらず、幅広い多彩なジャンルや内容の作品（フィルム）が生み出され、技術的な挑戦・実験も行われていた、とまとめることが出来るであろう。また、半ば規範となった観念や小型映画観をも検討し、今日につながる思考も芽生えていたと確認した。

◎——その後の小型映画・戦時体制下から現在へ

一九三〇年代以降に隆盛を誇った小型映画によるアマチュアの映画制作も、一九三七（昭和一

二）年の「軍機保護法」改正による撮影場所と対象の大幅な制限、あるいは、スパイ行為と誤解される恐れ、さらには、フィルムや関連材料の欠乏や入手困難、そして何よりも戦時体制下――それらの原因が合わさって衰退へと向かう。一九四三（昭和一八）年秋、『小型映画』（第二次）誌の最後の号が刊行された。そこにはもはや映画の個人制作についての記事など、一つも掲載されていなかった。戦前の小型映画は二十年にも満たない命であった。

敗戦後は再び小型映画の興隆を迎えることになるが、一六ミリについてはむしろプロのメディアとなり、八ミリが盛んになる。とりわけ、一九六五（昭和四〇）年に相次いで市場に出たマガジン式は、そのフィルム装填の簡便さも相俟って、日本に広く普及していった。アマチュア映画に加え、実験映画や個人映画も興隆し、小型映画の黄金時代を築いたのである。

◎――おわりに

長い間忘却されたままだった小型映画。一九九〇年代になり、ようやくその解明が少しずつ進んでいった。昨今重要な課題となってきたアーカイヴ（ズ）的な視座が新たな研究者たちを引き寄せたことも大きい――多種多様な実践の所産の中でも、特にホーム・ムービーに限って言うなら、これらの映像は、地域における人々の日々の暮らしの証言であり、特定の家庭に留まらない普遍的な価値を持っている。上に見た寺川信の予想が「二三十年後」ではなく、九〇年後の今、ようやく実現し始めている。

最後にまとめとして二つ程記しておきたい。第一に、現在では小型映画機器を用いた映像制作は、命脈が尽きようとしている（三五ミリの標準型すらデジタル映像に置き換わりつつある）。一方でスマートフォンが活躍し、インターネット上に大量の投稿映像の集積が見られる。メディアは異なるとはいえ、「小型」の装置による個人の立場から行う映像制作と発表・公開はむしろますます盛んになっている。本稿で垣間見た戦前の小型映画の活況は、こうした今日の状況を先取りしていたと考えられる。

次に、これまでの映画史は映画館で上映された、著名な監督の重要な作品の年代記であったり、あるいは、映画産業の興亡の変遷であったりした。アマチュアの制作した小型映画に光を当てていくことは、映画（あるいは、映像）史の新たな局面の開拓につながるのではないか。その結果、歴史の陰に隠れた名もなき人々の姿が浮かび上がってくるであろう。

○付言・読者の皆様へ
最近、過去の小型映画を収蔵し、インターネットで公開している機関が増えてきた。たとえば新潟大学地域映像アーカイブがそうである（URL：http://www2.human.niigata-u.ac.jp/~mt/ciap/about_db.php）。他方、戦前戦後を問わず、アマチュアの制作した小型映画を顕彰する催しとして、世界各地で行われている「ホーム・ムービーの日」がある（毎年一〇月第三土曜日）。家に眠っていたフィルムを持ち寄り、上映する場であり、再び新たな光を当てる良い機会になっている。神戸地区の担当は、何度も引き合いに出した神戸映画資料館である（URL：http://kobe-eiga.net/）。なお、同資料館では長年、「みんなで発掘・宝探し試写会」を開催している。膨大な所蔵フィルムから選んだものを映写しながら、観客の皆で「あの建物は○○かな？」とか、「この撮影者は？」と語り合うのである。最近は、別な形での市民参加型の取り組みを行っている。小型映画の数コマを画像にし、被写体や時期についての情報を寄せてもらう、という試みである。詳細はTwitterの「神戸映画資料館調査部」（URL:https://twitter.com/kobeplanet_res）をご覧いただきたい。

謝辞

充分に咀嚼しているか心許ないが、牧野守、那田尚史、板倉史明、冨田美香、西村智弘、藤元直樹、毛利眞人、加藤瑞穂、水島久光、原田健一、赤上裕幸、松谷容作、高槻真樹、飯田定信、森末典子の皆さんの先行研究に多くを負っている。感謝したい。

◎コラム17 神戸関西のアマチュア映画文化

フィルムの時代、映画製作を夢見るアマチュアが手にしたのが、商業映画の三五ミリよりもサイズの小さい「小型映画」だった。

『神戸写真師会々報』によると、一九二三(大正一二)年の新年宴会では映画が写された。元町の本庄商会が席上の芸者連を前日に撮影。シーツに映る自分たちの顔に大喝采が送られた。翌年は納涼会の道中にフィルムを回したところ、「活動俳優一行のロケーションにもやと誤認せしめしも一興であった」。同年、米コダック社は初の一六ミリ撮影機シネコダックを売り出す。小型映画は経済的で軽量という利点があった。本庄商会の商品案内は、誕生日や運動会など家庭の記念に最適とうたう。いわゆる、ホーム・ムービーの登場だ。

仏パテ社のパテ・ベビーは九・五ミリの手軽な規格によってより普及した。中央にパーフォレーション(送り穴)がある形状で、一九二九(昭和四)年の撮影機の値段は七二円とシネコダックの三分の一。銀行員の初任給とほぼ同額で、なんとか手の届く高級な趣味だった。愛好家は各地でクラブを結成。一九三一(昭和六)年には日本パテーシネ協会設立に発展し、コンテストを催した。しかし、劇映画のように複数の上映用フィルムが作られることはまれで、保存も個人頼み。入賞作でさえ大半は現在見ることができない。

大阪のパテ・ベビー界の草分けで同協会理

事を務めた森紅《もりくれない》も戦時中に亡くなり、名前のみ知られる存在だったが、近年、神戸映画資料館から作品が見つかった。「いろんな技巧を使っていて非常にうまい」と板倉史明・神戸大准教授。ホーム・ムービーのような『私の子供』も逆回しなどを駆使している。一九三二（昭和七）年の春季大映写会の開会挨拶とされるフィルムには、神戸・旧居留地に輸入元があった仏コンチネンタル社の「ホノマトンレコード」が付属。仏国立図書館でデジタル復元したところ、「春もたけなわとなり…」という声が流れ出た。「声の手紙」と銘打ち、神戸三越などに設置されていたホノマトンによる録音盤と映像を同期させ、自作の小型映画をトーキー化してしまう情熱がユニークだ。

森には『ヴォルガの舟唄』（一九三一年）や『千鳥の曲』（一九三〇年代）など、音楽を幾何学的形態で表現した抽象映画もある。欧州の実験映画の情報は入ってきていたが、「具体的な発想の出どころはよく分かっていない」と映像研究者の森下明彦さんは指摘する。

『開会の挨拶』（1932年、森紅制作・出演）
提供：神戸映画資料館

パテ・ベビーの撮影機（手前）と映写機（神戸映画資料館蔵）

神戸にも小型映画の作り手は少なくなかった。森下さんの調査では、コンテストの入賞者に紙谷和三郎、山本弘之、宮本荒一らの名前を拾うことができるが、作品の所在や詳細は不明だ。その一方、一九三三（昭和八）年に『三ツ山臨時大祭』が入賞した高砂の松浦信之のように、兵庫県立歴史博物館に作品（主に戦後の八ミリ）が寄贈された例もある。神戸市立博物館などに収蔵されている「第一回みなとの祭」（一九三三年）や「大楠公六百年祭」（一九三五［昭和一〇］年）などの映像資料も、元はアマチュアが撮った九・五ミリだ。

兵庫県の小型映画のクラブは神戸だけでなく、姫路や篠山にもあった。日本初の小型映画紙『ネオ・キネマ新聞』も一九二九年に神戸で発行されていた。世界中に広がりつつある「ホーム・ムービーの日」のような催しが、自由で幅広いアマチュア映像の発掘と公開につながることを期待したい。

（田中真治）

◎コラム18

プロキノの映画制作と兵庫

一九三一（昭和六）年一二月二〇日、事件は起きた。淡路島の洲本劇場での「プロレタリア演劇と映画の夕」。「大阪メーデー」の記録映像に、観客は労働歌で気勢を上げた。洲本署は最後の「東京メーデー」上映を禁止。交渉に向かった代表者四人も検束し、デモ隊が押しかけた。「検束者奪還に／洲本署を大挙襲撃／二百の労働組合員」。四段抜きの見出しで『神戸新聞』は事件を報じた。

主催のプロキノ（日本プロレタリア映画同盟）兵庫支部は一九三一年八月創立。劇団「神戸全線座」も同年一一月にプロット（日本プロレタリア演劇同盟）地方支部を全国に先駆け結成した。昭和恐慌下、労働争議や小作争議は飛躍的に増加。兵庫県でも左翼勢力の文化運動は再燃しつつあった。

一九二八（昭和三）年三月、プロレタリア劇場映画班の佐々元十《げんじゅう》は九・五ミリ（パテ・ベビー）を手にして野田醤油争議の長期ストを撮影、争議団に持ち込み上映した。小型映画の不鮮明な映像である。初めは笑って見て

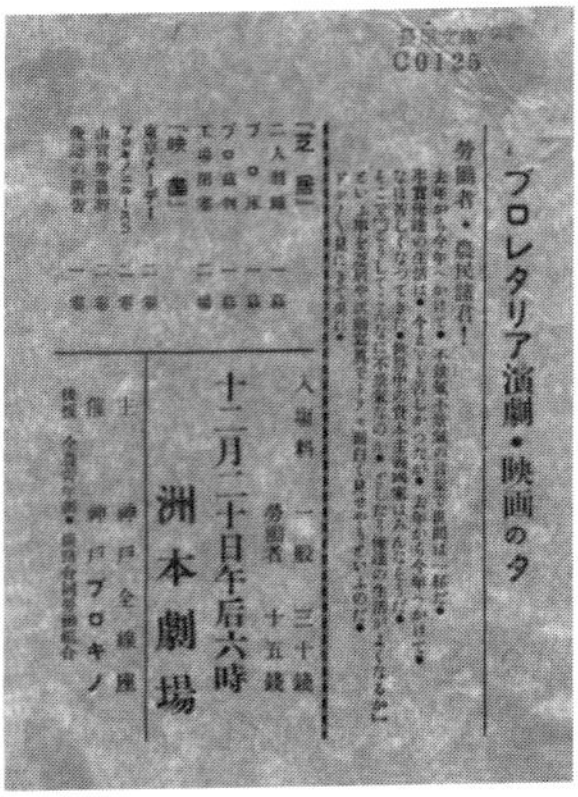

1931年12月20日、洲本劇場での「プロレタリア映画・演劇の夕」のポスター（17.5×12.5㎝、大阪府立大学総合図書館中百舌鳥蔵）

いた争議団員だが、やがて食い入るように目をこらし、割れるような歓声が会場に巻き起こった。劇場でも、体制批判を内包する「傾向映画」が人気を集めていたが、映画製作は興行資本の枠内にあると誰もが疑わなかった。一六ミリ以下の小型映画の扇動効果を説いた佐々の論文「玩具・武器―撮影機」を、映画評論家・岩崎昶《あきら》は「コペルニクス的転回」（『日本映画私史』）と評し、戦列に参加。プロキノは結成約一カ月後の一九二九（昭和四）年三月、『山宣渡政労農葬《やませんわたまさ》』の撮影に直面する。

労農党代議士・山本宣治は治安維持法の死刑法改悪案に反対し、右翼に刺殺された。日本共産党中央委員長・渡辺政之輔はコミンテルン代表と上海で会談後、官憲に追われ台湾で自殺。東京での合同葬後、山本の遺骨を迎える故郷の京都・宇治の群衆をカメラ二台で記録した歴史的作品は各地で巡回上映された。一九三一（昭和六）年七月一一、一二日、神戸・朝日会堂における兵庫支部準備会による第一回目の上映でも、姫路出身のアニメー

『山宣渡政労農葬』（1929年、プロレタリア映画同盟京都支部制作）提供：神戸映画資料館

ター・瀬尾光世が参加した新作『奴隷戦争』などとともにプログラムに組まれた。争議中の工場や農村を巡映し、兵庫支部は「全国でも最も活動的な組織」（並木晋作『「プロキノ」全史』）だったが、満州事変後の逆風が襲う。一九三二（昭和七）年、湊川公園のメーデー撮影は直ちに検束。翌年六月の「プロレタリア文化の夕」は不許可となった。一九三四（昭和九）年一月、非公然に開催された全国大会を最後にプロキノは事実上解体。制作された約五〇本のうち、現存は六本にすぎない。

　プロキノ兵庫支部については、プロキノ側の記録と異なる証言もある。作家・及川英雄は「新開地の弁士諸公に岩崎昶のプロ映画論を吹き込もうと」「筈見《はずみ》恒夫、能登秀夫の三人で、プロキノの神戸支部をつくったのは昭和八年だった」と書く（「印象に残る映画人」）。筈見が神戸にいたのは一九二七（昭和二）年から三年間。筈見は一九二九年に発表した「商品としてのプロレタリア映画論」では「正しい反資本主義映画」を要求していたが、一九四二［昭和一七］年発行の『映画五十年史』では「時代の狂熱と、若さの客気と、それ以外の何物でもなかった」とプロキノを切り捨てている。

　三人の名は同盟員名簿にない。及川は支部設立を一九三一年とも記しており、同年秋からくすぶり始める映画館争議と符丁は合うが、プロキノの制作・上映の運動方針とは一致しない。「映画運動の政治的な影響が、プロキノの歴史記述を限界づけている」（佐藤洋「プロキノ研究史がかかえる問題」）として、新たなアプローチが近年進む。地方活動の実態についても資料の発掘が待たれる。　（田中真治）

神戸映画館マップ

提供：神戸映像アーカイブ実行委員会
作成：田中晋平

新開地（兵庫区）の映画館

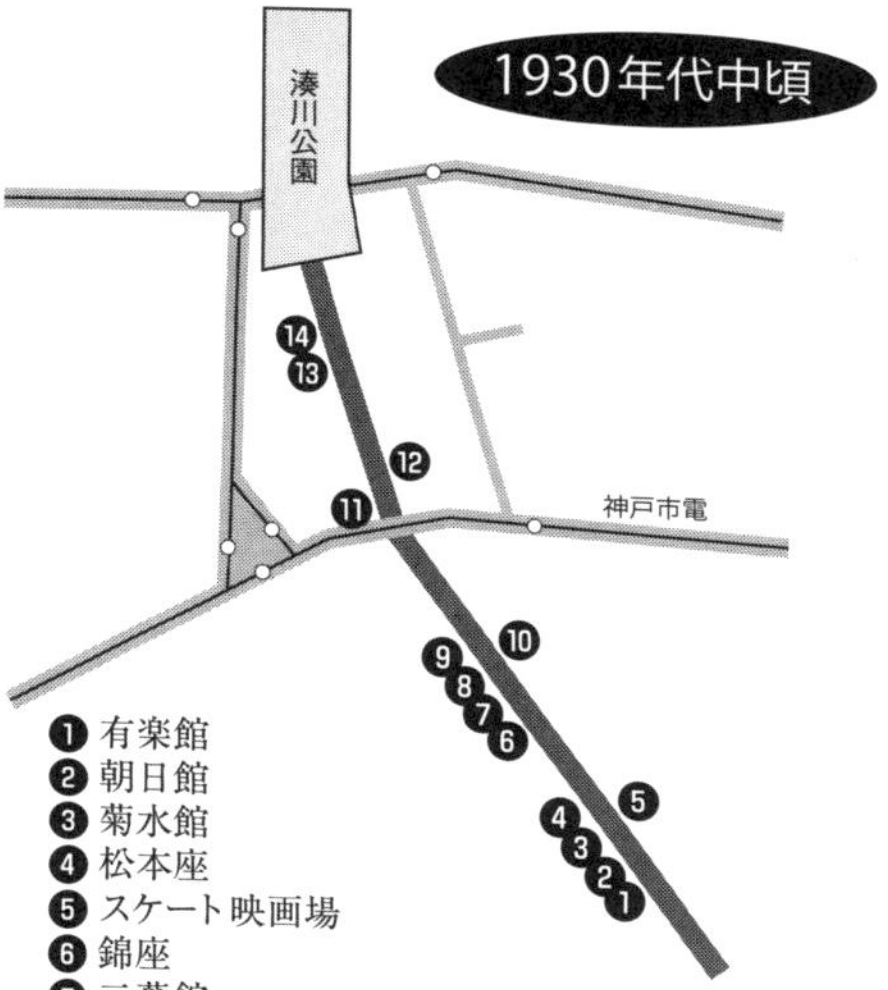

❶ 有楽館
❷ 朝日館
❸ 菊水館
❹ 松本座
❺ スケート映画場
❻ 錦座
❼ 二葉館
❽ 栄館
❾ キネマ倶楽部
❿ 相生座
⓫ 聚楽館
⓬ 松竹座
⓭ 松竹劇場
⓮ 湊川温泉劇場

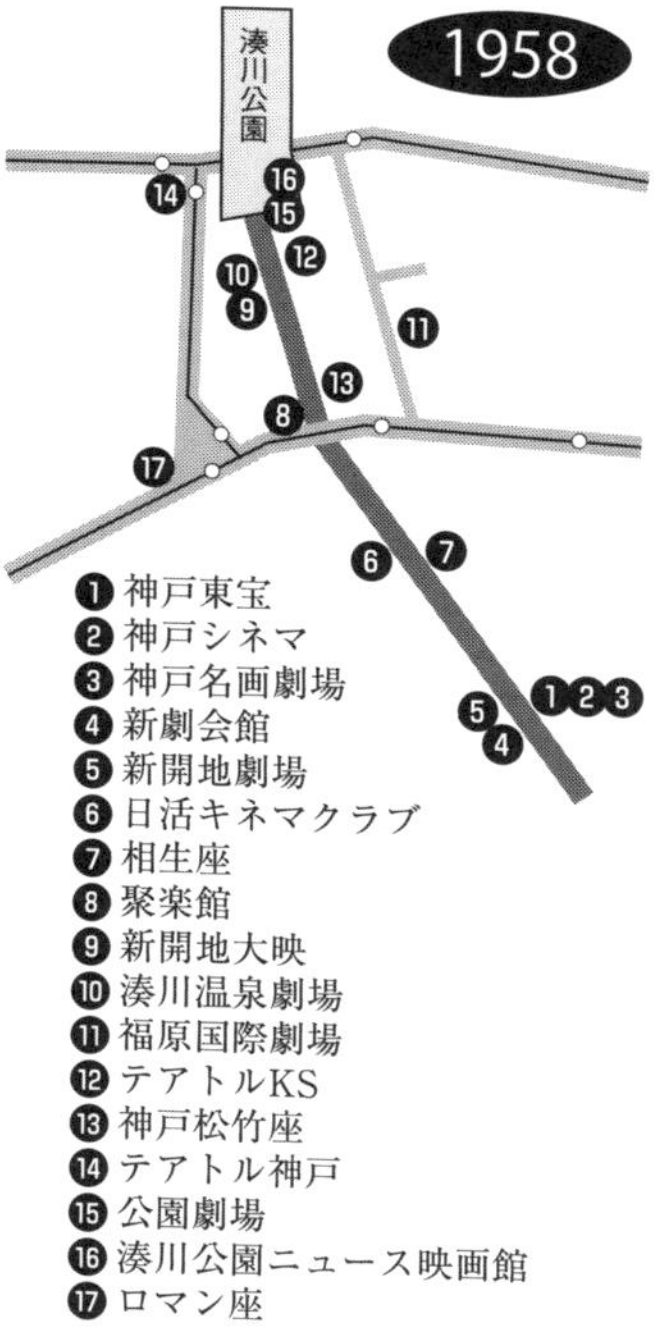

❶ 神戸東宝
❷ 神戸シネマ
❸ 神戸名画劇場
❹ 新劇会館
❺ 新開地劇場
❻ 日活キネマクラブ
❼ 相生座
❽ 聚楽館
❾ 新開地大映
❿ 湊川温泉劇場
⓫ 福原国際劇場
⓬ テアトルKS
⓭ 神戸松竹座
⓮ テアトル神戸
⓯ 公園劇場
⓰ 湊川公園ニュース映画館
⓱ ロマン座

❶ Cinema KOBE
❷ 神戸アートビレッジセンター
❸ パルシネマしんこうえん
❹ 福原国際東映

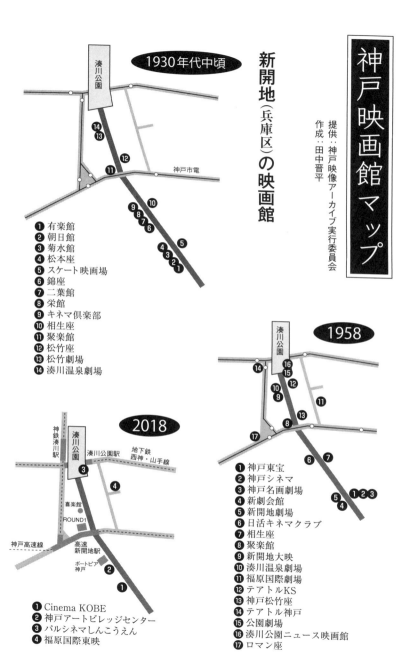

東灘区 1958

1. 銀映会館
2. 甲南東映
3. 神甲映画劇場
4. 甲南朝日劇場
5. 稲荷東映
6. 大和映画劇場

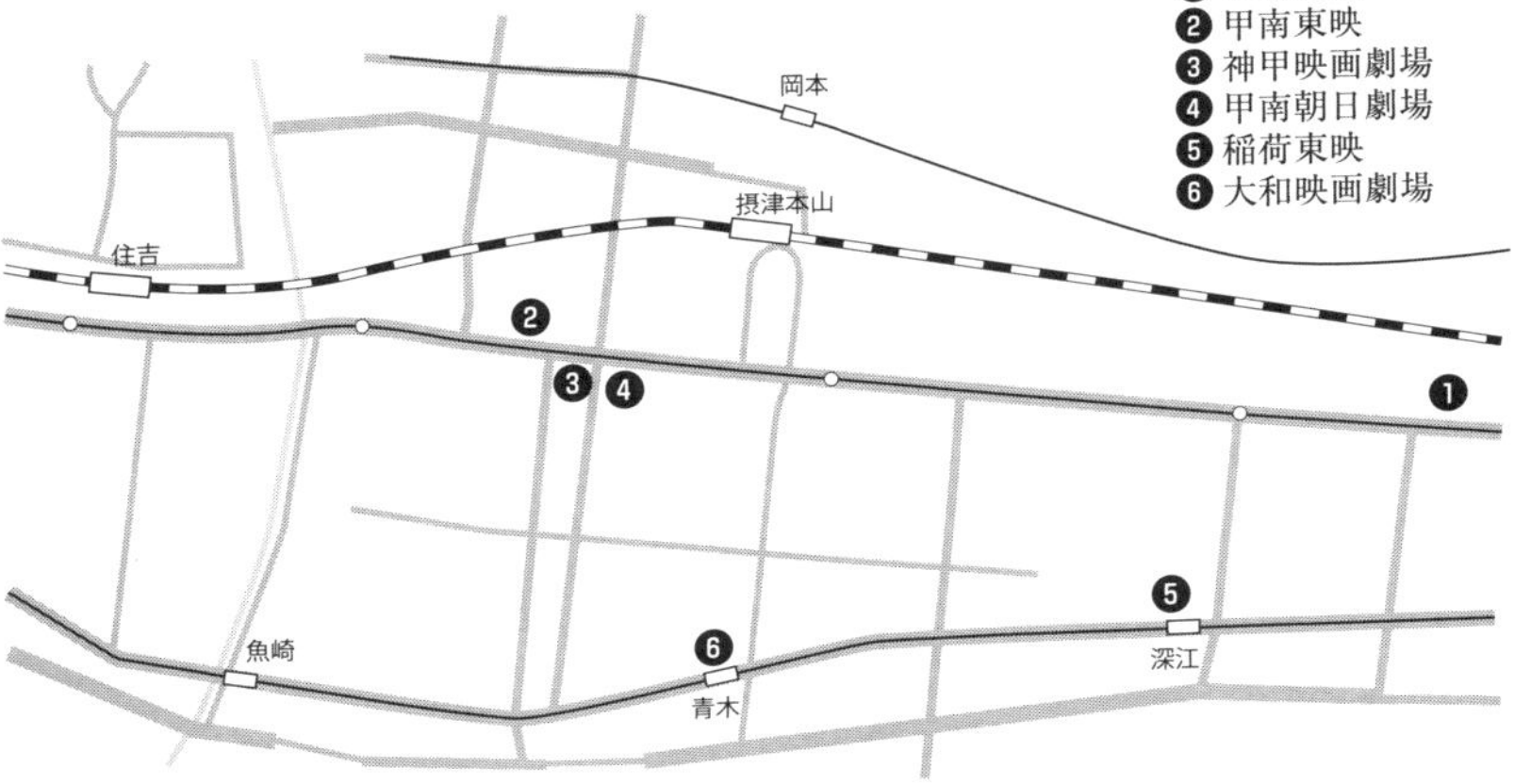

灘　区 1958

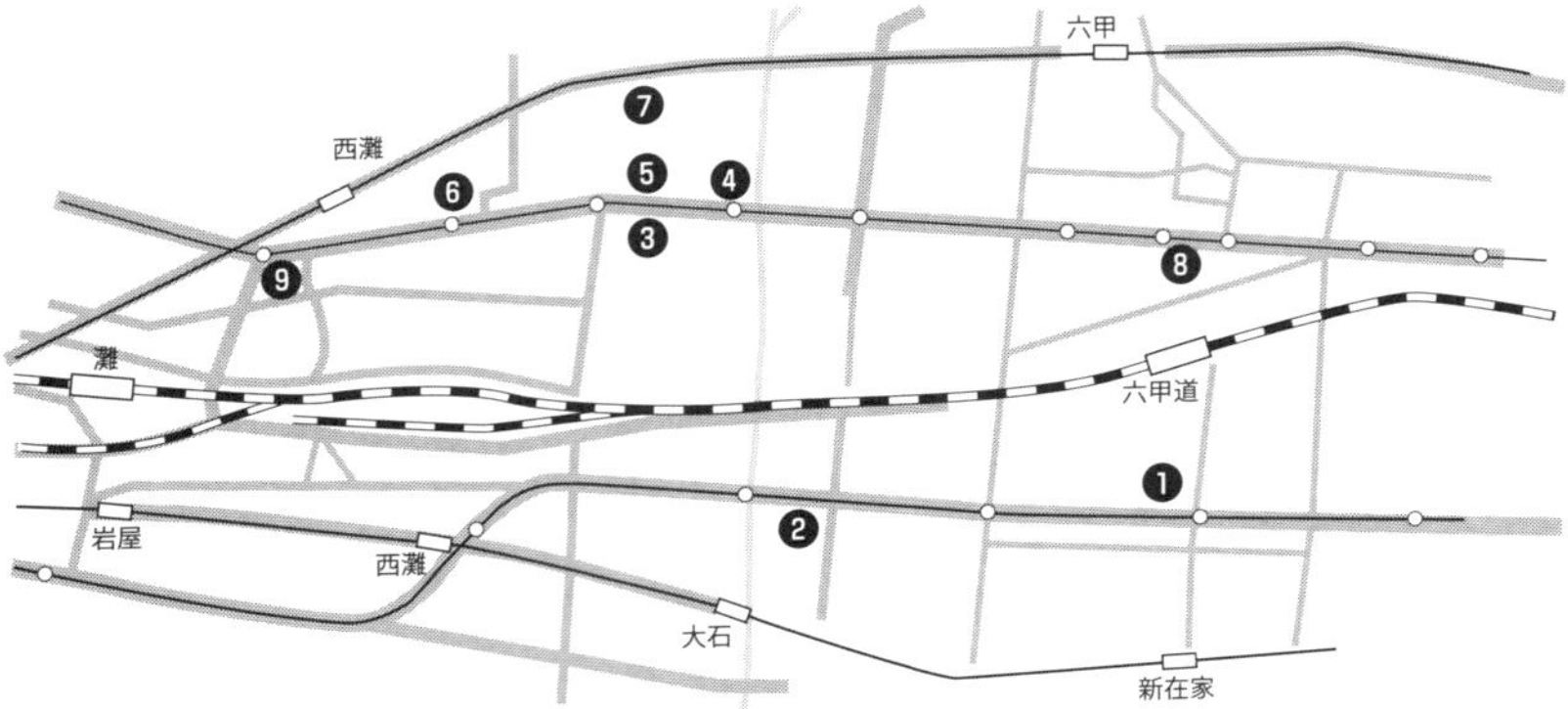

1. 六甲映画館
2. 富士映画劇場
3. 西灘東映
4. 灘松竹
5. 西灘第二劇場
6. 中央劇場
7. 摩耶劇場
8. 有楽座
9. 王子名画劇場

灘松竹プログラム 1958 年頃

中央劇場プログラム

葺合区 *1958*

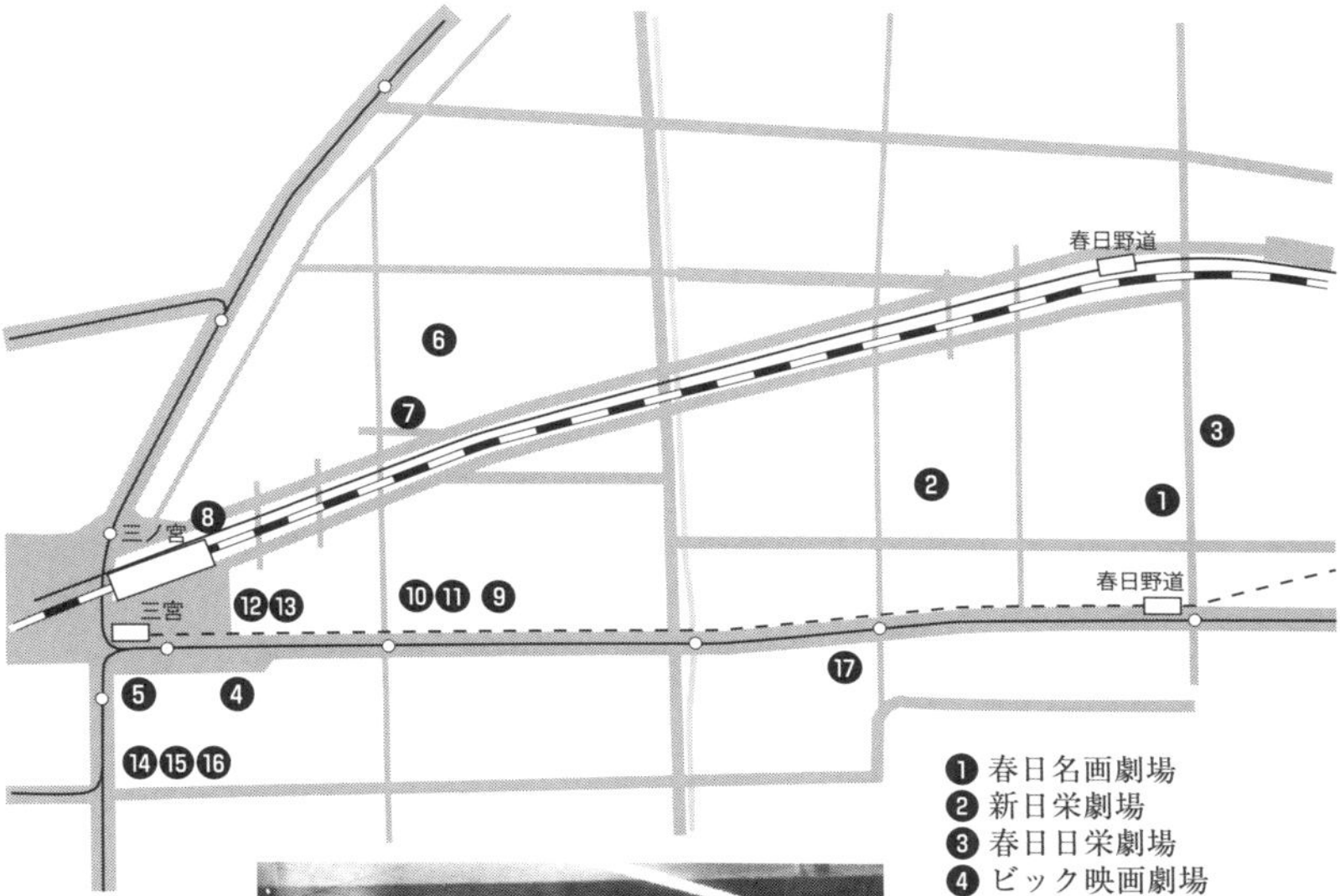

❶ 春日名画劇場
❷ 新日栄劇場
❸ 春日日栄劇場
❹ ビック映画劇場
❺ 三宮阪神劇場
❻ 太陽会館
❼ 二宮映劇
❽ 三宮ミュージック
❾ 三宮東劇
❿ アサヒ東映
⓫ 新アサヒ映劇
⓬ 神戸新聞会館大劇場
⓭ スカイシネマ
⓮ 神戸国際会館大ホール
⓯ 神戸国際日活
⓰ 神戸国際松竹
⓱ 生田映画劇場

国際松竹 1971年6月（提供：青木裕輔）

神戸新聞会館 1969年1月（提供：青木裕輔）

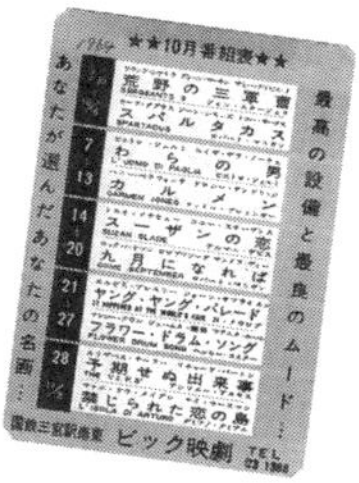

ビック映劇スケジュール
（提供：青木裕輔）

生田区 1958

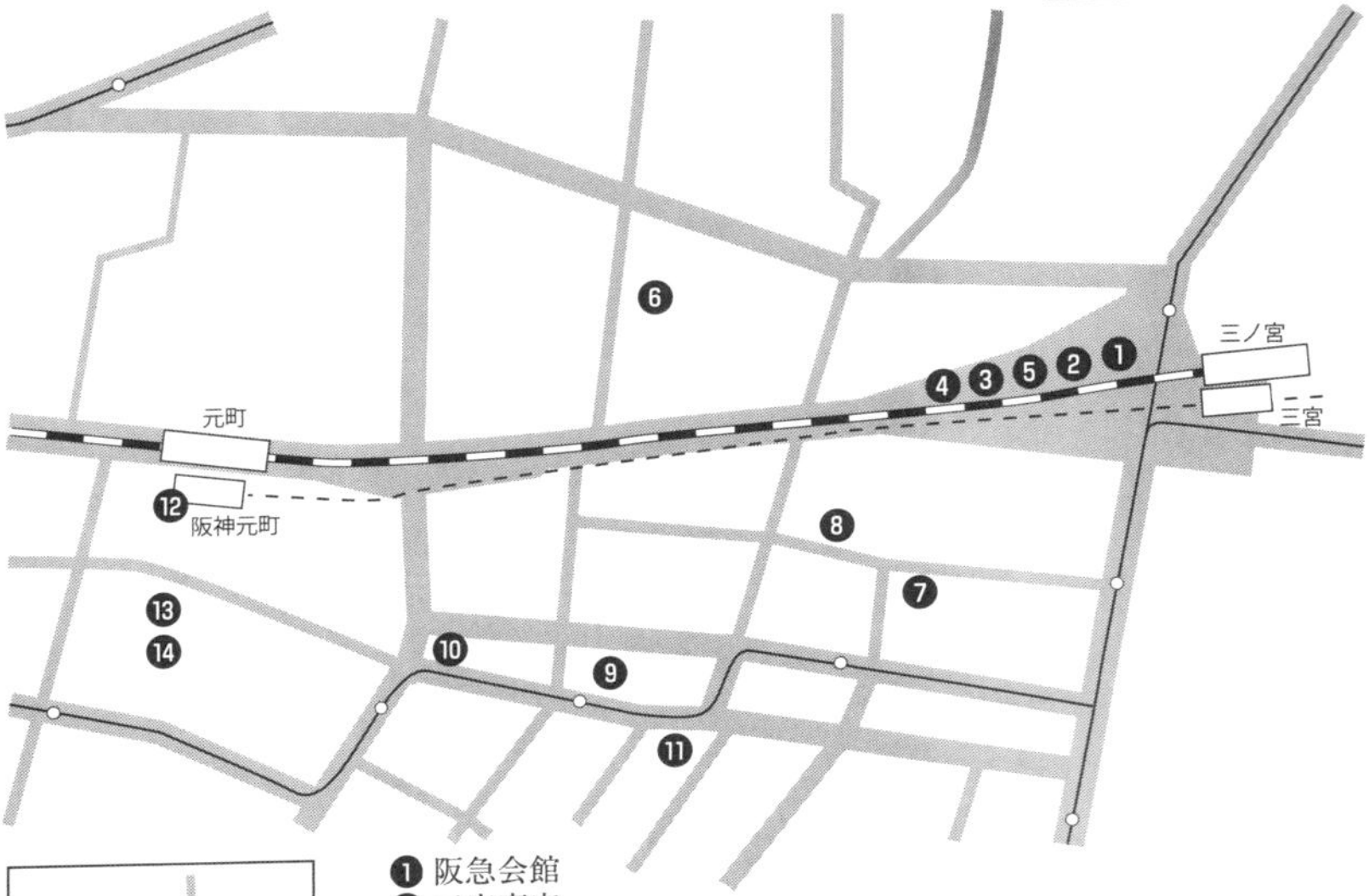

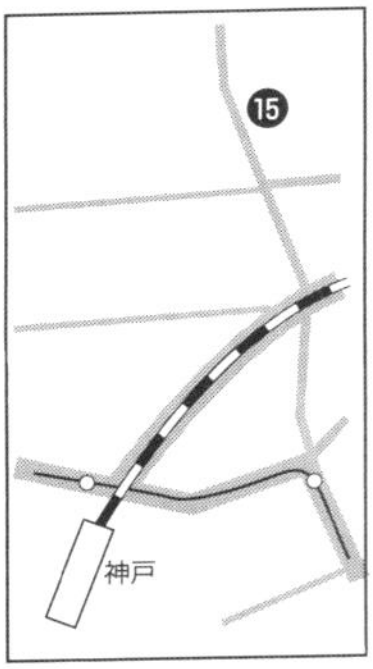

1. 阪急会館
2. 三宮東宝
3. 三宮映画館
4. 三宮劇場
5. 阪急文化劇場
6. 東亜劇場
7. 京町映劇
8. 大洋劇場
9. 三宮キネマ劇場
10. ニューOK映劇
11. 神戸朝日会館
12. 阪神会館映画場
13. 元町映画劇場
14. 元町東映
15. 新永座

神戸新聞 1958年1月1日(OS経営館)

三宮キネマ(提供：瀧本義明)

神戸朝日会館 1968年頃(提供：神戸映画資料館)

長田区 *1958*

❶ 関西劇場
❷ 松竹映画館
❸ 国際劇場
❹ 平和劇場
❺ 昭和館
❻ 繁栄座
❼ 長田東映会館
❽ 長田映画劇場
❾ 第二富士映画劇場
❿ 西代キネマ

神戸新聞 1958年1月1日(長田区映画館)

兵庫区 *1958*

❶〜⑰は新開地地区

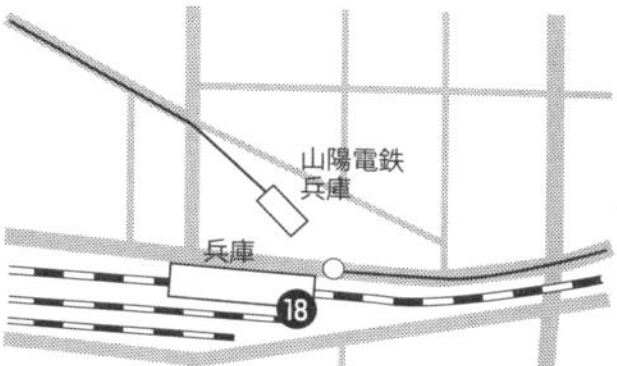

⑱兵庫ステーション劇場

昭和31年頃の新開地本通り 奥の大きな建物が聚楽館
(兼先勤『神戸街角今昔』より)

須磨区 *1958*

1. 板宿銀映
2. 板宿東宝
3. 板宿文化映画劇場
4. 須磨映画劇場
5. 神宿東映

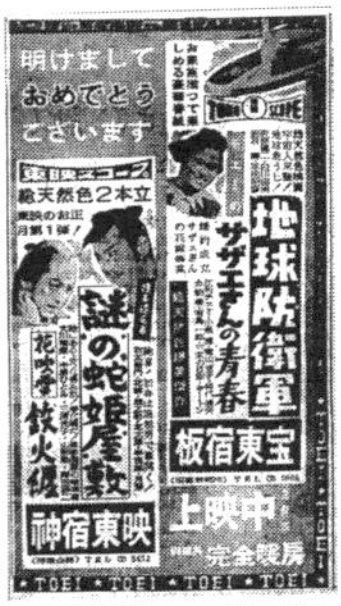
明けまして
おめでとう
ございます
総天然色2本立
東映のお正月第1弾！
謎の蛇姫屋敷
花吹雪鉄火纏
神宿東映
TOHO SCOPE
総天然色特撮
地球防衛軍
サザエさんの青春
板宿東宝
上映中
完全暖房
TOEI TOEI TOEI TOEI

神戸新聞 1958年1月1日
（板宿映画館）

垂水区 *1958*

1. 花月劇場
2. 垂水三和劇場
3. 東和劇場
4. 金竜館

垂水花月（掲載：『垂水駅前商店街30周年記念誌』より）

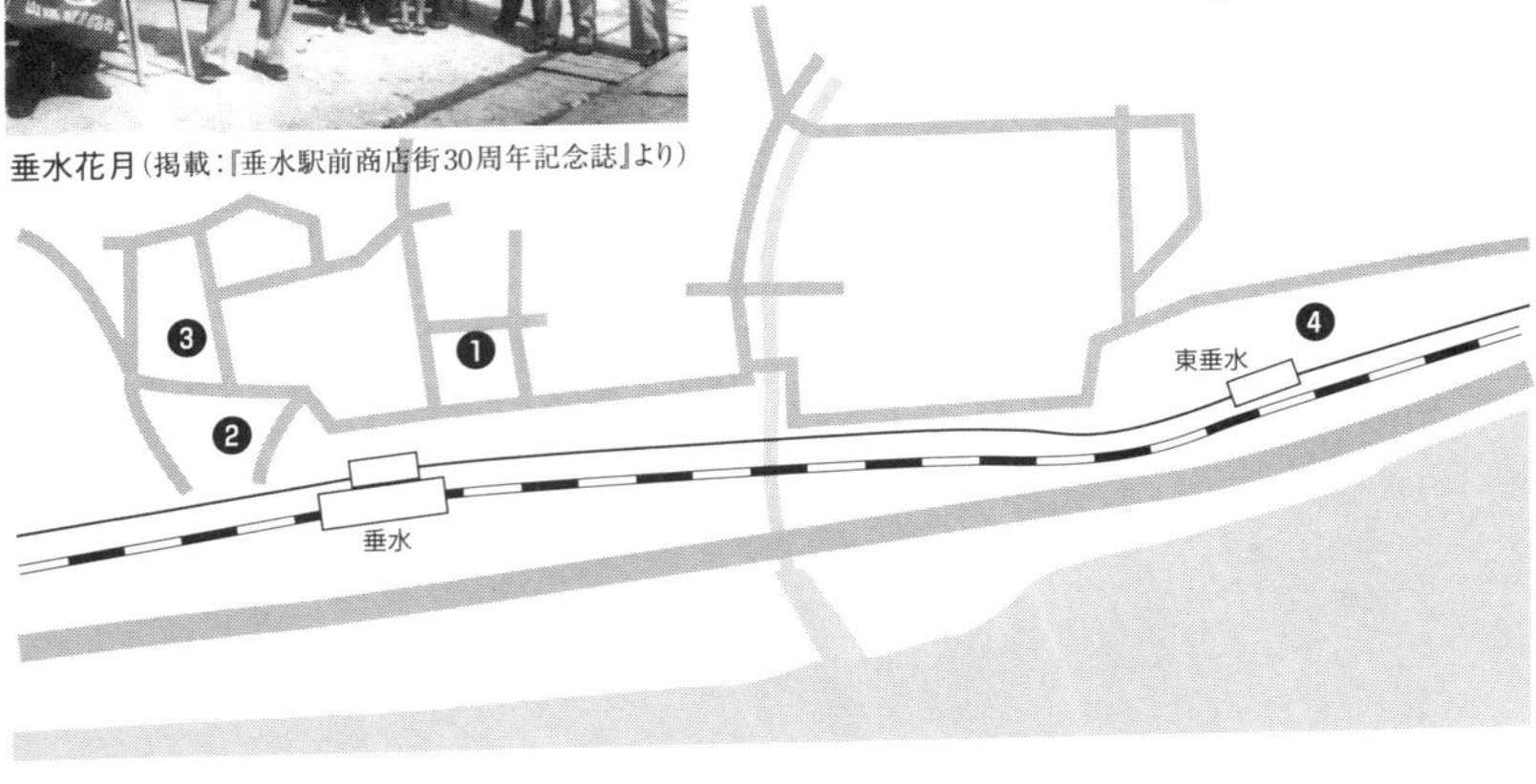

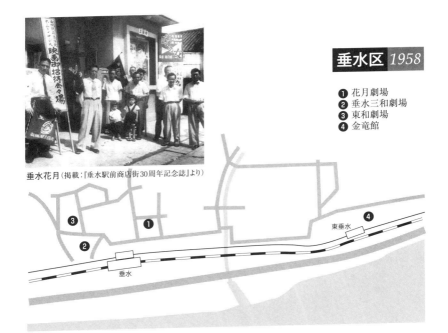

神戸の映画館

1958年（昭和33年）

全85館（神戸市の人口：1,060,032）

東灘区　6館
灘区　9館
葺合区　17館
生田区　15館
兵庫区　19館
長田区　10館
須磨区　5館
垂水区　4館

2018年（平成30年）8月

全12館　※スクリーン数は42（神戸市の人口：1,528,458）

中央区　6館
兵庫区　4館
長田区　1館
西区（表示外）　1館

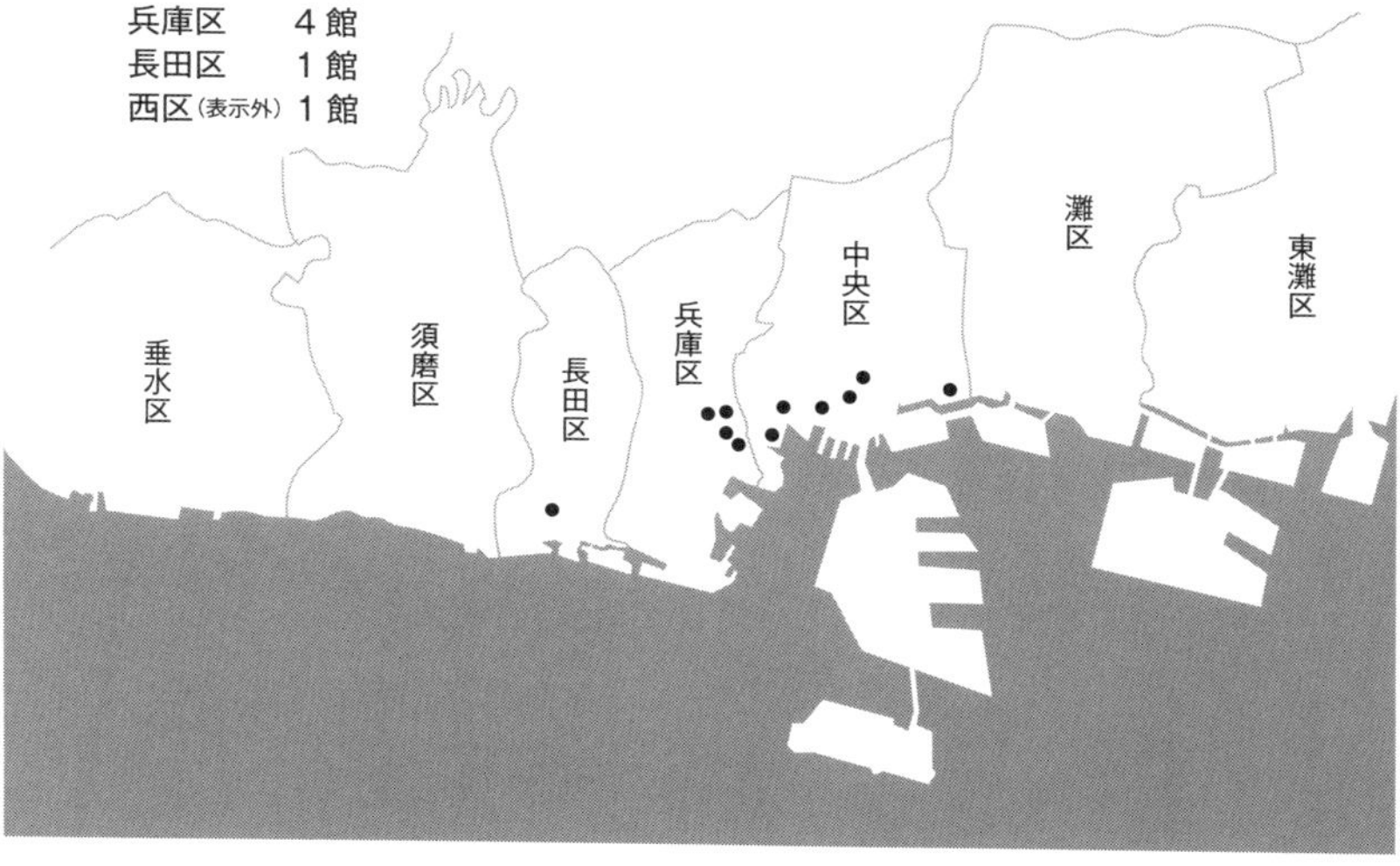

あとがき

南カリフォルニア大学の図書館が運営している「ムービング・イメージ・リサーチ・コレクション」（ＭＩＲＣ）というインターネット上のデジタル・アーカイブのなかに、『日本の広目屋《ひろめや》―未使用映像』（Japanese street advertisers-outtakes）という映像が公開されている。サイトによると、この映像は一九二九年三月六日に撮影されたものであり、映画製作会社フォックス社による『ムービートーン・ニュース』の未使用映像（アウトテイクス―完成した映画作品に使用しなかった撮影済み映像）である。実際に映像を見てみると、新開地にあった三つの映画館（聚楽館、相生座、錦座）で近日封切られる新作映画を宣伝するために、広目屋（東西屋、のちのチンドン屋）が口上を述べ、楽団たちが背後で演奏する様子が同時録音（撮影時に同時にマイクで録音すること）で撮影された貴重な映像であった。

張りのある声による口上は次のようなものである。「ここにご披露いたしますのは、大日本松竹キネマ・神戸聚楽館、本日より写真取り替え［上映する映画が替わること］のご案内。次は大日本帝国キネマ株式会社・神戸直営相生座、写真取り替えのご案内。次にいたりましては、日本活動写真株式会社直営・神戸錦座、写真取り替えのご案内」。新開地の映画館の宣伝をしているので、おそらく新開地本通りの近辺で撮影されたことは推測できるが、撮影場所の特定にはいたっていない。広目屋の周りには、大勢の群衆が興味津々で立ち止まり、広目屋やカメラの方をみている。

『神戸又新日報』の同年三月八日の夕刊に、この映画撮影に関する記事が掲載されている。残念ながら現存する新聞資料の状態が悪く、見出しは「紐育《ニューヨーク》の映画館で　神戸の中学生の運動や魚市場など映写《ママ》される」と記載されていることはわかるものの、本文は「フォックス・ニュウス」、「監督アルビン」、「六日夜オリエンタル……」という文字がなんとか判読できるのみである。おそらくアメリカから派遣された撮影隊が新開地やその他の神戸の場所で撮影し、今後、ニューヨークの映画館で上映されることが、地元の新聞で取り上げられたのであろう（本映像は、音楽学者・細川周平氏とクラリネット奏者・大熊ワタル氏からご教示いただいた）。以下のサイトで映像をぜひ確認していただきたい（https://mirc.sc.edu/islandora/object/usc%3A50510）。

この映像を紹介した理由は、もちろん本書のテーマである神戸の映画館に関する貴重な音付き映像だからであるが、より強調したいのは、この映像が、一九二九年の新開地の〝空気〟を生々しく記録している点である。同時録音という方法によって、新開地の撮影現場で響いていた広目屋の口上や楽団の音楽だけでなく、その空間で聞こえていた群衆の話し声、笑い声、口笛、そして赤ちゃんの泣き声などの〝雑音（ノイズ）〟も一緒にマイクで記録されたことによって、現在の私たちは新開地という街の〝空気〟を感じることができるのである。

もちろん上映する映画作品が製作されなければ私たちは映画を見ることはできないが、その映画作品をスクリーンに投影する映画館、そしてその映画館が立地する通りや街がなければ、私たちの具体的な映画体験は生まれない（ただし二〇一〇年代以降はインターネット配信による映画視聴の割合が増えているため、私たちの「映画体験」はいままさに変容しつつある）。つまり、映画を見ることの多様なありかたは、それぞれの街の発展のプロセスや、そこに住んでいたひとたちがもっていた生活スタイルと切り離して考えることはできない。近年の映画研究では、映画作品や映画監督に関する研究だけでなく、映画観客や映画館の歴史や各時代・場所における特徴を解明する研究が増えている。本書もそのような近年の研究動向を反映したものとして位置づけられ、計一一名の多様な専門分野の執筆者たちが、神戸という街に焦点をしぼることによってはじめて浮かび上がってくる映画観客と映画館の特徴を本書で明らかにしてきた。各章の概要は「はじめに」で概説したので繰り返さないが、従来の映画史記述では解明されなかった新しいテーマや事実を本書で解明することができたと思っている。

本書がうまれるきっかけとなったのは、二〇一二年一〇月に筆者が神戸大学で働くようになってから現在まで継続している神戸映画資料館との連携活動である。神戸映画資料館は二〇〇七年に神戸市長田区に設立された民間のフィルム・アーカイブであり、数多くの映画フィルムと映画関連資料（撮影台本、ポスター、チラシ、スティル写真、映画機材、書籍や雑誌など）を収蔵している。館長の安井喜雄氏と支配人の田中範子氏のご協力をいただき、本書の内容の基盤になった神戸映画史に関する研究会や映画上映会を神戸映画資料館で実施させていただいた。また、本書には神戸映画資料館所蔵のフィルムや資料の画像も多数掲載させていただいている。神戸映画資料館の安井氏と田中氏の協力なしに本書が完成することはけっしてなかった。記して感謝申し上げたい。

そして神戸映画資料館と、神戸大学に属する筆者の連携活動を支えてくれたのは、神戸大学地域連携推進室が薦めている神戸大学「地域連携事業」である。二〇一三年から六年間にわたり、筆者がこの地域連携事業の代表者となって神戸大学と神戸映画資料館との連携活動を展開させ、神戸・兵庫の映画史を開拓する研究会や上映会を実施することができ、最終的に本書のような研究成果を多くの方々にご覧いただけることができるのは、地域連携推進室のおかげである。

本書に掲載させていただいた図版について、ご提供いただいた以下の機関と窓口となっていただいた方々にも感謝申し上げたい。大阪府立大学学術情報センター、神戸市立博物館、神戸新聞社、太田市立新田図書館、西宮市情報公開課、法政大学大原社会問題研究所、神戸大学（広報課、人文科学図書館、文書史料室）。

本書カバーの絵は、神戸にゆかりの深い版画家・川西英が、新開地の「三角公園」を水彩とポスターカラーで木版画風に描いた一九五〇年代の作品で、背景に映画館の「ロマン座」も描かれている（ロマン座の場所は、本書「神戸映画館マップ」における新開地の映画館・一九五八年の⑰を参照［三三七頁］）。この「三角公園」は川西英が戦後に描いた「新神戸百景」シリーズのひとつとして知られ、一九六二年に一五〇〇部限定で刊行された画集『神戸百景』がよく知られているが、今回掲載させていただいたのは、二〇一六年に「発見」されたその原画であり、現在、神戸ゆかりの美術館に所蔵されているものである。作品使用に関してお世話になった同館学芸員の金井紀子氏に感謝申し上げたい。

そのほか、本書九章補遺におけるインタビューの採録に快く応じてくださり、写真のご提供もいただいた「パルシネマしんこうえん」元支配人の小山康之氏と、本書の資料調査や校正作業など、多岐にわたりお手伝いいただいた岸本通彦氏にも感謝の意をお伝えしたい。

最後に、私の力不足のため、入稿から校正に入るまでに大分時間が経ってしまい、執筆者のみなさま、そして神戸新聞総合出版センターの岡容子氏に多大なご迷惑とご苦労をおかけしてしまった。本書が計画通り刊行できるのは、執筆者のみなさんのご協力とご寛容のおかげである。この場を借りて感謝申し上げたい。

二〇一九年三月四日

板倉史明

◎主要文献一覧

＊雑誌や新聞など、本文中で詳述した文献情報は除く。

第1章（西村大志）

岩田照彦、二〇一四、『神戸の良さが元町に』神戸元町商店街連合会

伊良子序、二〇〇〇、「神戸と映画」『神戸親和女子大学生涯学習センター紀要』第三号、神戸親和女子大学

落合重信・有井基、一九六七、『神戸史話』創元社

改田博三、一九八一、『神戸と映画・芸能』豆本〝灯〟の会

加藤幹郎、二〇〇六、『映画館と観客の文化史』中央公論社

株式会社阪急百貨店社史編集委員会、一九七六、『株式会社阪急百貨店二五年史』阪急百貨店

京阪神急行電鉄株式会社、一九五九、『京阪神急行電鉄五十年史』京阪神急行電鉄株式会社

神戸市、一九六五、『神戸市史第三集　社会文化編』神戸市

神戸一〇〇年映画祭実行委員会、神戸映画サークル協議会編、一九九八、『神戸とシネマの一世紀』神戸新聞総合出版センター

小林正信、一九八六、『あれこれと三宮』三宮ブックス

斉藤力之助、一九八九、『わたしの湊川・新開地』私家版

柴田勝、一九七五、『大阪、道頓堀・千日前　神戸、新開地・三宮周辺　映画常設館の記録』私家版

松竹社史編纂室、一九六四、『松竹七十年史』松竹株式会社

新修神戸市史編集委員会、二〇〇三、『新修神戸市史　産業経済編Ⅲ　第三次産業』神戸市

新修神戸市史編集委員会、二〇一四、『新修神戸市史　産業経済編Ⅳ　総論』神戸市

東宝三十年史編纂委員会、一九六三a、『東宝三十年史』東宝株式会社

東宝三十年史編纂委員会、一九六三b、『東宝三十年史別冊　東宝映画・演劇作品年表』東宝株式会社

中村茂隆、一九九二、『映画だいすき少年の戦中戦後日記』シネ・フロント

日本経営史研究所、一九八五、『阪神電気鉄道八十年史』阪神電気鉄道株式会社

のじぎく文庫編、一九七三、『神戸新開地物語』のじぎく文庫

林喜芳、一九八一、『わいらの新開地』冬鵲房

林喜芳、一九八七、『兵庫神戸のなんどいや』冬鵲房
原武史、一九九八、『「民都」大阪対「帝都」東京』講談社
藤岡ひろ子、一九八三、『神戸の中心市街地』大明堂
本地スマ子、一九七八、『三宮センター街三十年史』三宮センター街連合会
陳舜臣、一九八五、『神戸というまち』至誠堂
津金澤聰廣、一九九一、『宝塚戦略』講談社
宮本治編、二〇一六、『KOBE・三宮物語』『KOBE・三宮物語』編纂委員会
村上しほり、二〇一六、「神戸ヤミ市と繁華街の形成」、橋本健二・初田香成編著『盛り場はヤミ市から生まれた・増補版』青弓社
＊本章執筆後、二〇一八年一月に、村上しほり『神戸　闇市からの復興――占領下にせめぎあう都市空間』（慶應義塾大学出版会）が刊行された。ご参照いただきたい。

コラム1（田中真治）
田中純一郎、一九七六（初版一九五七）、『日本映画発達史Ⅱ』中公文庫
筈見恒夫、一九四二、『映画五十年史』鱒書房
山本嘉次郎、一九七二、『カツドウヤ水路』昭文社

コラム2（田中真治）
足立巻一、一九六七、『大衆芸術の伏流』理論社
塚田嘉信、一九八〇、『日本映画史の研究』現代書館

第2章（上田学）
岩崎昶、一九八〇、『映画が若かったとき』平凡社
上田学、二〇一一、「駒田好洋の晩年―セカイフイルム社の活動とその広がり」『演劇研究』三四号
岸松雄、一九七〇、『人物・日本映画史Ⅰ』ダヴィッド社

北村洋、二〇一四、『敗戦とハリウッド　占領下日本の文化再建』名古屋大学出版会
キネマ旬報社、一九三二、『全国映画館録』キネマ旬報社
キネマ旬報社、一九三四、『昭和九年度　全国映画館録』キネマ旬報社
神戸市教育課、一九三一、「神戸市保導連盟のみたる児童の不良化と環境」『生活指導の修身教育　実際篇』神戸市教育課
国際映画通信社、一九二五、『大正拾五年度　日本映画事業総覧』国際映画通信社
国際映画通信社、一九二七、『日本映画事業総覧　昭和二年版』国際映画通信社
小林一三、一九三七、『東洋経済パンフレット21　映画事業経営の話』東洋経済出版部
駒田好洋、一九三四、「映画十五年走り書き」『キネマ旬報』五一六号
Gomery, Douglas, 2005, *The Coming of Sound*, New York; London: Routledge.
笹川慶子、二〇一二、『明治・大正　大阪映画文化の誕生　「ローカル」な映画史の地平に向けて』関西大学大阪都市遺産研究センター
柴田勝、一九七五、『大阪、道頓堀、千日前　映画常設館の記録／神戸　新開地、三宮周辺の映画常設館の記録』私家版
清水俊二、一九八五、『映画字幕五十年』早川書房
週刊朝日編『明治大正昭和　値段の風俗史　上』朝日新聞社、一九八七年
田中純一郎、一九七六（初版一九五七）、『日本映画発達史Ⅱ』中公文庫
東京朝日新聞発行所、一九二五、『大正十三四年度　映画年鑑』東京朝日新聞発行所
筈見恒夫、一九五六、『えいが随筆』平凡出版
林喜芳、一九八一、『わいらの新開地』冬鵲房
藤岡篤弘、二〇〇二、「ニュース映画館〈誕生期〉の興行とその機能」、『映像学』六八号、日本映像学会
村島帰之、一九二二、『わが新開地（顕微鏡的研究）』文化書院
森武麿・浅井良夫・西成田豊・春日豊・伊藤正直、二〇〇二、『新版　現代日本経済史』有斐閣
横浜都市発展記念館・横浜開港資料館編、二〇〇五、『シネマシティ―横浜と映画―』横浜都市発展記念館
淀川長治、一九八八、『淀川長治自伝　上』中央公論社
脇坂俊夫、二〇〇七、「西脇の映画劇場―大衆娯楽の栄昌と衰退―」『童子山』一五号

コラム3（田中真治）
玉木潤一郎、一九三八、『日本映画盛衰記』万里閣
永田哲朗、一九九三、『殺陣――チャンバラ映画史』社会思想社
平井輝章、一九九三、『実録 日本映画の誕生』フィルムアート社

コラム4（田中真治）
中山信如、一九九九、『「古本屋『シネブック』漫歩」』ワイズ出版

第3章（本地陽彦）
荒尾親成、一九八五、「神戸と映画」『講座日本映画』第一巻付録月報、岩波書店
梅村紫声、一九六三、「関西映画落穂集・2」『映画史料』第九集
田中純一郎、一九六〇、「間一髪のはなし」『日本映画博物館建設準備会議』No.1、日本映画博物館建設準備会議連絡　事
塚田嘉信、一九八〇、『日本映画史の研究』現代書館
塚田嘉信、一九七〇～、雑誌『映画史料発掘』私家版
塚田嘉信、一九六五、「神港倶楽部について」『映画史料』第十四集、梅村与一郎刊
文倉平三郎、一九一九、『東京に於ける活動写真』雨潤会
物集伴次郎、一九三八、『神戸倶楽部沿革誌』神戸倶樂部
「活動写真」第四回『大阪毎日新聞』一九一二年四月一七日
「活動写真の先駆　キネトスコープの輸入」『映画時代』第五号、一九二五年七月
「日本映画史素稿」第四七回『キネマ旬報』一九三七年一〇月
「兵庫支会発会式概況」『大日本水産会報』第一七四号、一八九六年一一月

第4章（近藤和都）
上田学、二〇一二、『日本映画草創期の興行と観客――東京と京都を中心に』早稲田大学出版部
木下千花、二〇一六、『溝口健二論――映画の美学と政治学』法政大学出版局

近藤和都、二〇一七、「遍在する映像経験を理解するために――一九二〇 - 三〇年代日本の映画広告と都市空間の論理」『マス・コミュニケーション研究』９０号
柴田勝、一九七五、『映画常設館の記録　大阪、道頓堀・千日前　神戸、新開地・三宮周辺』私家版
田中純一郎、一九五七、『日本映画発達史Ⅰ 活動写真時代』中央公論社
のじぎく文庫編、一九七三、『神戸新開地物語』のじぎく文庫
瞥見子、一九一〇、「五月中旬後の帝国館――勧進帳に就て」『活動写真界』９号
村島帰之、一九二二、『わが新開地』文化書院
Moore, Paul S., 2014, "Subscribing to Publicity: Syndicated Newspaper Features for Moviegoing in North America, 1911-17," *Early Popular Visual Culture*, 12（2）: pp. 260-273.
Maltby, Richard, 2011, "New Cinema Histories," Richard Maltby,Daniel Biltereyst and Philippe Meers（eds.）, *Explorations in New Cinema History: Approaches and Case Studies*. Hoboken:Willey-Blackwell, pp.3-40.
文部省、一九二二、『全国活動写真興行状況調査』文部省
吉田智恵男、一九七八、『もう一つの映画史――活弁の時代』時事通信社

第5章（吉原大志）

北田利恵、二〇〇九、「トーキー時代の弁士」『映画研究』四号
兵庫県労働運動史編さん委員会編、一九六一、『兵庫県労働運動史』兵庫県商工労働部労政課
中村正明、二〇一七、「戦前期日本の映画労働組合の変遷」『大原社会問題研究所雑誌』七〇〇号

コラム10（田中真治）

五島泰三、一九三七、「神戸市の教育映画」『映画教育』六月号
吉原大志、二〇一〇、「一九一〇年代都市文化受容をめぐる統制――神戸湊川新開地における活動写真と「不良少年」」『新兵庫県の歴史』第二号

第6章（村上しほり）

朝日新聞社編、一九四九、『朝日年鑑　一九四八年版』朝日新聞社
板倉史明、二〇一二、「占領期におけるGHQのフィルム検閲――所蔵フィルムから読み解く認証番号の意味」『東京国立近代美術館研究紀要』一六号、五四―六〇頁
岩本憲児、二〇〇九、『占領下の映画――解放と検閲』森話社
神戸市、一九六五、『神戸市史第三集　社会文化編』神戸市
神戸市観光課、一九四〇、『楠公精神発祥の地　神戸』神戸市観光課
神戸大学百年史編集委員会、一九九四、『神戸大学史紀要』第四号、神戸大学百年史編集室
谷川建司、二〇〇二、『アメリカ映画と占領政策』京都大学学術出版会
土屋由香・吉見俊哉編、二〇一二、『占領する眼・占領する声――CIE/USIS映画とVOAラジオ』東京大学出版会
平野共余子、一九九八、『天皇と接吻――アメリカ占領下の日本映画検閲』草思社
毎日新聞社資料部編、一九四六、「神戸市内主要映画館・劇場」『京阪神復興名鑑』文星館
村上しほり、二〇一八、『神戸　闇市からの復興――占領下にせめぎあう都市空間』慶應義塾大学出版会

第7章（田中晋平）

大森一樹、一九七五、「真夜中のパーティーへようこそ」『神戸青春街図』有文社
大森一樹、一九七八、『MAKING OF オレンジロード急行』ぴあ株式会社
柴田勝、一九七五、『映画常設館の記録――大阪、道頓堀・千日前 神戸、新開地・三宮周辺』
西村隆、一九八〇、「未だ見ることのない映画の容器」『楽に寄す:ACTOR'S MAGAZINE PRESENTS 1980』竹馬の友社
埜藤哉、一九七三、「われらの映画館・第四三回 福原国際東映」『キネマ旬報』第六一六号（通巻一四三〇号）
松元省平、一九九三、『神戸84―86』風来舎
村上知彦、一九八九、『情報誌的世界のなりたち』思想の科学社
大阪府立文化情報センター、二〇〇八、「『プガジャ』70年代の情報誌事情」『『プガジャ』の時代』ブレーンセンター
村山匡一郎、二〇〇五、「非商業上映の歴史：戦後の啓蒙運動からコミュニティシネマまで」『地域における映画上映状

況調査　映画上映活動年鑑二〇〇四〔非映画館編〕』財団法人国際文化交流推進協会
安井喜雄、一九九六、「神戸の映画ファンを支えた『神戸阪急会館』」『映画新聞』第一二二号
安井喜雄、二〇一三、「わが映画人生を語る」『大阪に東洋一の撮影所があった頃――大正・昭和初期の映画文化を考える』、ブレーンセンター
バルト、ロラン、一九八四、『第三の意味――映像と演劇と音楽と』みすず書房

第8章（板倉史明）

Atkinson, J. Maxwell, 1984, "Affiliative, or positive responses are defined as "applause, cheers, and laughter", while disaffiliative, or negative responses are defined as "boos, jeers, and heckles"", inIn J. Maxwell Atkinson and John Heritage (ed.) *Structures of Social Action: Studies in Conversation Analysis*. Cambridge: Cambridge University Press, p.371.
今井美沙子、一九九一、『わたしの仕事一〇　生活を楽しく豊にする人』理論社
Staiger, Janet, 2005, *Media Reception Studies* (New York: New York University Press, pp.107-108.
日外アソシエーツ株式会社編、二〇〇九、『映画の賞事典』日外アソシエーツ
山脇一利他、一九九三、『文化振興課・国際交流課（シリーズ　市町村の実務と課題1）』ぎょうせい
吉本たいまつ、二〇〇九、『おたくの起源』ＮＴＴ出版

第9章（田中晋平）

一般社団法人コミュニティシネマセンター、二〇一七、『映画上映活動年鑑２０１６』一般社団法人コミュニティシネマセンター
景山理、二〇一〇、「映画は必要なのか――神戸の震災で思ったこと」『日本映画は生きている 第三巻 観る人、作る人、掛ける人』岩波書店
神戸１００年映画祭実行委員会・神戸映画サークル協議会、一九九八、『神戸とシネマの一世紀（のじぎく文庫）』神戸新聞総合出版センター
小林義正、一九九一、「観客本位の映画文化 豊かな神戸に」『神戸っ子』一二月号

中島洋、一九九六、「神戸に戻って――神戸100年映画祭レポート」『映画新聞』一三四号
長谷正人、二〇一七、『ヴァナキュラー・モダニズムとしての映像文化』東京大学出版会
三浦哲哉、二〇一四、『映画とは何か――フランス映画思想史』筑摩選書

第10章（石戸信也）

樋畑雪湖、一九八三（原著一九三六）、『日本絵葉書思潮』岩崎美術社
モラエス、ヴェンセスラウ・デ、一九九四、『モラエスの絵葉書書館』彩流社
横溝正史、二〇〇二、『横溝正史自伝的随筆集』角川書店
石戸信也、二〇〇二、「アーカイブとしての古絵葉書、その可能性についての一考察」『兵庫県高等学校社会部会　研究紀要』第九号
Willoughby, Martin, 1992, *A History of Postcards*. London: Bracken Books

コラム16（田中真治）

竹中郁、一九八六、「巴里たより」『巴里のてがみ』編集工房ノア
西村智弘、二〇〇三、「日本実験映像史4　前衛映画発表会」『あいだ』九〇号

第11章（森下明彦）

吉川速男、一九二六、『活動写真のうつし方』アルス
岩瀬彰、二〇〇六、『「月給百円」サラリーマン』講談社現代新書
西村正美、一九四一、『小型映画　歴史と技術』四海書房
田中純一郎、一九七九、『日本教育映画発達史』蝸牛社

■ま行

■や行

■ら行

■わ行

■た行

■な行

■は行

■さ行

索引◎作品名

■な行

■は行

索引◎人名

村上しほり（むらかみ　しほり）：第6章担当
株式会社スペースビジョン研究所研究員。博士（学術）。専門は都市史・建築史。阪神・淡路大震災記念 人と防災未来センター 震災資料専門員、神戸大学研究員を経て、2017年より現職。主著：『神戸 闇市からの復興――占領下にせめぎあう都市空間』（慶應義塾大学出版会、2018年）など。

田中晋平（たなか　しんぺい）：第7章・9章・9章補遺、神戸映画館マップ担当
神戸映画保存ネットワーク客員研究員。博士（芸術文化学）。共著：『現代映画思想論の行方：ベンヤミン、ジョイスから黒澤明、宮崎駿まで』（晃洋書房、2010年）。論文：「相米慎二の映画における孤児たちの共同体」（『映像学』第91号）など。

小山康之（こやま　やすゆき）：第9章補遺担当
1944年神戸市生まれ。ブルックス・インスティテュート・オブ・フォトグラフィー（カリフォルニア州サンタバーバラ）卒。1973年より名古屋アメリカン・センター（当時）勤務。1978年帰神し、フォトスタジオ開設。1981年より新公園劇場支配人。1984年に同上経営。2016年にパルシネマ経営を長男に譲る。

石戸信也（いしど　のぶや）：第10章担当
同志社大学文学部卒。神戸大学大学院国際文化学研究科博士課程前期修了。兵庫県立西宮高等学校教諭。県立人と自然の博物館、県教委社会教育課などをへて2010年より現職。日本絵葉書会会員。主著：『絵葉書で見る神戸　ハイカラ・モダンの時代』（神戸新聞総合出版センター、2017年）、『神戸のハイカラ建築 むかしの絵葉書から』（神戸新聞総合出版センター、2003年）など。

森下明彦（もりした　あきひこ）：第11章、コラム15担当
メディア・アーティスト／美術・音楽・パノラマ愛好家。九州芸術工科大学大学院情報伝達専攻修了。美術や映像の調査研究を進めると共に、作品制作や上映会／展覧会の企画を行っている。最近では、第66回「ベルリン国際映画祭」（2016年）フォーラム・イクスパンディッド部門に出品。

田中真治（たなか　しんじ）：コラム1-4・6-12・14・16-18担当
2000年より神戸新聞記者。共著に『ひと萌ゆる 知られざる近代兵庫の先覚者たち』（神戸新聞総合出版センター、2001年）、『アトムの世紀はじまる』（神戸新聞総合出版センター、2003年）など。本書のコラムの基になった「キネマコウベ　日本映画史余話」を『神戸新聞（夕刊）』（2015年10月～2016年12月）に連載。

◎執筆者紹介

板倉史明（いたくら　ふみあき）：序論、第8章担当
神戸大学大学院国際文化学研究科准教授。博士（人間・環境学）。東京国立近代美術館フィルムセンター（現・国立映画アーカイブ）研究員を経て、2012年より現職。主著：『映画と移民——在米日系移民の映画受容とアイデンティティ』（2016 年、新曜社）など。

西村大志（にしむら　ひろし）：第1章担当
神戸市生まれ。広島大学大学院教育学研究科准教授。博士（文学）。専門は文化社会学。主な編・著書：『小学校で椅子に座ること』（国際日本文化研究センター、2005年）、『夜食の文化誌』（編著、青弓社、2010年）、『映画は社会学する』（共編著、法律文化社、2016年）など。

上田学（うえだ　まなぶ）：第2章担当
神戸学院大学人文学部准教授。博士（文学）。早稲田大学演劇博物館助手等を経て、2017年より現職。主著：『日本映画草創期の興行と観客　東京と京都を中心に』（早稲田大学出版部、2012年）など。

本地陽彦（ほんち　はるひこ）：第3章、コラム5・13担当
日本映画史・日本映画文献史研究家。多摩芸術学園（現・多摩美術大学）映画科卒業。2017年より国立映画アーカイブ（旧・フィルムセンター）客員研究員。主な編・著書：『日本映画雑誌タイトル総覧』（ワイズ出版、2003年）、『原節子「永遠の処女」伝説』（愛育社、2006年）等。他に共著、研究論考、映画史考証参加文献多数。

近藤和都（こんどう　かずと）：第4章担当
日本学術振興会特別研究員（PD）。博士（学際情報学）。主要著書・論文に『スクリーン・スタディーズ——デジタル時代の映像／メディア経験』（分担執筆、東京大学出版会、2019年）、「スクリーンの「移ろいやすさ」を制御する——戦時下日本の映画上映をめぐる規格化の諸相」（『社会学評論』近刊）など。

吉原大志（よしはら　だいし）：第5章担当
兵庫県立歴史博物館学芸員。博士（文学）。三木市史編さん専門員などを経て2018年より現職。歴史資料ネットワーク事務局長。主な論文に「萬歳師・活動弁士・「不良少年」」（『歴史と神戸』331号、2018年）、「被災資料保全の担い手を広げる」（『国文学研究資料館紀要 アーカイブズ研究篇』10号、2014年）など。

神戸《こうべ》と映画《えいが》

映画館《えいがかん》と観客《かんきゃく》の記憶《きおく》

2019年 4 月15日　初版第 1 刷発行

編著者——板倉史明
発行者——吉村一男
発行所——神戸新聞総合出版センター
〒650-0044　神戸市中央区東川崎町1-5-7
TEL 078-362-7140／FAX 078-361-7552
http://kobe-yomitai.jp/
装丁／神原宏一
編集／のじぎく文庫
印刷／神戸新聞総合印刷

落丁・乱丁本はお取替えいたします

ISBN978-4-343-01039-1　C0074